普通高等教育"十二五"土木工程系列规划教材

土木工程建设法规

第2版

主　编　喻　岩　赵　静
副主编　李文平
参　编　曹立辉　魏显峰　刘冬林　韩　颖
主　审　段树金

机械工业出版社

本书依据最新的相关法律、法规在第1版的基础上，对相关内容进行了更新和重新编写。

全书共10章，对我国工程建设领域内现行的有关城乡规划、土地管理、建设工程勘察设计、建设工程标准、建设工程程序、建设工程招标投标、建设工程监理、建设工程质量与安全、建设工程合同、公路工程建设、铁路工程建设、环境保护等方面的法律规定作了全面系统的介绍。对城乡规划法和公路、铁路行业相关法律和法规制度作了详细介绍。

本书内容全面、言简意赅，具有较好的系统性、完整性、通用性和实用性；案例分析新颖，深入浅出，具有较强针对性；文字通俗易懂，便于自学。

本书可作为大专院校工科类各专业的建设法规课程的教材，也可供建筑行业工程技术人员参考和借鉴，或作为成人函授、网络教育、自学考试的参考书使用。

本书配有电子课件，免费提供给选用本书的授课教师，需要者请登录机械工业出版社教育服务网（www. cmpedu. com）注册后免费下载。

图书在版编目（CIP）数据

土木工程建设法规/喻岩，赵静主编. —2版. —北京：机械工业出版社，2014.7（2023.1重印）

普通高等教育“十二五”土木工程系列规划教材

ISBN 978-7-111-47102-8

Ⅰ.①土… Ⅱ.①喻…②赵… Ⅲ.①建筑法-中国-高等学校-教材 Ⅳ.①D922.297

中国版本图书馆CIP数据核字（2014）第133257号

机械工业出版社（北京市百万庄大街22号 邮政编码100037）
策划编辑：刘 涛 责任编辑：刘 涛 沈 红
版式设计：霍永明 责任校对：黄兴伟
封面设计：张 静 责任印制：刘 媛
涿州市般润文化传播有限公司印刷
2023年1月第2版第3次印刷
184mm×260mm · 13.5印张 · 296千字

标准书号：ISBN 978-7-111-47102-8
定价：43.00元

电话服务 网络服务
客服电话：010-88361066 机 工 官 网：www. cmpbook. com
010-88379833 机 工 官 博：weibo. com/cmp1952
010-68326294 金 书 网：www. golden-book. com
封底无防伪标均为盗版 机工教育服务网：www. cmpedu. com

普通高等教育“十二五”土木工程系列规划教材
编审委员会

主任委员：

姜忻良　天津大学　教授、博导

副主任委员：

张向东　辽宁工程技术大学　教授、博导

李自林　天津城建大学　教授、博导

委　　员：

李　珠　太原理工大学　教授、博导

魏连雨　河北工业大学　教授、博导

王成华　天津大学　教授

李　斌　内蒙古科技大学　教授

赵根田　内蒙古科技大学　教授

胡启平　河北工程大学　教授

张瑞云　石家庄铁道大学　教授

段树金　石家庄铁道大学　教授

段敬民　天津城建大学　教授

张敏江　沈阳建筑大学　教授

徐世法　北京建筑大学　教授

曹启坤　辽宁工程技术大学　教授

张泽平　太原理工大学　教授

第 2 版前言

在我国的社会主义市场经济活动中，工程建设以其投资额巨大、影响面广等特点，在经济活动中占有举足轻重的地位，它的规范性直接影响社会主义市场经济的健康发展。用法律来规范建设工程活动，以保证建筑产品质量、建筑安全生产和维护正常市场秩序，已成为当今社会不争的共识。对于建筑业从业人员及即将步入该行业的高校学生来说，仅仅掌握专业技术知识是远远不够的，熟悉工程建设法律相关知识也是从事工程建设活动的必备条件。

本教材第 1 版于 2010 年 5 月出版，得到了相关院校师生好评。随着我国工程建设领域法制化进程的推进与完善，国家修订了部分法规。为了能够适应工程建设领域的新形势，作者根据国家最新推出的法律法规和普通高等教育“十二五”土木工程系列规划教材编写要求，精心组织、周密安排、增补丰盈、讲练结合，修订完成了第 2 版。

修订过程中，本着“概念准确、基础扎实、突出实训、淡化过程”的原则，对基本理论的讲授以应用为目的，教学内容以必需、够用为度，突出案例式教学，紧跟国家新的法律法规和行业规定的步伐，力求体现应用型本科教育注重职业能力培养的特点。

本书第 2 版主要进行了以下几个方面的修改：

1）根据 2011 年 4 月修订的《中华人民共和国建筑法》，对教材相应的内容作了适时的删减和增补。

2）根据 2012 年 2 月 1 日正式实施的《中华人民共和国招标投标法实施条例》，对教材进行了重新编写。

3）根据教材修改内容调整了各章节后的案例分析，使之与新出台或新修订的法律法规相一致。

4）本书涉及的建筑法律与法规均为最新版本。

我们殷切希望使用本教材的广大教师和读者能够提供宝贵意见和建议，在此表示感谢！

作　者

第1版前言

随着21世纪我国建设进程的加快，特别是经济的全球化和我国加入WTO以来，我国工程建设领域对从事项目决策和全过程复合型高级技术人才的需求逐渐扩大，而这种扩大又主要体现在对应用型人才的需求上，这使得高校工程技术专业人才的教育培养面临新的挑战和机遇。

为推动我国土木工程专业教育的进一步发展，提高学生法律意识和法律观念，落实新颁布法律法规在全国的实施，根据普通高等教育“十二五”土木工程系列规划教材编写要求，特编写《土木工程建设法规》一书。它是广大在校师生、建设业工作人员、建设业企事业单位技术和管理人员了解建设法规的一本非常实用的教材。

本教材本着“概念准确、基础扎实、突出应用、淡化过程”的编写原则，力求做到既能够符合现阶段建设工程专业教学大纲、专业方向设置及课程结构体系改革的基本要求，又可满足目前我国工程建设专业培养技术应用型人才目标的需要。

本教材充分总结了几十年教学与实践经验，对基本理论的讲授以应用为目的，教学内容以必需、够用为度，突出实训、实例教学，紧跟国家新的法律法规和行业规定的步伐，力求体现应用型本科教育注重职业能力培养的特点。另外，本书增加了新法律、法规内容，特别是对新出台的城乡规划法进行了详细的解读。

全书共10章。第1章由李文平、曹立辉编写；第2章由喻岩、曹立辉编写；第3章由喻岩、刘冬林编写；第4章由魏显峰、曹立辉编写；第5章由喻岩、韩颖、魏显峰编写；第6章由赵静、魏显峰、韩颖编写；第7章由赵静、魏显峰编写；第8章由赵静、魏显峰编写；第9章由赵静、魏显峰编写；第10章由李文平编写。

石家庄铁道大学2007级土建专业本科生和2006级研究生在本书成书过程中给予了大量帮助，石家庄铁道大学孟丽军同志在本书编写过程中做了大量工作，在此一并向他们表示感谢。本书由段树金教授审定。

由于我们编写人员水平有限，对一些法律法规深层含义领悟不深，加之成书时间短，不妥之处在所难免，殷切希望广大读者批评指正。

作　者

目 录

第 2 版前言
第 1 版前言
第 1 章 建设法规基础 …… 1
1.1 工程项目建设程序 …… 1
1.1.1 工程项目建设程序的概念及性质 …… 1
1.1.2 工程项目建设程序 …… 1
1.1.3 工程项目建设审批程序 …… 4
1.2 建设法规概述 …… 4
1.2.1 建设法规的概念和调整对象 …… 4
1.2.2 建设法规的特征及作用 …… 6
1.2.3 建设法规的基本原则 …… 7
1.3 建设法律关系 …… 8
1.3.1 建设法律关系的概念 …… 8
1.3.2 建设法律关系的特征 …… 8
1.3.3 建设法律关系的构成要素 …… 9
1.3.4 建设法律关系的产生、变更和消灭 …… 10
1.4 建设法规的体系 …… 12
1.4.1 建设法规体系的表现形式 …… 12
1.4.2 建设法规体系的构成 …… 13
1.5 建设法规基础案例 …… 14
第 2 章 城乡规划法律制度 …… 16
2.1 城乡规划法规概况 …… 16
2.1.1 城乡规划法背景 …… 16
2.1.2 城乡规划的概念、立法目的及城乡规划的综合控制作用 …… 17
2.1.3 城乡规划法规的立法概况及适用范围 …… 18
2.1.4 城乡规划制定实施的一般原则 …… 18
2.1.5 城乡规划与国民经济和社会发展规划、土地利用总体规划的关系 …… 19
2.2 城乡规划的制定与审批 …… 19
2.2.1 城乡规划体系和编制的内容 …… 19
2.2.2 城乡规划的编制与审批权 …… 22
2.3 城乡规划的实施 …… 23
2.3.1 城乡规划实施概述 …… 23
2.3.2 城乡规划实施应遵守的原则 …… 23
2.3.3 城市新区开发 …… 24
2.3.4 城市旧区改建 …… 25
2.3.5 选址意见书制度 …… 26
2.3.6 建设用地规划许可证制度 …… 27
2.3.7 建设工程规划许可证制度 …… 28
2.4 城乡规划的修改 …… 29
2.4.1 省域城镇体系规划、

城市总体规划、镇总体规划的修改条件 …………… 29
2.4.2 城乡规划修改补偿制度 …… 30
2.5 监督检查 …………………… 30
2.6 违法责任 …………………… 31
2.7 城乡规划法律制度案例 ……… 32

第3章 土地管理法律制度 ……………… 34
3.1 概述 ……………………………… 34
3.1.1 土地管理法基本概念 …… 34
3.1.2 土地所有权 ……………… 35
3.1.3 土地使用权 ……………… 37
3.2 土地的利用和保护 ……………… 38
3.2.1 土地利用和保护概述 …… 38
3.2.2 土地利用总体规划 ……… 38
3.2.3 耕地保护制度 …………… 41
3.3 建设用地 ………………………… 43
3.3.1 建设用地的概念 ………… 43
3.3.2 乡（镇）村建设的建设用地 ……………………… 43
3.3.3 国有建设用地 …………… 44
3.3.4 国家建设用地征收和补偿 ……………………… 48
3.3.5 临时用地 ………………… 50
3.4 违反土地管理法的责任和处理 …………………… 51
3.4.1 土地民事法律责任 ……… 51
3.4.2 土地行政法律责任 ……… 51
3.5 土地管理法制度案例 ………… 52

第4章 工程建设标准法律制度 ……… 54
4.1 概述 ……………………………… 54
4.1.1 标准的构成及主要内容 …… 54
4.1.2 工程建设标准的制定与实施 ……………………… 55
4.1.3 工程建设标准的特点与作用 ……………………… 56
4.2 工程建设标准的种类 ………… 58
4.2.1 根据标准的约束性划分 …… 58
4.2.2 根据内容划分 …………… 58
4.2.3 根据属性划分 …………… 59
4.2.4 我国标准的分级 ………… 60
4.3 工程建设强制性标准 ………… 61
4.3.1 《工程建设标准强制性条文》实施的意义 ……… 61
4.3.2 《工程建设标准强制性条文》的组成 …………… 61
4.3.3 工程建设强制性标准的监督管理 ………………… 62
4.3.4 工程建设强制性标准执法检查 …………………… 62
4.3.5 违反工程建设强制性标准的法律责任 ………… 62

第5章 建设工程勘察设计法律制度 ………………………………… 64
5.1 概述 ……………………………… 64
5.1.1 建设工程勘察设计的概念 ………………………… 64
5.1.2 工程勘察设计法规的调整对象 …………………… 64
5.1.3 建设工程勘察设计法规的基本原则 ……………… 64
5.1.4 工程建设勘察设计的发包与承包 ………………… 65
5.1.5 建设工程勘察设计法规概况 ……………………… 65
5.2 设计文件的编制 ……………… 66
5.2.1 建设工程设计的原则和依据 ……………………… 66
5.2.2 设计阶段的内容和深度 …… 67
5.2.3 勘察、设计文件的审批和修改 …………………… 68
5.2.4 建设工程抗震设计

与加固 …… 69
5.3 施工图设计文件审查 …… 71
5.3.1 施工图设计文件审查的概念 …… 71
5.3.2 施工图审查的范围及内容 …… 72
5.3.3 施工图审查机构 …… 72
5.3.4 施工图审查的程序 …… 74
5.3.5 施工图审查各方的责任 …… 75
5.4 建设工程勘察设计监督管理 …… 76
5.4.1 建设工程勘察设计的监督管理 …… 76
5.4.2 违法责任 …… 77
5.5 工程勘察设计法律制度案例 …… 78

第6章 建筑法律制度 …… 81
6.1 概述 …… 81
6.1.1 建筑法的概念和调整对象 …… 81
6.1.2 建筑法的立法目的和适用范围 …… 82
6.2 建筑许可 …… 83
6.2.1 建筑工程施工许可 …… 83
6.2.2 工程建设从业资格许可制度 …… 85
6.3 建筑工程发包与承包 …… 86
6.3.1 概述 …… 86
6.3.2 招标投标的一般程序 …… 89
6.3.3 建筑工程招标 …… 90
6.3.4 建筑工程投标 …… 94
6.3.5 建筑工程开标、评标、中标 …… 97
6.3.6 招标投标的管理与监督 …… 100
6.4 建设工程监理 …… 100
6.4.1 建设工程监理制度概述 …… 100
6.4.2 建设工程监理的性质 …… 102
6.4.3 我国实行强制监理的范围 …… 102
6.4.4 工程监理单位的资质许可制度 …… 103
6.4.5 监理人员的职责 …… 103
6.4.6 建设工程监理的类型以及实施程序 …… 105
6.5 建设工程质量 …… 106
6.5.1 建设工程质量监督管理制度 …… 106
6.5.2 建设单位质量责任和义务 …… 108
6.5.3 勘察、设计单位的质量责任和义务 …… 109
6.5.4 施工单位的质量责任和义务 …… 109
6.5.5 工程监理单位的质量责任和义务 …… 110
6.6 建设工程安全 …… 111
6.6.1 建设工程安全管理的方针 …… 111
6.6.2 建设工程安全管理的基本制度 …… 111
6.6.3 建设工程安全责任 …… 112
6.6.4 建设工程重大安全事故的处理 …… 116
6.7 建筑法律制度案例 …… 118

第7章 建筑工程合同法律制度 …… 127
7.1 合同法概述 …… 127
7.1.1 《合同法》简介 …… 127
7.1.2 合同的订立 …… 129
7.1.3 订立合同的程序 …… 131
7.1.4 合同的效力 …… 134
7.1.5 合同的履行 …… 136
7.1.6 合同的变更与转让 …… 137
7.1.7 合同的终止 …… 137

7.1.8　合同的担保 …………………… 138
7.1.9　合同的违约责任 ………… 140
7.2　建设工程合同 …………………… 142
7.2.1　概述 ………………………… 142
7.2.2　建设工程勘察、设计合同 ………………………… 143
7.2.3　建设工程施工合同 ……… 144
7.2.4　建设工程监理合同 ……… 146
7.3　建筑工程合同法律制度案例 … 149

第8章　公路工程建设法律制度 …… 154
8.1　概述 ………………………………… 154
8.1.1　公路建设法规的基本概念 ………………………… 154
8.1.2　我国公路建设法规体系介绍 ………………………… 154
8.1.3　公路建设的基本程序 …… 155
8.2　公路建设法律关系主体 ……… 159
8.2.1　我国交通建设主管部门的职责 …………………… 159
8.2.2　公路建设项目法人制度 … 160
8.2.3　公路建设从业单位资质 … 161
8.3　公路工程规划的管理 ………… 162
8.3.1　公路规划基本原则 ……… 162
8.3.2　公路规划的编制权与审批权 ………………………… 162
8.3.3　公路的命名与编号 ……… 163
8.4　公路工程招标与投标的管理 … 163
8.4.1　公路建设工程招标的范围 ………………………… 164
8.4.2　工程的招标、投标 ……… 164
8.4.3　工程的开标、评标和定标 ………………………… 165
8.5　公路工程建设的监督管理 …… 166
8.5.1　建设市场的监督管理 …… 166
8.5.2　质量与安全的监督管理 … 166
8.5.3　建设资金的监督管理 …… 167
8.6　公路工程建设法律制度案例 ………………………………… 168

第9章　铁路工程建设法律制度 …… 170
9.1　铁路建设法律概述 …………… 170
9.1.1　《铁路建设管理办法》简介 ………………………… 170
9.1.2　铁路建设的基本建设程序 ………………………… 171
9.2　铁路建设单位的管理 ………… 171
9.2.1　建设单位的成立 ………… 172
9.2.2　建设管理单位的职责与权益 ………………………… 173
9.3　铁路工程招标与投标的管理 … 174
9.3.1　铁路建设项目的招标 …… 174
9.3.2　铁路建设项目的投标 …… 177
9.3.3　铁路建设项目的开标、评标和中标 ………………… 178
9.3.4　招标投标活动中的违法行为的处罚 ……………… 178
9.4　铁路工程勘察设计的管理 …… 179
9.4.1　铁路工程勘察设计的一般规定 …………………… 179
9.4.2　铁路工程勘察设计程序 … 179
9.4.3　铁路工程勘察设计文件的编制及审查 …………… 180
9.4.4　铁路工程设计文件的实施 ………………………… 182
9.4.5　铁路工程勘察设计违法行为的处罚 ……………… 182
9.5　铁路工程质量安全的管理 …… 183
9.5.1　工程质量的管理 ………… 183
9.5.2　工程竣工验收 …………… 185
9.5.3　工程安全的管理 ………… 187
9.6　铁路建设法律制度案例 ……… 188

第10章　环境保护法律制度 ………… 189

10.1 环境保护法律制度概述 …… 189
10.1.1 环境保护法的概念和基本内容 …………………… 189
10.1.2 环境保护法的立法目的、适用范围及管理体制 … 191
10.1.3 环境保护法的基本原则 ………………………… 191
10.2 我国环境保护专项法 ……… 192
10.2.1 《中华人民共和国水污染防治法》 ……… 192
10.2.2 《中华人民共和国大气污染防治法》 ………… 194
10.2.3 《中华人民共和国环境噪声污染防治法》 …… 195
10.2.4 《中华人民共和国固体废物污染环境防治法》 …… 196
10.3 建设项目环境保护制度 …… 198
10.3.1 环境影响评价制度 …… 198
10.3.2 环境保护"三同时"制度 …………………… 199
10.3.3 项目设立阶段和项目建设阶段环境保护管理 … 200
10.4 环境保护法律制度案例 …… 201
参考文献 …………………………………… 204

第 1 章

建设法规基础

我国法制建设与市场经济的发展是相辅相成的。随着市场经济的发展，我国的法制建设也在逐步完善与健全，最终形成法制的市场经济。而在市场经济中，建筑市场经济是其重要的组成部分。我国出台了一系列与工程建设有关的法律法规，作为建设工程的参与者应了解这些法律法规，并以这些法律法规来规范自己的建设行为。

1.1 工程项目建设程序

1.1.1 工程项目建设程序的概念及性质

1. 工程项目建设程序的概念

工程项目建设程序是指基本建设全过程中各项工作必须遵守的法定顺序，是工程项目建设过程的客观规律反映，不是人们主观臆造的。它具有客观性、系统性、科学性、规范性的特点。

2. 工程项目建设程序的性质

工程项目建设程序的性质与工程项目建设自身所具有的客观规律和技术经济特点有密切的联系。

（1）先设计，后施工 在整个工程项目建设中，前一段的工作是后一段工作的基础。任何建设项目，都要根据各自的使用目的，结合不同功能，先规划，再勘察、设计，后施工。那种“边设计、边施工、边生产”的建设方式是违反客观规律的。

（2）项目位置固定，施工流动 根据工程项目特点，建设工程项目位置固定，而施工却是流动的。

（3）影响因素多，不可预见性强，要求不能有失误 一般工程项目建设都具有耗资巨大、工期长、建设环境复杂和恶劣的特点，为此，不可预见因素多，稍有失误则损失惊人。

1.1.2 工程项目建设程序

1. 立项批准，编制设计任务书

立项是建设工程程序的第一步骤。立项被批准后，则要编制设计任务书。

（1）工程项目立项阶段 工程项目开始要有项目建议书，也就是项目的立项，其主要内容包括：项目提出的必要性和依据；产品方案、拟建规模和建设地点的初步设想，同时，说明城乡规划和行政主管部门的初步审核意见；资源情况、建设条件、协作关系和引进国别、厂商的初步分析；投资估算和资金筹措的设想；项目的进度安排、经济效益和社会效益的估计。

项目建议书要经有关部门审批。报批项目建议书必备文件：

1）主管部门报送项目建议书的请示文件。

2）项目建议书文本。

3）拟在城市规划区内建设划拨用土地的非生产性建设项目，必须附有城市规划行政主管部门签发的选址意见书。

4）工业项目必须附内联或外商投资意向书或协议书、环保部门初步意见和土地部门用地预审意见。

项目建议书的审批对大中型及限额以上项目首先报送行业归口主管部门，同时抄送国家发展和改革委员会（简称国家发改委）。行业归口主管部门根据国民经济和社会发展的长远规划、行业规划、地区规划等要求初审，再由国家发改委从建设总规模、资源优化配置及资金供应可能等方面综合平衡，委托具有相应资质的工程咨询单位评估后审批。

项目总投资在 2 亿元以上（包括 2 亿元），或产权隶属关系为省属，或省参股投资的基本建设项目，一律报省或由省审核后转报国家发改委审批。

项目总投资在 2 亿元以下、产权隶属关系为地市县属的基本建设项目，凡建设资金及其他建设、生产条件不能自求平衡的，均需报省或转报国家发改委审批（省里已明确下放审批权限的除外）。

（2）可行性研究阶段　工程项目被批准后，即进行可行性研究。可行性研究的目的是对建设项目在技术、工艺、经济上是否合理和可行，进行全面分析、论证，并进行方案比较，提出评价意见，为编制和审批设计任务书提供可靠依据。可行性研究一般包括：项目提出的背景、投资的必要性和研究工作的依据和范围；需求预测确定拟建规模、产品方案和发展方向的技术、经济比较和分析；资源、原材料、燃料及公用设施情况；项目设计方案、建厂条件与厂址方案；环保、防震、防洪等要求及相应措施；建设工期和进度；主要设备选型；主要单项工程、公用辅助设施及配套工程、总体布置方案和土建工程量估算；投资估算和资金筹措方式及偿还能力；投资的经济效益和社会效益。可行性研究由项目主管部门或建设单位委托或指定有资质的咨询、设计单位进行，这些单位要对工作成果的可靠性、准确性承担责任，保证研究成果的客观性和公正性。

可行性研究报告同样必须经有关部门审批。报批可行性研究报告必备文件：

1）主管部门报送可行性研究报告的请示文件。

2）有相应资质的咨询设计单位编制的工程可行性研究报告文本。

3）大、中型项目应有相应资质的咨询单位对项目可行性研究报告的评审意见。

4）省级土地主管、环境主管、城市规划、防震、防洪、防空、文物保护、资源、劳动安全、卫生防疫、消防等部门的评价意见文件。

5）资金承诺证明，银行出具的贷款意向证明文件。

6）工程招标方案。

7）项目法人组建方案。

8）工业项目必须附内联或合资双方签订的合同、章程。

9）高技术产业化项目必须附成果鉴定证书。

可行性研究报告的审批对于凡属中央政府投资、中央和地方政府合资的大、中型和限额以上项目的可行性研究报告，都要报送国家发改委审批。总投资在 2 亿元以上的项目，无论是中央政府投资还是地方政府投资，都要经国家发改委审查后报国务院审批。中央各部门所属小型和限额以下的项目由各部门审批。总投资在 2 亿元以下的地方政府投资项目由地方发改委审批。

（3）建设地点的选择　建设地点的选择，要按照产业布局、经济合理和节约用地的原则。考虑战备和环境保护的要求，认真调查原料、能源、交通、水文、地质等建设条件，在综合研究和进行多方案比较的基础上，提出选点报告。凡在城市辖区内选点的，要取得城市规划部门的同意，并且要有协议文件、选址意见书或规划条件。

（4）设计任务书的编制和审批　勘察设计任务书是确定工程项目、编制勘察设计文件的主要依据。勘察设计任务书的主要内容，是明确列出可行性研究报告的要点、结论和报送单位的意见。上报勘察设计任务书，应附审查的可行性研究报告，环境保护和城市规划部门、外部协作单位的意见，以及选点报告等。

勘察设计任务书的审批，对大、中、小型项目，按照隶属关系，由国务院主管部门或省、市、自治区提出审查意见，报国家发改委批准。重大项目由国家发改委报送国务院审批，小型项目，按项目隶属关系由部门或省市、自治区发改委审批，报国家发改委备案。

2. 编制勘察设计文件

勘察设计文件是安排工程项目和组织工程施工的主要依据。工程项目的设计任务书和选点报告经批准后，建设单位应通过招标、竞选委托勘察设计单位，按勘察设计任务书规定的内容，认真编制勘察设计文件。勘察设计任务书所定的建设规模、工程地址、建设标准和投资数额等控制性指标和内容，不得随意修改和变更。需要修改和变更时，应重新报批。勘察设计单位要对勘察设计质量负责到底。具体内容见第 5 章。

3. 施工安装

（1）工程开工的准备　大、中型建设项目设计任务书批准之后，建设单位可根据计划要求的建设进度和工作的实际情况，组成精干的班子，负责建设准备工作。建设准备工作的主要内容有：工程、水文、地质勘察；收集设计基础资料；组织设计文件编审；根据经过批准的基建计划和设计文件，提报物质申请计划，组织大型专用设备，预先安排特殊材料预订货，落实地方建筑材料的供应；办理征地、拆迁手续；落实水、电、路等外部条件和施工力量。

（2）计划安排　项目初步设计或扩大的初步设计经批准后，可根据建设资金落实情况上报申请列入年度基本建设投资计划。申请列入年度基本建设计划必备文件有：申请计划文件；建设项目的建设用地规划许可证和建设用地许可证文件及红线图；自筹资金年度计划安排建议。

建设项目必须有经过批准的初步设计和总概算，进行综合平衡后，才能列入年度计划。所有建设项目都必须纳入国家计划。大、中型项目由国家批准；小型项目按隶属关系，在国家批准的投资总额内，由各部门和省、市、自治区自行安排。自筹资金年的项目，要在国家控制的指标内安排计划。

建设项目要根据经过批准的总概算和工期，合理地安排分年投资，年度计划投资的安排要与长远规划的要求相适应，年度计划安排的建设内容，要和当年分配的投资、材料、设备相适应。配套项目要同时安排，相互衔接。

(3) 组织施工、安装　工程准备工作就绪，由建设单位与施工单位共同提出开工报告，按初步设计审批权限报批，经批准后方可开工。

组织施工是工程项目建设的实施阶段。施工单位应按建筑安装承包合同规定的权利、义务进行。施工安装必须严格按照施工图进行，如需变动，应取得设计单位同意。施工安装单位应按照施工安装顺序合理组织施工安装，施工安装过程中要严格遵守设计要求和施工安装验收规范及操作标准，保证工程质量。对不符合质量要求的，要及时地采取措施不留隐患，按期全面完成工程任务。

4. 竣工验收

竣工验收是工程项目建设程序的最后环节。它是全面考核工程项目建设成果，检验设计和施工质量的重要环节。《中华人民共和国建筑法》（简称《建筑法》）第 61 条规定“交付竣工验收的建筑工程，必须符合规定的建筑工程质量标准，有完备的工程技术经济资料和经签署的工程保修书，并具备国家规定的其他竣工条件。建筑工程竣工验收合格后，方可交付使用；未经验收或验收不合格的，不得交付使用。”具体内容见第 6 章建筑法律制度的 6.5 节建设工程质量。

1.1.3　工程项目建设审批程序

在工程项目建设过程中，为保证工程顺利、合法地进行，行政管理部门根据自己的职能范围行使一定的审批权限，各参与建设的单位需办理一系列的行政审批手续，主要包括：选址意见书、立项建议书审批、设计任务书审批（或工程可行性研究报告审批）、建设用地规划许可证、审批建设项目用地、用地红线核准、环保评估审批、建筑工程初步设计方案审查、概算审查、建筑工程规划许可证、施工图审查、建设工程项目报建、施工许可证核发、合同公证和合同鉴证、质量监督委托、建设工程规划验收、建设工程竣工质量验收监督、建设工程消防验收、建设项目档案专项验收、建设工程竣工备案。

此外，还有环保竣工验收、变更土地用途申请等。

1.2　建设法规概述

1.2.1　建设法规的概念和调整对象

通常所说的建设法规中的“建设”和建筑法中的“建筑”是两个密切相关的概念。

建筑是指人工建造的、固定于地面上的建筑物或构筑物。具体地讲是指建筑物或构筑物勘察、设计、施工和设备安装的营造过程。建设包含两种含义：一是创立新事业，二是增加新设施。与建筑相比，其内涵和外延都较前者宽泛。建设一般都以建筑为核心内容，并增加了其他含义，因而在多数场合下，可以以“建设”代替“建筑”一词。

建设活动是人类基本生产活动的具体体现，它是指土木建筑工程及其设施的新建、扩建、改建、维修、拆除活动以及线路、管道、设备的安装和建筑装饰活动。从横向比较，与建筑业上的建筑活动内容基本相同。当然广义上的建设活动包括范围更广，包括国家组织、管理、协调的城市建设、乡村建设、工程建设、建筑业、房地产业、市政公用事业等各项建设活动。从纵向来说，建筑活动主要限于建设活动实施阶段，包括建筑工程的勘察、设计、施工、安装等，而建设活动还包括建设项目工程的策划、立项等投资活动、固定资产投资后评价、建筑市场招标投标、建设项目环境评价和保护等。

1. 建设法规的概念

建设法规是国家法律体系的重要组成部分，是指国家立法机关或其授权的行政机关制定的旨在调整国家及其有关机构、企事业单位、社会团体、公民之间，在建设活动中或建设行政管理活动中发生的各种社会关系的法律规范总称。

2. 建设法规的调整对象

任何法律都以一定的社会关系为其调整对象。建设法规作为我国法律体系的一部分也不例外。建设法规是调整发生在建设活动中的各种社会关系，即调整国家管理机关、企业、事业单位、经济组织、社会团体及公民在建设活动中所发生的社会关系。建设法规的调整范围主要体现在三个方面：一是建设管理关系，二是建设协作关系，三是从事建设活动过程中的其他民事关系。

（1）建设活动中的行政管理关系　建设活动是社会经济发展中的重大活动，同社会发展及国家、人民生命财产安全息息相关，国家必须对此类活动实行严格的管理。

国家及其建设行政主管部门同建设单位、设计单位、施工单位、建筑材料和设备的生产供应单位及有关中介服务单位之间发生的相应的管理与被管理关系，这种关系由有关建设法规来调整和规范。调整和规范包括两个相互关联的方面：一方面是规划、指导、协调与服务；另一方面是检查、监督、控制与调节。这其中包括处理好行政管理部门相互间及各部门内部各方面的责权利关系，科学地处理好建设行政管理部门同各类建设活动主体及中介服务机构之间规范的管理关系。如建设法规中的《建设工程质量管理条例》规定了建设单位、勘察设计单位、施工单位及监理单位的质量责任和义务，并规定国务院建设行政主管部门对上述单位的工程质量实施统一监督管理；县级以上人民政府建设行政主管部门对本行政区域内上述单位的建设工程质量实施监督管理。

（2）建设活动中经济协作关系　建设活动中经济协作关系为平等主体之间发生的平等自愿、互利互助的横向协作关系，一般应以经济合同的形式确定。如建设单位与设计、施工单位之间的建设工程合同关系、业主与建设监理单位之间的委托监理合同关系等。这些关系也要由建设法规来调整。如《中华人民共和国合同法》（简称《合同法》）、《建筑法》中规定了发包单位和承包单位双方在建立和履行建设工程合同关系中各自应享有的权利和应尽的义务。

经济合同是法人之间为了实现一定的经济目的，明确相互间权利、义务关系的协议。但建设活动的经济合同关系与一般经济合同有所不同，大多具有较强的计划性。这是由建设活动和建设关系自身的特点决定的。

（3）从事建设活动过程中的其他民事关系　建设活动中民事关系是指因从事建设活动而产生的国家、单位法人、公民之间的民事权利、义务关系。如涉及房屋买卖、租赁、产权关系以及土地征收导致补偿、房屋拆迁导致安置、从业人员与有关单位之间的劳动关系等一系列民事关系。这些关系同样需要由建设法规以及相关的其他法律法规来共同调整。如《中华人民共和国城市房地产管理法》中规定了有关城市房屋拆迁的规定；《建筑法》中规定了有关建筑施工企业应当为从事危险作业的职工办理意外伤害保险，支付保险费等。

3. 调整对象之间的关系

（1）互相关联　建设法规的三种具体调整对象彼此互相关联，都是在从事建设活动中所形成的社会关系，都须以建设法规加以规范和调整，不能或不应当撇开建设法规来处理建设活动中发生的种种关系，这是它们相关联之处。

（2）自身属性　建设法规的三种具体调整对象又不尽相同，它们各自的形成条件不同，处理关系的原则或调整手段不同，适用范围不同，使用规范的法律后果不同，它们既不能混同也不能相互取代。对第一种社会关系的调整采取的是行政手段的方式；对第二种社会关系的调整主要是采取行政、经济、民事等诸多手段相结合的方式；对第三种社会关系的调整主要是采取民事手段方式。这也表明了建设法规是运用综合手段对上述社会关系加以规范调整的。

1.2.2　建设法规的特征及作用

1. 建设法规的特征

建设法规作为调整建设管理和建设协作中发生的社会关系的法律规范，除具备一般法律法规所共有的特征外，还具备行政隶属性、经济性、政策性和技术性的特征。

（1）行政隶属性　行政隶属性是指具有以行政指令手段调整建设业法律关系的属性。具体表现主要有授权、命令、禁止、许可、免除、确认、计划、撤销等。工程建设活动直接关系人民生命财产安全，国家必然要通过大量行政手段来规范建设活动以确保人民生命财产安全。

（2）经济性　工程建设活动直接为社会创造财富，为国家增加积累，工程建设活动的重要目的之一就是要实现其经济效益，因此调整工程建设活动的建设法规的经济性是十分明显的。

（3）政策性　建设法规体现着国家的建设政策。它一方面是实现国家建设政策的工具，另一方面也把国家建设政策规范化。国家建设形势总是处于不断变化之中，建设法规要随着发展的需要而变化，灵活地适应变化的建设形势。

（4）技术性　工程建设产品的质量与人民的生命财产紧密相连。为保证建筑产品的质量和人民生命财产的安全，大量的建设法规是以技术规范、标准的形式出现。技术性法规具有直接、具体、严密和系统的特点，便于广大工程技术人员及管理机构遵守和执行。

2. 建设法规的作用

基本建设活动是一个国家最基本的经济活动之一。工程建设法律、法规是工程建设管理的依据。建设法规通过各种法律规范规定工程建设业的基本任务、基本原则、基本方针，加强工程建设业的管理，充分发挥其效能，来为国民经济各部分提供必需的物质基础，为国家增加积累，为社会创造财富，推动社会主义各项事业的发展，促进社会主义现代化建设。

（1）规范建设行为　从事各种具体的建设活动所应遵循的行为规范即建设法律规范。只有在法律规定的范围内所进行的行为才能得到国家的承认与保护，也才能实现行为人预期的目的。建设法规对人们建设行为的规范性表现为：必需的建设行为和禁止的建设行为。如《建筑工程施工现场管理规定》第 5 条规定：“建设工程开工实行施工许可证制度。建设单位应当按计划批准的开工项目向工程所在地县级以上地方人民政府建设行政主管部门办理施工许可证手续。”又如《中华人民共和国招标投标法》（简称《招标投标法》）第 32 条规定：“投标人不得相互串通投标报价。”

（2）保护合法建设行为　建设法规的作用不仅在于对建设主体的行为加以规范和指导，还应对符合建设法规的建设行为给予确认和保护。这种确认和保护性规定一般是通过建设法规的规定来体现的。

（3）处罚违法建设行为　建设法规要实现对建设行为的规范和指导作用，必须对违法建设行为给予应有的处罚，通过处罚等强制制裁手段保障建设法规的制度有效实施。否则，建设法规由于得不到实施过程中强制制裁手段的法律保障，而变成没有实际意义的规范。

1.2.3　建设法规的基本原则

工程建设活动投资大、周期长、涉及面广、人员流动性大及技术要求高，其建筑产品关系到人民生命财产的安全，为保证建设活动顺利进行和建筑产品安全可靠，建设法规立法时应遵循以下基本原则。

（1）工程建设活动应确保工程建设质量与安全原则　建设工程质量与安全是整个建设活动的核心，是关系到人民生命财产安全的重大问题。建设工程质量是指国家规定和合同约定的对建设工程的适用、安全、经济、美观等一系列指标的要求。建设活动确保建设工程质量就是确保建设工程符合有关安全、经济、美观等各项指标的要求。建设工程的安全是指建设工程对人身安全和财产的安全。确保建设工程的安全就是确保建设工程不能引起人身伤亡和财产损失。

（2）工程建设活动应当符合国家的工程建设安全标准原则　国家的建设安全标准是指国家标准和行业标准。建设工程安全标准是对建设工程的设计、施工方法和安全所作的统一要求。多年来，我国建筑业伤亡率居高不下，建设法规通过一系列规定对工程建设活动的安全提出了强制性要求，使建设活动符合建设工程安全标准，从而改进建设工程质量和安全，提高社会效益与经济效益，维护了国家利益和人民利益。

（3）从事工程建设活动应当遵守法律、法规原则　社会主义市场经济是法制经济，建设活动是最频繁、对国家经济和人民生活影响最为巨大的社会经济活动之一，故而应当依法行事。作为建设活动的参与者，从事建设活动的勘察设计单位、工程监理单位、建筑施工企业及从事建设活动监督和管理的单位、建设单位等，都必须遵守法律、法规的规定。

（4）不得损害社会公共利益和他人的合法权益原则　社会公共利益是全体社会成员的整体利益。保护社会公共利益是法律的基本出发点。从事建设活动不得损害社会公共利益，这也是维护建筑市场秩序的保障。

（5）合法权利受法律保护原则　宪法和法律保护每个市场主体的合法权益不受侵害，建设法规是整个法律体系的一部分，故而任何单位和个人都不得妨碍和阻挠依法进行的建设活动，这也是在维护正常的建筑市场。

1.3　建设法律关系

1.3.1　建设法律关系的概念

1. 法律关系的概念

法律关系是指由法律规范调整一定社会关系过程中所形成的人与人之间的权利义务关系。一定的法律关系是以一定的法律规范为前提的，是一定法律规范调整一定社会关系的结果。法律关系是庞大社会关系中的一种，是受到法律约束的社会关系；法律关系是人与人之间的合法关系。

2. 建设法律关系的概念

建设法律关系是法律关系的一种，是指工程建设法律规范所确认和调整的，在建设管理和协作过程中产生的权利义务关系。

建设法律关系是建设法律规范在社会主义国家经济建设与生活中实施的结果，只有当社会组织按照建设法律规范进行建设活动，形成具体的权利与义务关系时才构成建设法律关系。

1.3.2　建设法律关系的特征

不同的法律关系有着不同的特征，构成其特征的条件是不同的法律关系的主体及其所依据的法律规范。建设业活动面广，内容复杂繁多，法律关系主体广泛，所依据的法律规范多样，由此决定了建设法律关系具有如下特征。

1. 综合性

建设法规关系不是单一的，而是带有明显的综合性。建设法律规范是由建设行政法律、建设民事法律和建设技术法规构成的。这三种法律规范在调整建设活动中是相互作用、综合运用的。如国家建设主管部门行使组织、管理、监督的职权，依据基本建设程序、基本建设计划，组织、指导、协调、检查建设单位和勘察设计、施工、安装等企业基本建设活动，就一定要发生某种法律关系。这种法律关系是以指令服从、组织管理为特征的建设行政法律关系。与建设行政法律关系平行并相互作用的则是建设民事法律关系。这主要是建设单位和建设银行、勘察、设计、施工、安装等企业之间产生的权利义务关系。如资金借贷关系、工程承包关系及设备和材料承包供应关系等。这些关系往往表现为平等、等价、有偿的合同关系。而建设单位与勘察、设计、施工、安装等单位完成国家建设任务的标准及评价依据是设计规范、施工规范和验收规范。可见，调整国家建设业活动是建设行政法律、建设民事法律和建设技术法规的综合运用。这也就决定了建设法律关系具有综合性。

2. 复杂性

建设法律关系是一种涉及面广、内容复杂的权利义务关系。建设活动关系到国民经济和人民生产、生活、休闲娱乐等方面。如建设单位要进行建设，则必须使自己项目获得批准，列入国家计划，由此产生了它与业务主管和计划批准机关的关系。建设计划被批准，又需进行资金的筹措、材料的购置、招标投标、项目勘察设计、施工组织设计、施工、安装等，这样又产生了建设单位与银行、物资、供应部门、勘察设计、施工、安装等单位的关系、项目管理关系等。这些关系相互交叠、错综复杂。

3. 协同性

国家制定的建设项目计划是指令性的，是各级机构进行工程建设的基础。各省、市、自治区在国家计划的基础上制定本部门、地区的计划，下达给下属单位，各建设单位及承建单位必须严格遵守国家建设计划。建设单位与承建单位签订勘察、设计、施工、安装、购货等合同，所有参加建设的单位需相互配合、协同工作，共同完成建设项目。国家对一个建设项目从资金落实到勘察设计、施工、安装等都要进行严格管理。

4. 制约性

建设法规调整建设活动是以建设行政法律规范为主，建设民事法律规范调整建设活动是由建设行政法律决定的，并受其制约。如建设单位与设计单位签订的勘察设计合同，在执行过程中，因国家法律认可的国家建设计划变更或解除，则建设单位的合同也要变更或解除。

1.3.3　建设法律关系的构成要素

包括建设法律关系在内的所有法律关系均是由主体、客体和内容三要素构成的。主体是法律关系的参与者，也是权利和义务的承担者；客体是主体权利和义务共同指向的对象；内容即是法律关系主体所享有的权利和承担的义务。三要素中缺少其中一个要素就不能构成法律关系。由于三要素的内涵不同，则组成了不同的法律关系，如建设民事法律关系、建设行政法律关系、建设劳动法律关系、建设经济法律关系等。同样，变更其中一个要素就不再是原来的法律关系。

1. 建设法律关系的主体

建设法律关系主体是指参与建设活动，受建设法规调整，在法律上享有权利、承担义务的人。建设法律关系主体有自然人、法人和其他组织。如国家机关、中国建设银行、城市规划编制单位、工程项目的投资者（建设单位）、施工企业工作人员、从事工程勘察设计的单位、从事工程施工的施工企业、从事房地产开发的企业等。由于建设活动参与者众多，因此建设法律关系的主体种类众多，这正是建设法律关系的重要特征之一。

2. 建设法律关系客体

建设法律关系客体是指参加建设法律关系主体的权利义务所共同指向的对象。客体一般有财、物、行为和非物质财富四种表现形式。比如建设资金、为工程建设取得的贷款等就是财客体；建筑材料、建筑机械设备就是物客体；勘察设计、施工安装、检查验收等就是行为客体；建筑设计方案、装潢设计、专利等就是非物质财富客体。

3. 建设法律关系内容

建设法律关系的内容是指建设法律关系主体享有的权利和承担的义务。建设法律关系的内容是建设主体的具体要求，决定着建设法律关系的性质，它是联结主体的纽带。

建设权利是指建设法律关系主体在法定范围内，根据国家建设管理要求和自己企业活动的需要有权进行各种建设活动。权利主体可要求其他主体做出一定的行为或抑制一定行为，以实现自己的建设权利，因其他主体的行为而使建设权利不能实现时有权要求国家机关加以保护并对其他主体的行为予以制裁。

建设义务是指建设法律关系主体必须按法律规定或约定承担相应的责任。建设义务和建设权利是相对应的，建设主体应自觉履行建设义务，如果不履行或不适当履行，就要受到法律制裁。如在一个建设工程合同所确立的法律关系中，发包方的权利是获得符合法律规定和合同约定的工程，其义务是按照约定的时间和数量支付给承包方工程款；承包方的权利是按照约定的时间和数量得到工程款，其义务是按照法律的规定和合同的约定完成施工任务。

1.3.4　建设法律关系的产生、变更和消灭

1. 建设法律关系的产生、变更和消灭的概念

（1）建设法律关系的产生　建设法律关系不是从来就有的，而是由于一定的法律事实发生后才产生的，并且它也可以由于一定的法律事实的发生而改变或消灭。

建设法律关系主体之间形成一定的权利义务关系，就产生了建设法律关系。如发包方和承包方依法签订了建设工程合同，双方产生了相应的权利和义务，建设法律关系即产生。

（2）建设法律关系的变更　建设法律关系的主体、客体发生改变，必然导致其内容发生改变，此时建设法律关系就发生变更。

1）主体变更。主体变更是指建设法律关系中权利义务主体数量的增多、减少或主体改变。

在建设合同中，客体不变，相应的权利义务也不变，此时主体改变也称为合同转让。

2）客体变更。客体变更是指建设法律关系中权利义务所指向的事物发生变化。客体变更可以是其范围变更，也可以是其性质变更。

建设法律关系主体与客体的变更，必然导致相应的权利、义务的变更，即内容的变

更。如在一个建设工程合同履行过程中，由于业主意图的改变使设计方案变更，那么施工也随之变更。由此，原来的建设法律关系的内容就发生了变化。

(3) 建设法律关系的消灭 建设法律关系的消灭是指建设法律关系主体之间的权利义务不复存在，彼此丧失了约束力，建设法律关系即告消灭。消灭的原因可以是自然消灭、协议消灭或违约消灭。

1) 自然消灭。建设法律关系自然消灭是指某类建设法律关系所规范的权利义务顺利得到履行，且取得了各自的利益，从而使该法律关系达到完结。

2) 协议消灭。建设法律关系协议消灭是指建设法律关系主体之间协商解除某类建设法律关系规范的权利义务，致使该法律关系归于消灭。协议消灭有即时协商和约定终止条件两种表现形式，即时协商是指当事人双方就终止法律关系事宜即时协商，达成一致意见后终止；约定终止是指双方当事人在签订合同的时候就约定了终止的条件，当具备这个条件时不需要与另一方当事人协商，一方当事人即可终止其法律关系。

3) 违约消灭。建设法律关系违约消灭是指建设法律关系主体一方违约，或发生不可抗力，致使某类建设法律关系规范的权利义务不能实现。

如一个建设工程合同履行完毕，发包方和承包方之间的建设法律关系就自然消灭；建设工程合同双方协商一致取消已经订立的合同，双方的建设法律关系就因协议而取消；建设工程合同的承包方可以因发包方不按合同支付工程款的违约行为而停止履行合同，该建设法律关系就因一方的违约而消灭。

2. 建设法律关系的产生、变更和消灭的原因

建设法律关系不是由建设法律规范本身产生的，它也不会自然而然地产生。建设法律关系只有在一定的情况下才能产生，这种法律关系的变更和消灭也是由一定的情况决定的。这种引起建设法律关系产生、变更和消灭的情况就是法律事实。法律事实即是建设法律关系产生、变更和消灭的原因。

(1) 法律事实的概念 法律事实是指能够引起建设法律关系产生、变更或消灭的客观现象和事实。不是任何事实都成为建设法律事实，只有当建设法规把某种客观情况同一定的法律后果联系起来时，这种事实才能被认为是建设法律事实，才能成为产生、变更或消灭建设法律关系的原因，从而和法律后果形成因果关系。

(2) 建设法律事实的分类 建设法律事实按是否包含当事人的意志分为两类。

1) 事件。事件是指不以当事人意志为转移而产生的自然现象。

当建设法律规范把某种自然现象和建设权利义务关系联系在一起的时候，这种现象就成为法律事实的一种，即事件。这就是建设法律关系的产生、变更或消灭的原因之一。如洪水灾害导致工程施工延期，致使某建筑安装合同不能履行。事件的产生大致有两种情况：自然现象引起的，如地震、台风、水灾、火灾（人为因素除外）等自然灾害等；社会现象引起的，如战争、暴乱、政府禁令等。

2) 行为。行为是指人的有意识的活动，包括积极的作为和消极的不作为，都能引起建设法律关系的产生、变更或消灭。行为通常表现为以下几种：

a. 民事法律行为。民事法律行为是指法律规定或有法律依据、受法律保护的行为。如根据设计任务书进行的初步设计的行为、依法签订建设工程承包合同的行为。

b. 违法行为。违法行为是指受法律禁止的侵犯其他主体的建设权利和建设义务的行为。如违反法律规定或因过错不履行建设工程合同；没有国家批准的建设项目而擅自动工进行建设的行为。

c. 行政行为。行政行为是指国家授权机关依法行使对建设业管理权而发生法律后果的行为。如国家建设管理机关下达基本建设计划，监督执行工程项目建设程序的行为。

d. 立法行为。立法行为是指国家机关在法定权限内通过规定的程序，制定、修改、废止建设法律规范文件的活动。如国家制定、颁布建设法律、法规、条例、规范、标准定额等行为。

e. 司法行为。司法行为是指国家司法机关的法定职能活动，它包括各级检察机构所实施的法律监督，各级审判机构的审判、调解活动等。如人民法院对建设工程纠纷案件作出判决的行为。

1.4 建设法规的体系

1.4.1 建设法规体系的表现形式

广义建设法规体系由五个层次构成。

1. 宪法

宪法是我国的根本大法，具有最高的法律效力，任何其他法律、法规必须符合宪法的规定，且不得与之相抵触。

2. 建设法律

作为建设法规表现形式的建设法律，是指由全国人民代表大会及其常务委员会制定的隶属国务院建设行政主管部门业务范围的各种规范性文件。其效力仅次于宪法，且在全国范围内具有普遍的约束力。如《中华人民共和国建筑法》《中华人民共和国城乡规划法》《中华人民共和国城市房地产管理法》《中华人民共和国招标投标法》《中华人民共和国合同法》等。

3. 建设行政法规

建设行政法规是国务院根据宪法和法律或全国人大常委会的授权决定，依照法定权限和程序，制定颁布的有关行政管理的规范性文件。其效力低于宪法和建设法律，在全国范围内有效。如《建设工程勘察设计管理条例》《建设工程质量管理条例》《城市房地产开发经营管理条例》等。

4. 建设部门规章

建设部门规章是指国务院各部门根据建设法律和建设行政法规，在本部门权限范围内所制定的规范工程建设活动的各项规章。其表现形式有规定、办法、实施办法和规则等，其效力低于宪法、建设法律和建设行政法规。如《建筑工程施工发包与承包计价管理办法》《工程监理企业资质管理规定》等。

5. 地方性建设法规与规章

地方性建设法规是指地方人大常委会制定的规范工程建设活动的各项法规。地方性建设规章是指地方人民政府制定颁布的规范性文件的总称，其表现形式有规定、办法和规则等。它们的效力低于宪法、建设法律、建设行政法规和建设部门规章，在本行政区域内有效。如《广东省建设工程招标投标管理条例》《深圳市建设工程质量条例》《深圳市建设工程勘察设计合同管理暂行办法》等。

在以上五个层次的法规中，较低级的法规不得与较高层次法规相抵触，如果出现矛盾，较低层次法规应服从较高层次法规的规定。另外《中华人民共和国立法法》第 86 条规定：地方性法规、规章之间不一致时，由有关机关依照下列规定的权限作出裁决：

1）同一机关制定的新的一般规定与旧的特别规定不一致时，由制定机关裁决。

2）地方性法规与部门规章之间对同一事项的规定不一致，不能确定如何适用时，由国务院提出意见，国务院认为应当适用地方性法规的，应当决定在该地方适用地方性法规的规定；认为应当适用部门规章的，应当提请全国人民代表大会常务委员会裁决。

3）部门规章之间、部门规章与地方政府规章之间对同一事项的规定不一致时，由国务院裁决。

另外，技术法规和国际公约、国际惯例、国际标准也是我国建设法规体系的构成部分。

1.4.2　建设法规体系的构成

1. 建设行政法律

建设行政法律是指国家制定或认可，体现人民意志，由国家强制力保证实施的并由国家建设管理机关从宏观上、全局上管理建设业的法律规范。它在建设法规中居主要地位，如计划法、税法、城乡规划法、建筑法、建设工程勘察设计法、市政公用事业法、城市房地产管理法、风景名胜区法、限制垄断制止不正当竞争法等。

建设行政法律具有以下特征：

1）指令性。建设行政法律调整的法律关系主体地位不平等，一方下达指令，另一方只能服从并予以执行。

2）非对等性。主体一方面作为国家建设主管机构或间接管理机构只享有权利，而另一方作为接受管理的企事业单位及公民只承担义务。权利和义务不对等。

3）强制性。建设行政法律规范多以禁止、命令形式表现出来，没有选择和考虑的余地。

4）灵活性。建设行政法律一般政策性强，立法程序简单，表现形式多样。可根据建设业形势变化，随时制定、修改和废止。

2. 建设民事法律

建设民事法律是国家制定或认可的，体现人民意志的，以国家强制力保证其实施的调整平等主体公民之间、法人之间、公民与法人之间的建设关系的行为准则。如民法通则、物权法、建设合同法、建设企业法、住宅法等。

建设民事法律具有以下特征：

1）平等性。受建设民事法律调整的建设法律关系主体的地位是平等的，没有隶属性。

2）有偿性。主体间权利与义务对等，当事双方取得利益的同时要承担相应的义务。

3）任意性。有些建设民事法律赋予当事人在法律规定的范围内有选择的自由。

4）相对稳定性。建设民事法律是建设业生产与交换的最一般行为准则，它与政策性较强的建设行政法律相比，具有相对的稳定性。

3. 建设技术法规

建设技术法规是国家制定或认可的，由国家强制力保证其实施的工程建设勘察、规划、建设、施工、安装、检测、验收等的技术规程、规则、规范、条例、办法、定额、指标等规范性文件。

建设技术法规以建筑科学、技术和实践经验的综合成果为基础，经有关方面专家、学者、工程技术人员综合评价、科学论证而制定，由国务院及有关部委批准颁发，作为全国建设业共同遵守的准则。

建设技术法规可分为国家、专业（部）、地方和企业四级。下一级的规范、标准不得与上一级的规范标准相抵触。

主要类型有：设计规范、施工规范、验收规范、建设定额、工程建设标准、建筑材料检测标准。

建设技术法规具有以下的特征：

1）科学性。建设技术规范的制定来自大量的科学论证与工程实验检验，是建设业执业人员普遍遵守的科学规范。

2）标准性。建设技术规范所规定的内容是人们普遍接受的技术标准，包括国家标准、国际标准、专业标准和地方标准及企业标准。所采用的术语、符号、代号、方法是规范统一的。

3）系统性。建设技术规范形成一个完整的体系。作为一个工程项目，从项目论证到设计、施工、验收等各项环节的技术法规相互衔接、相互制约。

4）稳定性。建设技术法规作为法律，一方面体现国家统治阶级的意志，另一方面建设技术法规作为人们认识自然、改造自然的科学总结，是人们普遍接受和认可的统一规范。因此建设技术法规的稳定性特征十分突出。

1.5 建设法规基础案例

案例分析

基本案情：

1999 年 5 月，乙建筑公司与甲厂就甲厂技术改造工程签订建设工程承包合同。合同约定：乙建筑公司承担甲厂技术改造工程项目，负责承包各项目的土建部分；承包方式为固定总价合同一次包死，竣工后办理结算。合同签订后，乙方按合同的约定完成该工程的土建项目，并于2000 年10 月竣工。但是，甲厂于2000 年8 月被丙公司兼并，由丙公司承担甲厂的全部债权债务，并承接甲厂的各项工程合同、借款合同及各种协议。乙公司在工程竣工后多次催促丙公司对工程进行验收并支付所欠工程款，丙公司对此一直置之不理，既不验收已竣工工程，也不付工程款。乙公司无奈将丙公司诉至法院。法院经审理后，判决丙公司对已完工的土建项目进行验收，验收合格后向乙公司支付所欠工程款。

案例评析：

该案是合同主体资格变更。要点如下：

1）两个以上公司合并设立一个新的公司为新设合并。公司合并应当由合并各方签订合并协议，并编制资产负债表及财产清单。公司应当自作出合并决议之日起 10 日内通知债权人，并于 30 日内在报纸上至少公告三次。债权人自接到通知书之日起 30 日内，未接到通知书的自第一次公告之日起 90 日内，有权要求公司清偿债务或者提供相应的担保。不清偿债务或者不提供相应担保的，公司不得合并。公司合并时，合并各方的债权、债务应当由合并后存续的公司或者新设的公司承继。

因此，甲厂的合同权利与义务均由丙公司继受。

2）《中华人民共和国合同法》第 279 条规定：“建设工程竣工后，发包人应当根据施工图及说明书、国家颁发的施工验收规范和质量检验标准及时进行验收。验收合格的，发包人应当按照约定支付价款，并接收该建设工程。建设工程竣工经验收合格后，方可交付使用；未经验收或者验收不合格的，不得交付使用。”因此，工程竣工后，乙公司有权要求丙公司进行竣工验收，并在验收合格后支付工程款。

3）法院判决丙公司对乙公司完工工程进行竣工验收，也就是要求丙公司承担违约责任，继续履行合同。这是判决行为，因此应附有明确履行期限，以便于操作。

思考题

1. 何谓建设法规？其调整对象是什么？
2. 建设法规立法的基本原则是什么？
3. 建设法规有什么特征？
4. 何谓建设法律关系？其构成要素是什么？
5. 建设法有哪些表现形式？建设法由哪些层次的法律法规构成？
6. 建设行政法律和建设民事法律各有什么特征？
7. 我国建设技术法规是如何构成的？

第2章

城乡规划法律制度

2.1 城乡规划法规概况

2.1.1 城乡规划法背景

从20世纪50年代以来，特别是近年来，我国城市规划工作的大背景发生了很大变化。经济体制改革促进了城镇化快速发展。我国城市数量和规模迅速增加，且建设量大、面广；小城镇的发展，以及建镇内涵发生了本质的变化；全国范围内人口流动数量庞大。与此同时，我国也面临一些问题：城镇化发展水平不平衡；快速城镇化与人均资源少、环境脆弱的矛盾更加突出；全球化进程对本土文化的冲击；我国优秀文化遗产受到损坏等。

以前那种建立在城乡二元结构上的规划管理制度，以及就城市论城市、乡村论乡村的规划制定与实施模式，使城市和乡村规划之间缺乏统筹协调，衔接不够，已经不适应我国经济社会迅速发展的新形势。这种行政管理上的二元分治方式带来了种种弊端：其一，不利于城乡统筹均衡发展，一方面由于经济规律作用，大中城市获得更为优越的发展条件；另一方面由于地方政府在发展战略上客观存在的城市导向，进一步拉大了城乡差距。其二，造成法律空白地带；在一些地区无法进行有效的规划管理，特别是在城乡结合地区和各类开发区中表现得尤为明显；在广大的农村地区，由于规划管理薄弱，出现了遍地开花的零星建筑，进而大量耕地被圈占，直接损害了广大农民的根本利益。

为了改善人民群众的生产、生活、工作环境质量，统筹安排城乡建设和管理，合理配置城乡道路、绿地、停车等土地资源和空间资源，促进城乡经济社会全面协调可持续发展，我国2008年出台了《中华人民共和国城乡规划法》（简称《城乡规划法》），2008年1月1日起施行。2008年颁布的《城乡规划法》是在总结1989年颁布的《中华人民共和国城市规划法》和1993年颁布的《村庄和集镇规划建设管理条例》施行基础上，以及在改革开放以来、特别是近年来我国城乡规划管理工作经验的基础上，以科学发展观为指导所制定的法律。

从国际经验来看，采用统一的城乡规划体系是符合世界潮流的。如英国始终坚持统一城乡规划体系，制定《城乡规划法》对城乡全部土地进行统一规划；德国《联邦建设法典》确定的规划体系包括各联邦州的空间规划、州内大区的空间规划、跨州界各区域的空间规划、各城市的总体规划和各个城镇社区的建造规划等多个层面，均形成统一的城乡体系。

2.1.2　城乡规划的概念、立法目的及城乡规划的综合控制作用

1. 城乡规划、城乡规划管理及城乡规划区的概念

（1）城乡规划　城乡规划是指对一定时期内城市、镇、乡、村庄的经济和社会发展、土地利用、空间布局及各项建设的综合部署、具体安排和实施管理。它由城镇体系规划、城市规划、镇规划、乡规划和村庄规划组成，是政府指导、调控城市和乡村建设的基本手段，是促进城市和乡村协调发展的有效途径，也是维护社会公平、保障公共安全和公众利益、提供公共服务的重要公共政策之一。

城乡的建设与发展是一项庞大的系统工程，它涉及社会各个领域，与人民大众的生活和工作息息相关。因此对城乡的发展和建设做出合理的预测及切实可行的规划是非常必要的。

（2）城乡规划管理　城乡规划管理是指组织编制和审批城乡规划，并依法对城市、镇、乡、村庄的土地使用和各项建设的安排实施控制、指导和监督检查的行政管理活动。

（3）规划区　规划区是指城市、镇和村庄的建成区及因城乡建设和发展需要，必须实行规划控制的区域。其分为两个部分：一是建成区，即实际已经成片开发建设市政公用设施和公共设施基本具备的地区；二是尚未建成但由于进一步发展建设的需要必须实行规划控制的区域。

随着城市化进程的加速，很多城市人口指标大大超过了预想范围，并且还有进一步扩大的趋势。为了防止一些地方脱离实际、盲目扩大城市建设规模，城乡规划法要求有关人民政府在组织编制城市总体规划、镇总体规划、乡规划和村庄规划中，按照经济发展水平和统筹城乡发展的需要，科学地划定规划区，并明确制定和实施城乡规划，在规划区内进行城乡各项建设。

2. 城乡规划法立法目的

城乡规划立法目的，首先由于市场对资源配置要求，城乡规划作为公共政策首先要保护公众利益与公平，而不是操作具体项目；第二，城乡规划决策对经济发展能造成很大的影响，各级领导都认识到，城乡规划失误造成的经济损失难以估量；第三，经济成分多样化，城乡规划涉及公共管理与私有权力的关系，城乡规划的实施还应保护私人的合法权益；第四，生活方式多样化，人们自由选择居住的地点、环境、档次等；最后，城乡规划行政行为对利害关系人的利益构成影响。

《城乡规划法》将全部城乡规划法统一纳入一个法律管理，目的是为了加强城乡规划管理，协调城乡空间布局，改善人居环境，促进城乡经济社会全面协调可持续发展。具体是：

1）加强城乡规划管理是城乡规划法的直接目的。

2）协调城乡空间布局、改善人居环境是城乡规划法的根本目的。

3）促进城乡经济社会全面、协调、可持续发展是城乡规划法的终极价值目标。

3. 城乡规划综合调控地位和作用

《城乡规划法》指出："任何单位和个人都应当遵守依法批准并公布的城乡规划，服从规划管理。"这就从法律上明确了城乡规划是政府引导和调控城乡建设和发展的一项重要公共政策，是具有法定地位的发展蓝图。同时，法律适用范围扩大，强调城乡统筹、区域统筹；确立先规划后建设的原则，"三规合一"是规划未来发展的必然趋势。

2.1.3　城乡规划法规的立法概况及适用范围

1. 立法概况

新中国成立以来，我国城乡规划法制建设走过了艰辛历程，值得一提的有六件大事。20世纪50年代，学习前苏联的经验，颁布了《城市规划编制办法》；1978年全国城市工作会议，中央发布《关于加强城市建设工作的意见》；1984年国务院颁布《城市规划条例》；1989年12月26日第七届全国人民代表大会常务委员会第十一次会议通过了《中华人民共和国城市规划法》；1993年6月29日国务院颁布了与其配套的《村庄和集镇规划建设管理条例》；另外还颁布实施了《中华人民共和国城市规划法实施条例》《建设项目选址规划管理办法》《城市规划编制办法》《开发区规划管理办法》《城市国有土地使用权出让转让规划管理办法》《城镇体系规划编制审批办法》等建设部门规章及各地的地方性建设法规等；2007年10月28日，第十届全国人民代表大会常务委员会表决通过《中华人民共和国城乡规划法》，并正式颁布，2008年1月1日正式实施，《中华人民共和国城市规划法》同时废止。

2. 适用范围

城乡规划法的适用范围包括地域适用范围和人的适用范围两方面。

城乡规划法地域适用范围是指规划区，即城市、镇、乡、村庄的建成区及城乡建设和发展需要，必需实行规划控制的区域。

城乡规划法人的适用范围是指凡与城乡规划的编制、审批、管理活动有关的单位和个人，都适用于该法。具体包括：

1）负责城乡规划的编制、审批和管理的各级人民政府、城乡规划行政主管部门和其他相关部门及其有关人员。

2）具体从事城乡规划编制工作的生产、科研、教学、设计单位及其有关人员。

3）凡在城乡规划区内进行建设活动的建设单位、勘察设计单位、施工企业、其他相关单位及其上述单位的有关人员。

2.1.4　城乡规划制定实施的一般原则

制定和实施城乡规划应当遵循以下原则：

1）城乡统筹、合理布局、节约土地、集约发展的原则。

2）先规划后建设的原则。坚决杜绝"先建设后规划""边建设边规划"。

3）环保节能原则。主要是改善生态环境，促进资源、能源节约和综合利用。

4）保护自然资源和历史文化遗产原则。保护自然资源尤其是耕地资源，城乡规划的制定实施要贯彻合理用地、节约用地的原则。

5）体现地方特色，保持民族传统和地方风貌原则。体现城市各自特点，不能搞千篇一律的大都市化，要防止污染和其他公害。

6）符合区域人口发展、国防建设、防灾减灾和公共卫生、公共安全的需要的原则。

2.1.5　城乡规划与国民经济和社会发展规划、土地利用总体规划的关系

1. 城乡规划与国民经济和社会发展规划的关系

国民经济和社会发展规划是我国国家计划最重要的表现形式，是城乡规划制定、实施的保障和前提。城乡规划的制定必须以国民经济和社会发展规划为重要依据，这是国民经济和社会发展规划顺利完成的重要方面与途径。

县级以上地方人民政府应当根据当地经济社会发展的实际，在城市总体规划、镇总体规划中合理确定城市、镇的发展规模、步骤和建设标准。同时各级人民政府应当将城乡规划的编制和管理经费纳入本级财政预算。

城乡规划关系重大，国家对此高度重视，但是由于各地财力情况各有区别，一些地区尤其是乡规划和村庄规划经费不足，致使不规划、低质量规划、敷衍了事的现象出现。因此，城乡规划法首次以法律的形式将这一制度固定下来，为城乡规划纳入财政预算提供法律保障。

2. 城乡规划与土地利用总体规划的关系

城乡规划和土地利用总体规划各有侧重。土地利用总体规划是处理建设用地与农用地的关系，以保护基本农田和耕地为原则，侧重于对建设用地的总量进行控制和基本农田的保护；而城乡规划主要是从城乡各项建设的空间布局进行考虑，在确定的建设用地规模范围内调整土地的空间利用，侧重于建设项目的空间布局和对建设活动的引导控制。编制城乡规划一定要考虑与土地利用总体规划相衔接，体现土地利用总体规划确定的保护基本农田的基本原则，这既有利于城乡建设的发展，又能够保护现有耕地不被移作他用。

2.2　城乡规划的制定与审批

2.2.1　城乡规划体系和编制的内容

城乡规划包括城镇体系规划、城市规划、镇规划、乡规划和村庄规划。城市规划、镇规划分总体规划和详细规划两类。详细规划又划分为控制性详细规划和修建性详细规划。新体系体现了一级政府、一级规划、一级权限的规划编制要求，明确规划的强制性内容；突出近期建设规划的地位；强调规划编制责任。

1. 城乡规划体系

（1）省域城镇体系规划　省域城镇体系规划是指从宏观上控制城镇规模、资源利用、环境保护和空间布局，引导城镇合理发展的总体布置。

（2）城市规划、镇规划　城市规划、镇规划分为总体规划和详细规划。

城市、镇总体规划是指从宏观上控制城市、镇土地利用和空间布局，引导城、镇合理发展的总体布置。城市、镇总体规划的规划期限一般为20年，城市总体规划还应对城市更长远的发展作出预测性安排。

城市、县、镇人民政府还应当根据城市总体规划，镇总体规划、土地利用总体规划和年度计划及国民经济和社会发展规划，制定近期建设计划。近期建设规划应当以重要基础设施、公共服务设施和中低收入居民住房建设以及生态环境保护为重点内容，明确近期建设的时序、发展方向和空间布局。其规划一般期限为5年。

详细规划是指依据城市或镇总体规划，对城市、镇近期建设区域内各项建设做出具体规划。详细规划根据需要分控制性和修建性详细规划两类。修建性详细规划应当符合控制性详细规划。

另外，首都的总体规划、详细规划应当统筹考虑中央国家机关用地布局和空间安排的需要。

（3）乡规划和村庄规划　乡规划和村庄规划应当从农村实际出发，尊重村民意愿，体现地方和农村特色。

2. 城乡规划编制的内容

（1）省域城镇体系规划　省域城镇体系规划应涉及的城镇包括市、县城和其他重要的建制镇、独立工矿区。《城乡规划法》第13条规定：省、自治区人民政府组织编制省域城镇体系规划，报国务院审批。省域城镇体系规划的内容应包括：城镇空间布局和规模控制，重大基础设施的布局，为保护生态环境、资源等需要严格控制的区域。

除此以外，省域城镇体系规划应当包括的内容还有：

1）综合评价区域与城市的发展和开发建设条件。

2）预测区域人口增长，确定城市化目标。

3）确定本区域的城镇发展战略，划分城市经济区。

4）提出城镇体系的功能结构和城镇分工。

5）确定城镇体系的等级和规模结构。

6）确定城镇体系的空间布局。

7）统筹安排区域基础设施、社会设施。

8）确定保护区域生态环境、自然和人文景观及历史文化遗产的原则和措施。

9）确定各时期重点发展的城镇，提出近期重点发展城镇的规划建议。

10）提出实施规划的政策和措施等。

（2）城市规划、镇规划（总体规划、详细规划）　城市、镇总体规划的内容包括城市、镇发展布局，功能分区，用地布局，综合交通体系，禁止、限制和适宜建设的地域范围，各类专项规划等。同时强调：规划区范围、规划区内建设用地规模、基础设施和公共服务设施用地、水源地和水系、基本农田和绿化用地、环境保护、自然与历史文化遗产保护以及防灾减灾等内容，应作为城市总体规划、镇总体规划的强制性内容。所谓强制性内容是指城市、镇总体规划的必备内容，应当在规划图上有标准标明，并在规划文本上有明确、严格、规范的表述，并提出相应的管治措施。

城市、镇详细规划主要包括规划各项建设的具体用地范围；规划建设密度和高度控制指标；总平面布置、工程管线综合规划和竖向规划等内容。

控制性详细规划主要是要确定建设地区的土地使用性质和使用的强制控制指标、道路和工程管线控制性位置以及空间环境控制的规划要求，它的具体内容应当包括：

1）确定规划范围内不同使用性质用地的界限，确定各类用地内适建、不适建或者有条件地允许建设的建筑类型。

2）确定各地块建筑高度、建筑密度、容积率、绿地率等控制指标，确定公共设施配套要求、交通出入口方位、停车泊位、建筑后退红线距离等要求。

3）提出各地块的建筑体量、体形、色彩等城市设计指导原则。

4）根据交通需求分析，确定地块出入口位置、停车泊位、公共交通场站用地范围和站点位置、步行交通以及其他交通设施。规定各级道路的红线、断面、交叉口形式及渠化措施、控制点坐标和标高。

5）根据规划建设容量，确定市政工程管线位置、管径和工程设施的用地界线，进行管线综合，确定地下空间开发利用具体要求。

6）制定相应的土地使用与建筑管理规定。

修建性详细规划是指以城市总体规划、镇总体规划、控制性详细规划等为依据，制定用以指导建筑和工程设施的设计和施工的具体安排。它一般针对的是某一具体地块，能够直接应用于指导工程施工，一般应当包括以下内容：

1）建设条件分析及综合技术经济论证。

2）建筑、道路和绿地等空间布局和景观规划设计，布置总平面图。

3）对住宅、医院、学校和幼儿园等建筑进行日照分析。

4）根据交通影响分析，提出交通组织方案和设计。

5）市政工程管线规划设计和管线综合。

6）竖向规划设计。

7）估算工程量、拆迁量和总造价，分析投资效益。

近期建设规划的指导性内容包括：根据城市建设近期重点，提出机场、铁路、港口、高速公路等对外交通设施，城市主干道、轨道交通、大型停车场等城市交通设施，自来水厂、污水处理厂、变电站、垃圾处理厂及相应的管网等市政公用设施的选址、规模和实施时序的意见。提出文化、教育、体育等重要公共服务设施的选址和实施时序。提出城市河湖水系、城市绿化、城市广场等的治理和建设意见。提出近期城市环境综合治理措施。城市人民政府可以根据本地区的实际，决定增加近期建设规划中的指导性内容。

（3）乡规划和村庄规划　乡规划、村庄规划的内容应当包括：规划区范围，住宅、道路、供水、排水、供电、垃圾收集、畜禽养殖场所等农村生产、生活服务设施、公益事业等各项建设的用地布局、建设要求，以及对耕地等自然资源和历史文化遗产保护、防灾减灾的具体安排。乡规划还应包括本行政区域的村庄发展布局。

2.2.2 城乡规划的编制与审批权

1. 城乡规划编制单位的资质

城乡规划的编制是一项十分复杂，系统性、综合性、政策性都很强的重要工作，它对国民经济和社会发展有着深刻的影响。因此，它不能随意交由哪个机构、哪个单位或哪个职能部门来完成。城乡规划组织编制机关应当委托具有相应资质等级的单位承担城乡规划的具体编制工作。

从事城乡规划编制工作应当具备下列条件，并经国务院城乡规划主管部门或者省、自治区、直辖市人民政府城乡规划主管部门依法审查合格，取得相应等级的资质证书后，方可在资质等级许可的范围内从事城乡规划编制工作。

1）有法人资格。

2）有规定数量的经国务院城乡规划主管部门注册的规划师。

3）有规定数量的相关专业技术人员。

4）有相应的技术装备。

5）有健全的技术、质量、财务管理制度。

根据2001年原建设部颁布的《城市规划编制单位资质管理规定》，城乡规划单位的资质等级分为甲、乙、丙三个层次。编制城乡规划必须遵守国家有关标准。

2. 城乡规划的编制权限和审批权限

《城乡规划法》规定我国的城乡规划实行分级编制，并具体规定了各级政府的编制权限。各类城乡规划应由相应各级人民政府组织编写，并报上一级人民政府审批。

国务院城乡规划主管部门会同国务院有关部门组织编制全国城镇体系规划，用于指导省域城镇体系规划、城市总体规划的编制。全国城镇体系规划由国务院城乡规划主管部门报国务院审批。

省、自治区人民政府组织编制省域城镇体系规划，报国务院审批。

城市人民政府组织编制城市总体规划。直辖市的城市总体规划由直辖市人民政府报国务院审批。省、自治区人民政府所在地的城市以及国务院确定的城市的总体规划，由省、自治区人民政府审查同意后，报国务院审批。其他城市的总体规划，由城市人民政府报省、自治区人民政府审批。

县人民政府组织编制县人民政府所在地镇的总体规划，报上一级人民政府审批。其他镇的总体规划由镇人民政府组织编制，报上一级人民政府审批。

省、自治区人民政府组织编制的省域城镇体系规划，城市、县人民政府组织编制的总体规划，在报上一级人民政府审批前，应当先经本级人民代表大会常务委员会审议，常务委员会组成人员的审议意见交由本级人民政府研究处理。

镇人民政府组织编制的镇总体规划，在报上一级人民政府审批前，应当先经镇人民代表大会审议，代表的审议意见交由本级人民政府研究处理。

省域城镇体系规划、城市总体规划、镇总体规划的组织编制机关，应当组织有关部门和专家定期对规划实施情况进行评估，并采取论证会、听证会或者其他方式征求公众意见。规划的组织编制机关报送审批省域城镇体系规划、城市总体规划或者镇总体规划，应当将本级人民代表大会常务委员会组成人员或者镇人民代表大会代表的审议意见和根据审议意见修改规划的情况一并报送。

3. 城乡规划的审批程序

城乡规划报送审批前，组织编制机关应当依法将城乡规划草案予以公告，并采取论证会、听证会或者其他方式征求专家和公众的意见，公告的时间不得少于 30 天。

在城乡规划进入审批程序后，应由专家和有关部门的参与。组织编制机关应当充分考虑专家和公众的意见，并在报送审批的材料中附有意见采纳情况及理由。

审批机关组织专家和有关部门进行审查是强制性的必经程序；审批机关在组织专家审查时，对专家的选择上应包括规划专家、经济专家、科学技术专家、文化专家等，保证专家对规划草案的审查是全面的；审批机关还应当组织有关部门进行审查，这样有利于规划的实施，防止城乡规划成为城乡规划主管部门单一部门的事。

2. 3　城乡规划的实施

2. 3. 1　城乡规划实施概述

1. 城乡规划实施概念

城乡规划的实施是指城乡规划经法定程序批准生效后，即具有了法律效力，在城乡规划区内的任何土地利用及各项建设活动，都必须符合城乡规划，满足城乡规划的要求，使生效的城乡规划得以实现。

2. 城乡规划的公布制度

城乡规划公布制度是指城乡规划一经批准，就应向社会公布。一方面，使广大人民群众及时了解城乡规划内容，以其作为各项建设活动的准则，自觉规范自己的建设行为，即按照城乡规划的要求进行建设活动；另一方面，接受广大人民群众监督、检查。民众对各类违背城乡规划的违法行为，应及时进行监督和举报。

城乡规划公开公布，有利于保障公民、法人和其他组织依法获取政府的信息，提高政府工作的透明度，促进依法行政，充分发挥政府信息对人民群众生产、生活和经济社会活动的服务作用。同时，公民能够有效地参与行政活动，并对行政机关进行有效的监督。

2. 3. 2　城乡规划实施应遵守的原则

城乡规划实施应遵守的原则：

1）应当根据当地社会经济发展水平实施城乡规划的原则。

2）量力而行原则。

3）尊重群众意愿原则。

4）有计划、分步骤地组织实施原则。

具体到各个层次规划，城市的建设和发展应当遵守的原则：

1）应当优先安排基础设施以及公共服务设施的建设。

2）妥善处理新区开发与旧区改建的关系。

3）统筹兼顾进城务工人员生活和周边农村经济社会发展、村民生产与生活的需要。

镇的建设和发展应当遵守的原则：

1）结合农村经济社会发展和产业结构调整进行。

2）优先安排公共服务设施的建设。

3）为周边农村提供服务。

乡、村庄的建设和发展应当遵守的原则：

1）应当因地制宜。

2）节约用地。

3）发挥村民自治组织的作用。

4）引导村民合理进行建设，改善农村生产、生活条件。

2.3.3　城市新区开发

1. 城市新区开发的概念

城市的新区开发是指随着城市经济与社会的发展，为满足城市建设的需要，按照城市总体规划的部署，在城市现有建成区以外的地段，进行集中成片、综合配套的开发建设活动。主要形式有：新市区的开发建设、经济技术开发区的建设、卫星城镇的开发建设及新工矿区的开发建设。

城市新区的开发建设主要是为了解决城市建成区由于人口密度和建筑密度过高，基础设施负载过重造成的种种弊端或为了完整保存古城的传统风貌，在建成区外围进行集中成片的开发建设，以达到疏解旧区人口、调整旧区用地结构、完善旧区环境的目的。

经济技术开发区的建设是随着我国经济体制改革和对外开放形势的发展而出现的一种开发建设形式，其目的是为了创造良好的投资环境，以吸引外资、引进先进技术和进行横向经济联合。经济技术开发区的建设主要集中在沿海城市及一些对外开放条件较好的城市。

卫星城镇的开发建设主要是为了有效地控制大城市市区的人口和用地规模，按照总体规划要求，将市区需要搬迁的项目或新建的大、中型项目安排到周围的小城镇去，有计划、有重点地开发建设这些小城镇，以逐步形成以大城市为中心的，比较完善的城镇体系。

新工矿区的开发建设是指国家或地方政府根据矿产资源开发和加工的需要，在城市郊区或矿产资源区等建设大、中型工矿企业，并逐步形成相对独立的工矿区，在同一规划的指导下，进行配套建设。

1995年6月1日，原建设部发布了43号令《开发区规划管理办法》，这是新区开发的主要法律依据。

2. 城市新区开发原则

城市新区开发应遵循以下原则：

1）应当确定合理的建设规模和时序。

2）应当充分利用现有市政基础设施和公共服务设施。

3）应当严格保护自然资源和生态环境。

4）应当体现地方特色。

城市新区的开发和建设要根据土地资源、水资源等的承载能力，量力而行，妥善处理近期建设与长远发展的关系；要坚持统一规划和管理，各类开发区要纳入城市的统一规划和管理，防止擅自下放规划管理权；要坚持保护好大气环境、河湖水系等水环境和绿化植被等生态环境和自然资源，避开地下文物埋藏区，防止破坏现有的历史文化遗存；要结合城市的社会经济发展情况，结合现有基础设施和公共服务设施的配置，防止讲排场、搞形式、盲目追求形象和高标准；要坚持保障人民群众基本利益优先，特别是关注中低收入人群，体现社会公平的原则；要充分考虑保护城市的传统特点。

在城市总体规划、镇总体规划确定的建设用地范围以外，不得设立各类开发区和城市新区。

2.3.4　城市旧区改建

1. 城市旧区改建涵义

城市旧区是在长期的历史发展过程中逐步形成的，通常历史文化遗存比较丰富，历史格局和传统风貌比较完整，但同时旧区也存在城市格局尺度比较小、人口密度高，而且居民中低收入人群占的比例较高、基础设施比较陈旧、道路交通比较拥堵、房屋质量比较差等问题，迫切需要进行更新和完善。

所谓旧城区的改建即按照统一规划、对现有城区进行有计划、有步骤地改造，使之适应城市经济、社会发展整体需要的建设活动。

2. 城市旧区改建原则

城市旧区改建应遵循以下原则：

1）应当保护历史文化遗产和传统风貌。

2）应当合理确定拆迁和建设规模。

3）应当有计划地对危房集中、基础设施落后等地段进行改建。

在城市旧区的规划建设中，要结合城市新区的发展，对旧区功能逐步进行调整，将污染严重、干扰较大的二三类工业用地，仓储用地等逐步搬迁，同时增加交通、居住、各类基础设施和公共服务设施用地，促使城市旧区的功能结构逐步完善。

要合理确定旧区的居住人口规模，重点对危房集中地区进行改建，结合城市新区的开发建设，逐步推动城市旧区人口的疏散，使城市旧区的人居环境能够逐步得到改善。

要重点做好公共交通系统、改善旧区道路、完善自行车交通和步行交通系统、公共停车设施等交通设施的安排，从根本上解决交通问题。

要高度重视完善和增建市政基础设施，加强基础设施、公共服务设施、公共绿地和日常健身场所建设，促进城市旧区人居环境的功能改善。

要高度关注历史格局、传统风貌历史文化街区和各级文物的保护，采取渐进式有机更新的方式防止大拆大建。

要严格依法行政，按照《城乡规划法》规定的程序，以及《中华人民共和国物权法》（简称《物权法》）等相关法律法规的规定进行组织，防止野蛮拆迁等行为导致的不稳定因素。

另外，城乡建设和发展实施城乡规划过程中涉及风景名胜时必须遵循：严格保护和合理利用风景名胜资源；统筹安排风景名胜区及周边镇、乡、村庄的建设。

城市地下空间的开发和利用应遵循：

1）应当与经济和技术发展水平相适应的原则。

2）应当遵循统筹安排、综合开发、合理利用的原则。

3）应当充分考虑防灾减灾、人民防空和通信等需要的原则。

4）应当符合城市规划，履行规划审批手续原则。

2.3.5　选址意见书制度

1. 选址意见书概念

选址意见书是指建设工程（主要是新建的大、中型工业与民用建设项目）在立项过程中，由城乡规划行政主管部门出具的该建设项目是否符合城乡规划要求的意见书。依据《城乡规划法》的规定，建设单位在上报设计任务书前，其项目拟建地址必须先经城乡规划部门审查，并取得其核发的选址意见书，然后方可连同设计任务书一并上报；否则，有关部门对设计任务书将不予审批。

申请核发选址意见书的范围为以划拨方式提供国有土地使用权的，按照国家规定需要有关部门批准或者核准的建设项目。申请核发选址意见书的时间，必须是在有关部门批准或者核准的建设项目批准或者核准前进行。

2. 选址意见书的内容

按照原建设部和原国家计划委员会（简称国家计委）发布的《建设项目选址规划管理办法》的规定，建设项目用地选址意见书应当包括下列内容：

（1）建设项目的基本情况　包括建设项目的名称、性质、用地与建设规模，供水、能源的需求量、运输方式与运输量，废水、废气、废渣的排放方式和排放量等。

（2）建设项目规划选址的主要依据

1）经批准的项目建议书。

2）建设项目与城市规划布局的协调。

3）建设项目与城市交通、通信、能源、市政、防灾规划的衔接与协调。

4）建设项目配套的生活设施与城市生活居住及公共设施规划的衔接与协调。

5）建设项目对于城市环境可能造成的污染影响，以及与城市环境保护规划和风景名胜、文物古迹保护规划的协调。

（3）建设项目选址、用地范围和具体规划要求　建设项目选址意见书还应当包括除建设项目地址和用地范围外的附图和明确有关问题的附件。附图和附件是建设项目选址意见书的配套证件，具有同等的法律效力。附图和附件由发证单位根据法律、法规规定和实际情况制定。

3. 申请选址意见书的程序

需要申请核发选址意见书的项目，建设单位必须向当地市、县人民政府城乡规划行政主管部门提出选址申请，即填写建设项目选址申请表，城乡规划行政主管部门根据《建设项目选址规划管理办法》第 7 条规定：分级核发建设项目选址意见书。按规定应由上级城乡规划行政主管部门核发选址意见书的建设项目，市、县城乡规划行政主管部门应对建设单位的选址报告进行审核，并提出选址意见，报上级城乡规划行政主管部门核发建设项目选址意见书。

2.3.6　建设用地规划许可证制度

1. 建设用地规划许可证概念

建设用地规划许可证是指城乡规划行政主管部门依据城乡规划的要求和建设项目用地的实际需要，向提出用地申请的建设单位或个人核发的确定建设用地的位置、面积、界限的证件。

2. 划拨方式建设用地规划许可

在城市、镇规划区内以划拨方式提供国有土地使用权的建设项目，经有关部门批准、核准、备案后，建设单位应当向城市、县人民政府城乡规划主管部门提出建设用地规划许可申请，由城市、县人民政府城乡规划主管部门依据控制性详细规划核定建设用地的位置、面积、允许建设的范围，核发建设用地规划许可证。由此，建设单位提出用地规划许可申请需要具备三个前提条件：

1）地域范围条件，即在城市、镇规划区内。

2）以划拨方式提供国有土地使用权的建设项目。

3）已依法经有关部门批准、核准或者备案。

具体可按照《建设部关于统一实行建设用地规划许可证和建设工程规划许可证的通知》申请建设用地规划许可证，其一般程序为：

1）用地申请。凡在城市规划区内进行建设需要申请用地的，必须持国家批准建设项目的有关文件，向城乡规划主管部门提出定点申请。

2）初步确定位置和界限。城乡规划主管部门根据用地项目的性质、规模等，按照城市规划的要求，初步选定用地项目的具体位置和界限。

3）征求意见。城乡规划主管部门根据需要，征求有关行政主管部门对用地位置和界限的具体意见。

4）提供规划设计条件。城乡规划主管部门根据城市规划的要求向用地单位提供规划设计条件。

5）提供规划设计总图。城乡规划主管部门审核用地单位提供的规划设计总图。

6）核发建设用地规划许可证。城乡规划主管核发建设用地规划许可证。

在取得建设项目选址意见书和建设用地规划许可证后，方可向县级以上地方人民政府土地主管部门申请用地，由县级以上人民政府审批，土地主管部门划拨土地。

3. 出让方式建设用地规划许可

在城市、镇规划区内以出让方式提供国有土地使用权的，在国有土地使用权出让前，城市、县人民政府城乡规划主管部门应当依据控制性详细规划，提出出让地块的位置、使用性质、开发强度等规划条件，作为国有土地使用权出让合同的组成部分。未确定规划条件的地块，不得出让国有土地使用权。

规划条件是指由城市、县人民政府城乡规划主管部门根据控制性详细规划提出的包括出让地块的位置、使用性质、开发强度等方面的要求。规划设计条件应当包括：地块面积、土地使用性质、容积率、建筑密度、建筑高度、停车泊位、主要出入口、绿地比例、须配置的公共设施、工程设施、建筑界线、开发期限及其他要求。附图应当包括：地块区位和现状，地块坐标、标高，道路红线坐标、标高，出入口位置，建筑界线及地块周围地区环境与基础设施条件。

以出让方式取得国有土地使用权的建设项目，办理建设用地规划许可证的程序是：

1）申请并取得规划条件。向城乡规划主管部门申请并取得规划条件。

2）申请并取得建设用地规划许可证。持建设项目的批准、核准、备案文件与国土主管部门签订土地出让合同，并按期缴纳完毕出让金，向城乡规划主管部门申请并取得建设用地规划许可证。

规划条件作为土地出让合同的法定组成部分，规划条件未纳入国有土地使用权出让合同的，该国有土地使用权出让合同无效；对未取得建设用地规划许可证的建设单位批准用地的，由县级以上人民政府撤销有关批准文件；占用土地的，应当及时退回；给当事人造成损失的，应当依法给予赔偿。

2.3.7　建设工程规划许可证制度

1. 建设工程规划许可证概念

建设工程规划许可证是指城乡规划行政主管部门向建设单位或个人核发的确认其建设工程符合城乡规划要求的证件，它是申请工程开工的必备证件。《城乡规划法》第40条规定：在城市、镇规划区内进行建筑物、构筑物、道路、管线和其他工程建设的，建设单位或者个人应当向城市、县人民政府城乡规划主管部门或者省、自治区、直辖市人民政府确定的镇人民政府申请办理建设工程规划许可证。

申请办理建设工程规划许可证应提交：

1）使用土地的有关证明文件，通常是指使用权属证明文件。

2）有关建设工程设计方案等材料。

3）需要建设单位编制修建性详细规划的建设项目，还应当提交修建性详细规划。

2. 申请建设工程规划许可证的一般程序

申请建设工程规划许可证的一般程序应按照《建设部关于统一实行建设用地规划许可证和建设工程规划许可证的通知》的规定进行，申请建设工程规划许可证的一般程序为：

(1) 提出建设申请　凡在城市规划区内新建、扩建和改建建筑物、构筑物、道路、管线和其他工程设施的单位与个人，必须持有关批准文件向城乡规划主管部门提出建设申请。

(2) 核发规划设计要点通知书　城乡规划主管部门受理申请后，应对建设工程的性质、规模、布局等是否符合城乡规划要求进行审查，并征求相关行政主管部门的意见，最后根据城市规划向建设单位或个人提出建设工程规划设计要求。

(3) 核发设计方案通知书　建设单位或个人根据建设工程规划设计要求完成方案设计后，将设计方案有关图样、文件报送城乡规划主管部门。城乡规划主管部门征求并综合协调有关行政主管部门对建设工程设计方案的意见，审定建设工程初步设计方案，核发设计方案通知书。

(4) 核发建设工程规划许可证　建设单位或个人根据设计方案通知书的要求，完成施工图设计后，应将注明勘察设计的总平面图，个体建筑设计的平、立、剖面图，基础图，地下室平面图、剖面图等施工图，送城乡规划主管部门审查。城乡规划主管部门审核建设单位或个人提供的工程施工图后，核发建设工程规划许可证。

城乡规划主管部门不得在城乡规划确定的建设用地范围以外作出规划许可。

在乡、村庄规划区内进行乡镇企业、乡村公共设施和公益事业建设的，建设单位或者个人应当向乡、镇人民政府提出申请，由乡、镇人民政府报城市、县人民政府城乡规划主管部门核发乡村建设规划许可证。

在乡、村庄规划区内使用原有宅基地进行农村村民住宅建设的规划管理办法，由省、自治区、直辖市制定。

在乡、村庄规划区内进行乡镇企业、乡村公共设施和公益事业建设及农村村民住宅建设，不得占用农用地；确需占用农用地的，应当依照《中华人民共和国土地管理法》有关规定办理农用地转用审批手续后，由城市、县人民政府城乡规划主管部门核发乡村建设规划许可证。

注意城乡规划主管部门按照国务院规定对建设工程是否符合规划条件予以核实。未经核实或者经核实不符合规划条件的，建设单位不得组织竣工验收。

临时建设是指城市规划主管部门批准的在城市、镇规划区内建设的临时性使用并在限期内拆除的建筑物、构筑物及其他设施。

临时用地是指在城市、镇规划区内进行临时建设时施工堆料、堆物或其他情况需要临时使用并按期收回的土地。

临时建设应当在批准的使用期限内自行拆除。临时建设和临时用地规划管理的具体办法，由省、自治区、直辖市人民政府制定。

2.4　城乡规划的修改

2.4.1　省域城镇体系规划、城市总体规划、镇总体规划的修改条件

省域城镇体系规划、城市总体规划、镇总体规划是对城镇的一种长远规划，具有长期

性的特点，规划期限一般为20年。期间难免会出现一些在规划编制、审议、批准时无法预测的情况，影响规划确定目标的实现。因此，国务院及其城乡规划主管部门在强调各级人民政府及有关部门必须自觉服从城乡规划、严格执行城乡规划的同时，也强调要认真总结、分析评价规划的实施情况绩效。为了对省域城镇体系规划、城市总体规划、镇总体规划的实施情况及时进行分析评价、认真总结，有必要建立评估制度，确需修改的应按程序进行修改。

《城乡规划法》第47条规定：有下列情形之一的，组织编制机关方可按照规定的权限和程序修改省域城镇体系规划、城市总体规划、镇总体规划：

1）上级人民政府制定的城乡规划发生变更，提出修改规划要求的。

2）行政区划调整确需修改规划的。

3）因国务院批准重大建设工程确需修改规划的。

4）经评估确需修改规划的。

注：经过评估确认，规划实施中存在的问题，不是由于执行中的问题，而是属于规划本身存在不足而形成的，并且不及时修改将难以解决问题或者会带来更多问题时，应当及时修改规划。

5）城乡规划的审批机关认为应当修改规划的其他情形。

注：应当修改规划的其他情形需要在实践中由城乡规划的审批机关根据具体情况予以认定。

修改省域城镇体系规划、城市总体规划、镇总体规划前，组织编制机关应当对原规划的实施情况进行总结，并向原审批机关报告；修改涉及城市总体规划、镇总体规划强制性内容的，应当先向原审批机关提出专题报告，经同意后，方可编制修改方案。

修改后的省域城镇体系规划、城市总体规划、镇总体规划，应当依照原规定的审批程序报批。

2.4.2 城乡规划修改补偿制度

在选址意见书、建设用地规划许可证、建设工程规划许可证或者乡村建设规划许可证发放后，因依法修改城乡规划给被许可人合法权益造成损失的，应当依法给予补偿。

经依法审定的修建性详细规划、建设工程设计方案的总平面图不得随意修改；确需修改的，城乡规划主管部门应当采取听证会等形式，听取利害关系人的意见；因修改给利害关系人合法权益造成损失的，应当依法给予补偿。

2.5 监督检查

县级以上人民政府及其城乡规划主管部门应当加强对城乡规划编制、审批、实施、修改的监督检查。地方各级人民政府应当向本级人民代表大会常务委员会或者乡、镇人民代表大会报告城乡规划的实施情况，并接受监督。

县级以上人民政府城乡规划主管部门对城乡规划的实施情况进行监督检查，有权采取以下措施：

1）要求有关单位和人员提供与监督事项有关的文件、资料，并进行复制。

2）要求有关单位和人员就监督事项涉及的问题作出解释和说明，并根据需要进入现场进行勘测。

3）责令有关单位和人员停止违反有关城乡规划法律、法规的行为。城乡规划主管部门的工作人员履行上述规定的监督检查职责，应当出示执法证件。被监督检查的单位和人员应当予以配合，不得妨碍和阻挠依法进行的监督检查活动。

监督检查情况和处理结果应当依法公开，供公众查阅和监督。城乡规划主管部门在查处违反城乡规划法规定的行为时，发现国家机关工作人员依法应当给予行政处分的，应当向其任免机关或者监察机关提出处分建议。

2.6 违法责任

城乡规划主管部门违反城乡规划法规定作出行政许可的，上级人民政府城乡规划主管部门有权责令其撤销或者直接撤销该行政许可。因撤销行政许可给当事人合法权益造成损失的，应当依法给予赔偿。

城乡规划主管部门违法实施行政许可，自行政许可生效后，到行政许可撤销前，该行政许可处于有效状态，当事人从事行政许可事项的生产经营活动是合法的。但后来行政许可被撤销，导致原来合法的生产经营活动变成非法。在这种情况下，给当事人的合法权益造成损害的，城乡规划主管部门应当承担赔偿责任，因为当事人合法权益的损害是由城乡规划主管部门违法实施行政许可的行为引起和造成的。

应当由城乡规划主管部门依法给予行政处罚的行为有：

1）超越资质等级许可的范围承揽城乡规划编制工作的。

2）违反国家有关标准编制城乡规划的。

3）未依法取得资质证书承揽城乡规划编制工作的。

4）以欺骗手段取得资质证书承揽城乡规划编制工作的。

5）城乡规划编制单位取得资质证书后，不再符合相应的资质条件，逾期不改正的。

6）未取得建设工程规划许可证或者未按照建设工程规划许可证的规定进行建设的。

7）未经批准进行临时建设的。

8）未按照批准内容进行临时建设的。

9）临时建筑物、构筑物超过批准期限不拆除的。

10）建设单位未在建设工程竣工验收后六个月内向城乡规划主管部门报送有关竣工验收资料的。

2.7　城乡规划法律制度案例

案例分析

基本案情：

某市于1999年制定了该市的城市规划并上报有关部门得到批准，但一直未对外公布。2008年经评估认为需要修改。于是该市立即组织设计人员着手进行规划的修改，修改内容涉及城市总体规划。修改完毕立刻向全市市民公布。你认为该市做法正确吗？请分析原因。

案例评析：

城乡规划一经批准，就应向社会公布，一方面使广大人民群众及时了解城乡规划内容，以之作为各项建设活动的准则，自觉规范自己的建设行为，即按照城乡规划的要求进行建设活动；另一方面接受广大人民群众监督、检查，民众对各类违背城乡规划的违法行为，应及时进行监督和举报。

《城乡规划法》规定：有下列情形之一的，组织编制机关方可按照规定的权限和程序修改省域城镇体系规划、城市总体规划、镇总体规划：

1）上级人民政府制定的城乡规划发生变更，提出修改规划要求的。

2）行政区划调整确需修改规划的。规划区域范围一般按行政区划划定。

3）因国务院批准重大建设工程需要修改规划的。

4）经评估确需修改规划的。

5）城乡规划的审批机关认为应当修改规划的其他情形。

“应当修改规划的其他情形”需要在实践中由城乡规划的审批机关根据具体情况予以认定。

修改省域城镇体系规划、城市总体规划、镇总体规划前，组织编制机关应当对原规划的实施情况进行总结，并向原审批机关报告；修改涉及城市总体规划、镇总体规划强制性内容的，应当先向原审批机关提出专题报告，经同意后，方可编制修改方案。修改后的省域城镇体系规划、城市总体规划、镇总体规划，应当依照原规定的审批程序报批。

所以，该市做法欠妥，应经审批获准后，方能向全市民众公布。

思　考　题

1. 城乡规划法立法目的是什么？
2. 城乡规划包括哪些规划？何谓规划区？
3. 什么是“城乡规划管理”？什么是规划条件？
4. 城乡规划制定实施的一般原则是什么？
5. 省域城镇体系规划应该有哪些内容？

6. 控制性详细规划的作用和内容有哪些？
7. 修建性详细规划的作用和内容有哪些？
8. 什么是强制性内容？
9. 城市新区的开发和建设应遵守哪些原则？旧城区的改建应遵守哪些原则？
10. 城市地下空间的开发和利用应遵循哪些原则？
11. 什么是选址意见书？选址意见书的核发权限是如何规定的？
12. 何谓建设用地规划许可证？取得建设用地规划许可证要经过哪些程序？
13. 何谓建设工程规划许可证？取得建设工程规划许可证要经过哪些程序？

第3章

土地管理法律制度

3.1 概述

马克思说过："土地是一切生产和一切生活的源泉。"这句话道出了土地对人类的重要性。自有人类以来，人们就世世代代在土地上繁衍生息，享受土地的滋养。"土地是生活之源，土地是财富之母"，土地是人类可以利用的一切资源中最基本、最宝贵的资源，也是人类赖以生存和发展的基础。但是土地供求与利用关系中的巨大矛盾，也是我国目前经济运行中最突出的问题之一。土地是有限的，是不能再生的，为此，我们要珍惜土地，严格保护和合理利用每一寸土地。具体地说，就是要严格用地审批管理，严肃查处越权批地、以租代征、未批先用的违法违规行为，切实保护好基本农田用地，切实解决好土地纠纷问题。

3.1.1 土地管理法基本概念

1. 土地

土地的概念十分宽广，不同的学科，从不同的角度，可以对其进行不同的解读。我国现行的法律并没有对土地下定义。土地管理法中所指土地主要是地球陆地表层，是人类赖以生存和发展的活动场所。当今世界各国都把土地视为最为重要的自然资源，尽量地合理开发利用，并不断提高其经济价值和社会价值。

《中华人民共和国土地管理法》根据土地用途将土地分为：农用地、建设用地和未利用土地。农用地是指直接用于农业生产的土地，包括耕地、林地、草地、农田水利用地、养殖水面等。建设用地是指建造建筑物、构筑物的土地，包括城乡住宅和公共设施用地、工矿用地、交通水利设施用地、旅游用地、军事设施用地等。未利用土地是指农用地和建设用地以外的土地。

2. 土地特征

（1）地理位置的固定性　土地是大自然的产物，它总是固定存在于地球的某一位置，不会因人们意志的改变而改变。这一点要求人们要因地制宜地合理利用土地。也由此使得土地的管理与动产管理有着不同的管理方式，如土地的交易需要经过有关房地产管理机关登记，通过公示获得公信力。

（2）土地利用的不可替代性、耐久性　土地被视为特殊的不动产，它具有不能用其他不动产替代的唯一性。它不会像其他生产资料一样，一经使用就会逐渐磨损、消耗，乃至完全丧失，而是具有耐久性的特点。在正确使用和保护土地的情况下，土地的肥力通常会不断地得到提高。即使是土地生产粮食的肥力逐渐丧失，土地还可以改作其他用途，故土地的使用价值永存。但土地的耐久性并不意味着人类可以无节制地向土地索取。为了实现对土地可持续性利用，必须做好土地利用规划，适当地限制土地权利人的利用行为。

（3）土地面积的有限性　土地在人类出现以前就已经存在，由于受地球表面空间的限制，土地的面积是不会增加的，它具有不可再生性和不可创造性。因此，土地对人类需求的供给上具有稀缺性。随着世界人口的增加和经济的增长，土地供需矛盾将会越来越突出。另外，土地的承载能力有限，并且在人类生产活动中可能出现土地流失、损害和地力下降等情况，这就使得通过法律制度规范土地的供给关系、合理利用土地、保护好土地资源显得十分重要。

3. 土地管理法

土地管理法是指调整人们在开发、利用和保护土地过程中所形成的权利和义务关系的法律规范的总称。狭义的土地管理法是指 1986 年 6 月第六届全国人民代表大会常务委员会第 16 次会议通过的，1988 年 12 月第七届全国人民代表大会常务委员会第 5 次会议和 1998 年 8 月第九届全国人民代表大会常务委员会第 4 次会议及 2004 年 8 月第十届全国人民代表大会常务委员会第 11 次会议修正的《中华人民共和国土地管理法》（简称《土地管理法》）。广义的土地管理法除《土地管理法》外，还包括 1992 年颁布的《划拨土地使用权管理暂行办法》、1994 年颁布的《基本农田保护条例》、1995 年颁布的《土地监察暂行规定》、1995 年颁布的《土地权属争议处理暂行办法》、1995 年颁布的《确定土地所有权和使用权的若干规定》、1996 年颁布的《建设用地计划管理办法》、1997 年颁布的《土地利用总体规划编制审批规定》、1998 年颁布的《中华人民共和国土地管理法实施条例》（简称《实施条例》）等与土地相关的法律、法规。

我国是一个人口大国，地少人多，人均占有土地不足 12 亩，不及世界人均的 1/3。且山多平原少，据初步统计，山地高原、丘陵面积占 69%，平地、盆地只占 31%。人均占有的耕地更少，我国目前人均耕地的占有量为 1.4 亩，仅为世界人均占有量的 45%。尤其是我国还有近一半的国土面积要么是崇山峻岭，要么是高原缺氧地区，生存条件恶劣，生态环境脆弱，难以承受人类生存所必须进行的相关活动。为此，我国 90% 以上的人口都集中在另一半国土上，使得人多地少的矛盾更为突出。所以，要加强土地管理，保护好有限的土地资源。更重要的是要切实保护好现有耕地，合理利用和开发土地，促进社会经济的持续稳定发展。

3.1.2　土地所有权

1. 土地所有权的概念

土地所有权是指土地所有者依法对其所有的土地行使占有、使用、收益和处分的权利。我国实行的是土地的社会主义公有制，即全民所有制和劳动群众集体所有制，土地所有权分属国家和劳动群众集体所有。其特征有：

1）主体的特定性。按照我国现行法律、法规，只有国家和劳动群众才享有对土地的所有权，不存在土地私人所有权。

2）交易的禁止性。我国有关法律规定，土地所有权不得买卖、出租、抵押或者以其他形式非法转让。

3）权属的稳固性。除了国家为了公共利益的需要征收集体所有的土地外，土地所有权的权属状况一般不会改变。

4）内容的可分离性。为了充分利用土地，法律允许土地使用权与所有权分离，土地的使用权可以转让、出租或抵押。

2. 国家土地所有权

国家土地所有权是指国家代表全国人民对土地行使占有、使用、收益和处分的权利，由国务院代表国家行使，其他任何单位和个人不得侵占、买卖或以其他形式非法转让国有土地。

《实施条例》第2条规定：下列土地属于全民所有即国家所有：

1）城市市区的土地。

2）农村和城市郊区已经依法没收、征收、征购为国有的土地。

3）国家依法征用的土地。

4）依法不属于集体所有的林地、草地、荒地、滩涂及其他土地。

5）农村集体经济组织全部成员转为城镇居民的，原属于其成员集体所有的土地。

6）因国家组织移民、自然灾害等原因，农民成建制地集体迁移后不再使用的原属于迁移农民集体所有的土地。

国家土地范围大、数量多，国家不可能也没必要将所有土地都归自己使用，所以《土地管理法》进一步规定了国有土地除国家自己使用外，其使用权还可以通过出让、划拨等方式转让给其他单位和个人。

3. 农民集体土地所有权

农民集体土地所有权是指农民集体经济组织可以对其所有的土地行使占有、使用、收益和处分的权利。在我国享有集体土地所有权的只能是农民集体，农民集体所有的土地依法属于村农民集体所有的，由村集体经济组织或者村民委员会经营、管理。已经分别属于村内两个以上农村集体经济组织的农民集体所有的，由村内各农村集体经济组织或者村民小组经营、管理；已经属于乡（镇）农民集体所有的，由乡（镇）农村集体经济组织经营、管理。

《土地管理法》第8条规定：农村和城市郊区的土地，除由法律确定属于国家所有的以外，属于农民集体所有，如宅基地和自留地、自留山，属于农民集体所有。

4. 土地所有权的确定和确认

我国土地所有权的确定实行的是土地登记制度。《实施条例》第3条规定：国家依法实行土地登记发证制度。依法登记的土地所有权和土地使用权受法律保护，任何单位和个人不得侵犯。

《实施条例》第4条规定：农民集体所有的土地，由土地所有者向土地所在地的县级人民政府土地行政主管部门提出土地登记申请，由县级人民政府登记造册，核发集体土地所有权证书，确认所有权。

当土地所有权发生争议的，不能依法证明争议的土地是属于农民集体所有的，则属于国家所有。

当公共利益需要时，国家可以征收集体所有土地，将其变为国有，但必须依法给予补偿。

3.1.3　土地使用权

1. 土地使用权的概念

土地使用权是指土地使用人根据法律、合同的规定，在法律允许的范围内，对国家或集体所有的土地所享有的占有、使用、一定收益和在限定范围内进行处分的权利。它具体表现为土地使用人对土地可依法行使利用、出租、转让、抵押等权利。土地使用权是一项独立的财产权，其特征有：

1）派生性。土地使用权是从土地所有权中派生出来的一种权利，即土地使用权是在一定条件下与土地所有权相分离而形成的一种权利。

2）独立性。土地使用权具有相对独立性，只要符合法律的规定，土地使用权人可以以转让、出租、抵押等方式行使其权利。

2. 土地使用权的取得

《土地管理法》第 9 条规定：国有土地和农民集体所有的土地，可以依法确定给单位或个人使用。

土地使用者可以通过国家依法出让、划拨或通过其他土地使用权人依法转让、继承、获取地上建筑物所有权等方式取得国有土地的使用权。国有土地也可由单位或个人承包，用以进行种植业、林业、畜牧业、渔业生产。

农民集体所有的土地使用权可依法通过承包、转让、继承等方式取得。集体经济组织的成员可承包本单位所有土地，进行种植业、林业、畜牧业、渔业生产，承包经营期限 30 年。

其土地承包经营权受法律保护。农民集体所有的土地要承包给本集体经济的成员以外的单位或个人经营的，须经村民会议 2/3 以上成员或 2/3 以上村民代表的同意，并报乡（镇）人民政府批准。

农民可依法取得宅基地、自留地、自留山的使用权。

3. 土地使用权的确定和确认

《土地管理法》第 11 条规定：农民集体所有的土地依法用于非农业建设的，由县级人民政府登记造册，核发证书，确认建设用地使用权。单位和个人依法使用的国有土地，由县级以上人民政府登记造册、核发证书，确认使用权；其中，中央国家机关使用的国有土地的具体登记发证发证机关，由国务院确定。

确认林地、草地的所有权或者使用权，确认水面、滩涂的养殖使用权，分别按照《中华人民共和国森林法》《中华人民共和国草原法》《中华人民共和国渔业法》的有关规定办理。

未确定使用权的国有土地，由县级以上人民政府登记造册，负责保护管理。

3.2　土地的利用和保护

3.2.1　土地利用和保护概述

前面曾经说过，土地是十分稀缺、十分宝贵的自然资源和财产，原本我国土地及耕地的人均数量少，总体质量水平低，后备资源也不富裕，又加之一段时间以来，一些地方乱用耕地、违法批地、浪费土地现象屡禁不止；一些城市片面追求规模，使得城市建设用地大大超过指标；一些地方政府盲目征用耕地，建豪华别墅、游乐宫、教堂、祠堂等；农村多占宅基地；村镇非法转让土地进行房地产开发；乡镇企业违法占用耕地；对承包耕地的弃耕撂荒等现象还十分严重，造成土地资产流失，农业、畜牧业用地面积锐减，不仅严重影响了粮食生产、畜牧业的生产，还影响了国家的整个国民经济的发展。为此，2004年8月实施的《土地管理法》中第3条明确规定了“十分珍惜、合理利用土地和切实保护耕地是我国的基本国策”。要求：“各级人民政府应当采取措施，全面规划，严格管理，保护、开发土地资源，制止非法占用土地的行为。”

3.2.2　土地利用总体规划

1. 土地利用总体规划的概念

土地利用总体规划是在一定区域内，综合考虑社会、经济发展需要，国土整治和资源与环境保护要求，土地使用现状及实际供给能力等各项因素的基础上，对土地的开发、利用、治理和保护所编制出的一定期限内土地利用的规划。土地利用总体规划是国家集中统一管理土地的重要体现，是加强土地宏观管理和国家实行土地用途管制的依据。单位和个人使用土地都必须按照总体规划确定的用途来使用土地。

土地利用总体规划按行政区划分为国家、省、地、县、乡五级，分别由各级人民政府负责编制。

土地利用总体规划的期限应与国民经济和社会发展规划相适应，一般为15年，同时还应展望土地利用的远景目标和确定分阶段实施的土地利用目标。各级人民政府还应根据土地利用总体规划并结合国民经济和社会发展计划、国家产业政策、建设用地和土地利用实际状况编制土地利用年度计划，并严格执行，以确保土地利用总体规划的落实。

2. 土地利用和保护的相关制度

（1）土地调查制度　县级以上人民政府土地行政主管部门会同同级有关部门就土地的权属、土地利用现状、土地条件等进行土地调查，并根据土地调查结果，规划土地用途和国家制定的统一标准，评定土地等级。土地所有者或者使用者应当配合调查，并提供有关资料。地方土地利用现状调查结果，经本级人民政府审核，报上一级人民政府批准。全国土地利用现状调查结果，报国务院批准。各级土地利用现状调查结果都应向社会公布。

（2）土地统计制度　土地统计是国家对土地的数量、质量、分布、利用状况和权属情况进行调查、汇总、统计分析，为土地管理提供统计资料，并通过统计监督对土地利用状况进行检查的制度。《土地管理法》第 29 条规定：县级以上人民政府土地行政主管部门和同级统计部门共同制定体统计调查方案，依法进行土地统计，定期发布土地统计资料。土地所有者或使用者应当提供有关资料，不得虚报、瞒报、拒报和迟报。

（3）土地利用状况动态监测制度　土地利用状况动态监测是指国家运用遥感技术、电子计算机技术和其他现代化手段，对全国及国家确定的重点区域的土地利用变化情况，特别是城镇建设用地和耕地变化情况进行连续监测，为决策提供及时准确的各类土地的数据。《土地管理法》第 30 条规定：国家建立全国土地管理信息系统，对土地利用现状进行动态监测。

（4）土地用途管制制度　各级人民政府应当依据国民经济和社会发展规划、国土整治和资源环境保护的要求，土地供给能力及各项建设对土地的需求，组织编制土地利用总体规划。其目的在于规定土地用途，控制建设用地总量，严格限制农用地转为建设用地，对耕地实行特殊保护。

（5）土地监察制度　土地监察是指土地管理部门根据土地利用总体规划和国家土地法律、法规依法对单位和个人进行监督检查，对土地违法者实施法律制裁的活动。土地监察工作内容主要是对单位和个人建设用地行为，建设用地审批行为，土地开发利用行为，土地权属变更和使用权出让行为，土地使用权转让、出租、抵押、终止行为，房地产转让行为以及其他行为的合法性进行监督检查。

3. 土地利用总体规划的编制

（1）土地利用总体规划编制要求　地方各级人民政府必须依据上一级土地利用总体规划来编制本级土地利用总体规划，其建设用地总量不得超过上一级土地利用总体规划中所确定的控制指标。耕地保有量不得低于上一级土地利用总体规划确定的控制指标。

省、自治区、直辖市人民政府编制的土地利用总体规划，应当确保本行政区域内耕地总量不减少。

（2）土地利用总体规划编制原则　根据《土地管理法》第 19 条规定，土地利用总体规划编制原则有：

1）严格保护基本农田，控制非农田建设占用农用地。

2）提高土地利用率。

3）统筹安排各类、各区域用地。

4）保护和改善生态环境，保障土地的可持续利用。

5）占用耕地和开发复耕地相平衡。

（3）土地总体规划编制内容　各级土地利用总体规划的成果包括规划文件、规划图和规划附件三部分。

国家、省、地级土地利用总体规划，主要内容应包括：

1）土地利用现状分析。通过土地调查、评级、统计，提出土地利用与社会经济条件、土地资源数量与质量、土地利用动态变化的需求、土地可供给量和各类用地需求量等因素，阐明土地利用特点和当前存在的问题。

2）土地供需分析。分析人口增长状况、后备土地资源开发利用潜力、国民经济和社会发展规划及各行业发展规划对用地的需求、土地可供给量和各类用地需求量等因素，预测各类用地可供给量、各类用地需求量及土地供求趋势。

3）确定规划目标和方针。在分析土地利用现状、供需趋势基础上，进行土地利用战略研究，提出土地利用远期和近期目标、方针。

4）土地利用结构和布局调整。根据规划目标、土地资源条件和区域生产力布局，确定各行业用地规模、重点土地利用区的区域布局和重点建设项目布局。

5）编制规划供选方案。根据土地利用调控措施和保证条件，拟定供选方案，并对每个供选方案实施的可行性进行分析评价，提出推荐方案。

6）拟定实施规划的政策措施。为保证规划实施，拟定具体的对策，如提出行政、经济、技术及政策、法律法规等方面的措施。

县级土地利用总体规划，主要内容：

1）确定全县土地利用规划目标和任务。

2）合理调整土地利用结构和布局，制定全县各类用地指标，确定土地整理、复垦、开发、保护分阶段任务。

3）划定土地利用区，确定各区土地利用管制规划。

4）安排能源、交通、水利等重点建设项目用地。

5）将全县土地利用指标落实到乡镇。

6）拟定实施规划的政策措施。

（4）土地利用总体规划的审批 《土地管理法》第21条及《实施条例》第8条规定：土地利用总体规划实行分级审批。

土地利用总体规划一经批准，必须严格执行。具体规定有：

1）全国土地利用总体规划，由国务院土地行政主管部门会同国务院有关部门编制，报国务院批准。

2）省、自治区、直辖市的土地利用总体规划，由省、自治区、直辖市人民政府组织本级土地行政主管部门和其他有关部门编制，报国务院批准。

3）省、自治区人民政府所在地的市、人口在100万以上的城市以及国务院指定的城市的土地利用总体规划，经省、自治区人民政府审查同意后，报国务院批准。

4）其他土地利用总体规划，逐级上报省、自治区、直辖市人民政府批准；其中，乡（镇）土地利用总体规划可以由省级人民政府授权的设区的市、自治州人民政府批准。

（5）土地利用总体规划的修改 《土地管理法》第26条规定：

1）经批准的土地利用总体规划的修改，须经原批准机关批准；未经批准，不得改变土地利用总体规划确定的土地用途。

2）经国务院批准的大型能源、交通、水利等基础设施建设用地，需要改变土地利用总体规划的，根据国务院的批准文件修改土地利用总体规划。

3）经过省、自治区、直辖市人民政府批准的能源、交通、水利等基础设施建设用地，需要改变土地利用总体规划的，属于省级人民政府土地利用总体规划批准权限内的，根据省级人民政府的批准文件修改土地利用总体规划。

3.2.3　耕地保护制度

1. 基本农田保护制度

耕地是农业赖以发展的物质基础，是人类食物的主要源泉，是民生之本。所以，国家为了促进农业生产和国民经济的发展，实行严格保护耕地制度。

（1）基本农田及保护制度　基本农田是指根据一定时期人口和国民经济对农产品的需求而确定的长期不得占用及基本农田保护区规划期内不得占用的耕地。分一级和二级基本农田，一级基本农田为长期不得占用的耕地，二级基本农田为规划期内不得占用的耕地。

各级人民政府必须制定基本农田保护区规划。所谓基本农田保护区是指对基本农田实行特殊保护而依照法定程序划定的区域。全国基本农田保护区规划由国务院土地管理部门及农业行政主管部门会同其他有关部门编制，并报国务院批准。省、地、县的基本农田保护区规划由同级土地管理部门及农业行政主管部门会同其他有关部门根据上一级基本农田保护区规划进行编制，经本级人民政府审定后，报上一级人民政府批准。

（2）基本农田保护区的范围　《土地管理法》第 34 条规定，列入基本农田保护区的耕地有：

1）经国务院有关主管部门或县级以上地方人民政府批准确定的粮、棉、油生产基地内的耕地。

2）有良好的水利与水土保持设施的耕地，正在实施改造计划以及可以改造的中、低产田。

3）蔬菜生产基地。

4）农业科研、教学试验田。

5）国务院规定应当划入基本农田保护区的其他耕地。

各省、自治区、直辖市划定的基本农田应当占本行政区域内耕地的 80% 以上。

2. 占用耕地的补偿制度

为了保护耕地，控制耕地总量的平衡，《土地管理法》第 31 条规定：国家实行占用耕地补偿制度。非农业建设经批准占用耕地的，按照“占多少，垦多少”的原则，由占用耕地的单位负责开垦与占用耕地的数量和质量相当的耕地；没有条件开垦或者开垦的耕地不符合要求的，应当按照省、自治区、直辖市的规定缴纳开垦费，专款用于开垦新耕地。省、自治区、直辖市人民政府应当制定开垦耕地计划，负责监督占用耕地的单位按照计划开垦耕地或者按照计划组织开垦耕地，并进行验收。

3. 土地的开发、整理、复垦

（1）鼓励开发未利用的土地　土地的开发是为了扩大土地的可利用面积和提高土地利用率，对土地的开发包括未利用土地的开发、被破坏土地或利用不合理土地开发，以及未被充分开发的土地。《土地管理法》第 38 条规定：国家鼓励单位和个人按照土地利用总体规划，在保护和改善生态环境、防止水土流失和土地荒漠化的前提下，开发未利用的土地；适宜开发为农用地的，应当优先开发成农用地。

但是，对土地的开发，也不是在盲目、无序中进行。在开发前，要进行科学的分析和论证。为此，《土地管理法》第39条中规定：开垦未利用的土地，必须经过科学论证和评估，在土地利用总体规划的可开垦的区域内，经依法批准后进行。禁止毁坏森林、草原开垦耕地，禁止围湖造田和侵占江河滩地。根据土地利用总体规划，对破坏生态环境开垦、围垦的土地，有计划有步骤地退耕还林、还牧、还湖。

《实施条例》第17条对未利用土地开发权属作了这样规定：一次性开发未确定土地使用权的国有荒山、荒地、荒滩600公顷（1公顷＝10^4m^2）以下的，按省、自治区、直辖市规定的权限，由县级以上人民政府批准；600公顷以上的，报国务院批准。

开发未确定土地使用权的国有荒山、荒地、荒滩从事种植业、林业、畜牧业、渔业生产的，经县级以上人民政府依法批准，可以确定给开发单位或个人长期使用，但使用期限最长不得超过50年。

（2）鼓励土地整理　土地整理是指通过采取各种措施，对田、水、路、林、村等进行综合整治，提高耕地质量，增加有效耕地面积，改善农业生产条件和生态环境的行为。《土地管理法》第41条中规定：国家鼓励土地整理，县、乡（镇）人民政府应当组织农村集体经济组织，按照土地利用总体规划，对田、水、路、林、村等进行综合整治，提高耕地质量，增加有效耕地面积，改善农业生产条件和生态环境。地方各级人民政府应当采取措施，改造中、低产田，整治闲散地和废弃地。《实施条例》对土地整治做了具体的规定：

1）县、乡（镇）人民政府应当按照土地利用总体规划，组织农村集体经济组织，制定土地整理方案，并组织实施。

2）地方各级人民政府应当采取措施，按照土地利用总体规划推进土地整治。土地整理新增耕地面积60%可以用作折抵建设占用耕地的补偿指标。

3）土地整理所需费用，按照谁受益谁负担的原则，由农村集体经济组织和土地使用者共同承担。

（3）土地的复垦　土地复垦是指在生产建设过程中，因挖掘、塌陷、压占等造成破坏的土地，采取整治措施，使其恢复到可供利用状态的活动。由用地单位和个人按照国家有关规定负责复垦；没有条件复垦或者复垦不符合要求的，应当缴纳土地复垦费，专款用于土地复垦。复垦的土地应当优先用于农业。

《土地管理法》第36条明确规定：非农业建设必须节约使用土地，可以利用荒地的，不得占用耕地；可以利用劣地的，不得占用好地。

对已经办理审批手续的非农业建设用耕地，一年内不用，又可以耕种和收获的，应由原耕种该幅耕地的集体或个人恢复耕种，也可由用地单位组织耕种。一年以上未动工建设的，应按省、自治区、直辖市的规定缴纳土地出让金20%以下的土地闲置费。连续两年未使用的，经原批准机关批准，由县级以上人民政府无偿收回用地单位的使用权，该幅土地原为农民集体所有的，应当交由原农业集体经济组织恢复耕种。但因不可抗力或政府有关部门的行为或动工必需的前期工作造成开发延迟的除外。

3.3 建设用地

3.3.1 建设用地的概念

建设用地是指建造建筑物、构筑物的一切非农用土地。它包括土地利用总体规划中已确定的建设用地，以及因经济及社会发展的需要，由规划中非建设用地转成的建设用地。前者称为规划内建设用地，后者称为规划外建设用地。两者均称为建设用地。规划内建设用地分国家所有的建设用地和农民集体所有的建设用地。

3.3.2 乡（镇）村建设的建设用地

1. 乡（镇）村建设用地要求

乡（镇）村建设用地是农村土地的重要组成部分，是农民建造住宅的物质保证，也是农村发展非农业经济及兴建乡村公共设施和公益事业的基本物质基础。原则上，农民集体所有的建设用地只可用于村民住宅、乡镇企业建设和乡（镇）村公共设施及公益建设等与农业有关的乡村建设，不得出让、转让或出租给他人用于非农业建设。但 2013 年 11 月中共十八届三中全会通过的《中共中央关于全面深化改革若干重大问题的决议》中，又明确指出要建立城乡统一的建设用地市场。在符合规划和用途管制前提下，允许农村集体经营性建设用地出让、租赁、入股，实行与国有土地同等入市，同权同价。缩小征地范围，规范征地程序，完善对被征农民合理、规范、多元保障机制。

同时，《土地管理法》第 59 和 62 条规定：乡（镇）公共设施、公益事业、农村村民住宅等乡（镇）村建设，应当按照村、镇规划，合理布局，综合开发，配套建设。建设用地，应当符合乡（镇）土地利用总体规划和土地利用年度计划。农村村民一户只能有一处宅基地，面积不得超过省、自治区、直辖市规定的标准。农民出卖、出租住房的，再申请宅基地的，不予批准。村民建住宅，尽量使用原有的宅基地和村内空闲地，有条件的地方，提倡住宅相对集中，建成公寓式楼房。腾出来的地，适宜耕种要复垦、还耕。

非农业建设需占用农民集体所有的土地时，必须先由国家将所需土地征为国有，再依法交由用地者使用。

用于乡镇企业的建设用地，必须严格控制。省、自治区、直辖市可以按照乡镇企业的不同行业和经营规模，分别规定用地标准。

乡（镇）村建设用地审批在《土地管理法》第 60 条规定：农村集体经济组织使用乡（镇）土地利用总体规划确定的建设用地兴办企业或者与其他单位、个人以土地使用权入股、联营等形式共同举办企业的，应当持有关批准文件，向县级以上地方人民政府土地行政主管部门提出申请，按照省、自治区、直辖市规定的批准权限，由县级以上地方人民政府批准。

《土地管理法》第44条规定：建设占用土地，涉及农用地转为建设用地的，应当办理农用地转用审批手续。省、自治区、直辖市人民政府批准的道路、管线工程和大型基础设施建设项目、国务院批准的建设项目的用地，涉及农用地转为建设用地的，由国务院批准。在土地利用总体规划确定的城市和村庄、集镇建设用地规模范围内，为实施该规划而将农用地转为建设用地的，按土地利用年度计划分批次由原批准土地利用总体规划的机关批准。在已批准的农用地转用范围内，具体建设项目用地可以由市、县人民政府批准。其他建设项目的用地，涉及农用地转为建设地的，由省、自治区、直辖市人民政府批准。

乡（镇）村公共设施、公益事业建设，需要使用土地的，经乡（镇）人民政府审核，向县级以上地方人民政府土地行政主管部门提出申请，按照省、自治区、直辖市规定的批准权限，由县级人民政府批准。村民住宅用地，经乡（镇）人民政府审核，由县级人民政府批准。

对于规划为建设用地，而现在实为农用地的土地，在土地利用总体规划确定的建设用地规模范围内，由原批准土地利用总体规划的机关审批，按土地利用年度计划，分批次将农用地批转为建设用地。

2. 土地使用权的收回

《土地管理法》第65条规定：出现下属情况，农村集体经济组织报经原批准用地的人民政府批准，可以收回土地使用权。

1）为乡（镇）村公共设施和公益事业建设，需要使用土地的；收回农民集体所有土地的，对土地使用权人应当给予适当补偿。

2）不按批准用途使用土地的。

3）因撤销、迁移等原因而停止使用土地的。

3.3.3　国有建设用地

国有建设用地是指国家进行各项经济、文化、国防建设及举办社会公益事业所需要使用的土地，包括城市市区的土地，铁路、公路、机场、国有企业、港口等国家所有土地中的建设用地。国有建设用地包括国家所有的建设用地和国家征收原属于农民集体所有的土地。国有建设用地可通过划拨和有偿使用方式交由建设单位使用。经批准的建设项目需要使用国有建设用地的，建设单位应当持法律、行政法规规定的有关文件，向有批准权的县级以上人民政府土地行政主管部门提出申请，经土地行政主管部门审查，报本级政府批准。

1. 国有建设用地使用权的划拨

《中华人民共和国城市房地产管理法》（简称《城市房地产管理法》）规定：土地使用权划拨是指县级以上人民政府依法批准，在土地使用者缴纳补偿、安置等费用后将该幅土地交付使用，或者将国有土地使用权无偿交付给土地使用者使用的行为。以划拨方式取得土地使用权的，除法律、法规另有规定的，没有使用期限的限制。

土地使用权的划拨有两种形式，一种在土地使用者缴纳补偿、安置等费用后将该幅土地交付使用，另一种是将国有土地使用权无偿交付给土地使用者使用。

国有建设用地的所有权归国家所有，建设单位或个人使用必须获得土地使用权。国家依法实行国有土地有偿使用制度，但是，国家在法律规定的范围内划拨国有土地使用权的除外。《土地管理法》第 54 条中规定，可划拨的建设用地为：

1）国家机关和军事用地。

2）城市基础设施和公益事业用地。

3）国家重点扶持的能源、交通、水利等基础设施用地。

4）法律、法规规定的其他用地。

《实施条例》中对以划拨方式取得国有建设用地使用权的审批程序作了具体规定，建设单位必须持有由市、县人民政府土地行政主管部门向其核发的国有土地划拨决定书。划拨方式属于使用权的无偿授予，一般采用行政文件的形式。

2. 国有建设用地使用权的有偿出让

（1）土地使用权出让的概念　除了可通过划拨方式取得国有建设用地的使用权外，还可以通过有偿使用方式来获得国有建设用地的使用权。土地使用权出让是指国家将国有土地使用权在一定年限内出让给土地使用者，由土地使用者向国家支付土地使用权出让金的行为。具体在《实施条例》第 29 条规定了国有土地有偿使用的方式，它包括：

1）国有土地使用权的出让。

2）国有土地租赁。

3）国有土地使用权作价出资或入股。

《土地管理法》第 55 条规定：以出让等有偿使用方式取得国有土地使用权的建设单位，按照国务院规定的标准和办法，缴纳土地使用权出让金等土地有偿使用费和其他费用后，方可使用土地。

国有土地有偿使用方式一般采用合同的形式进行。

土地使用权出让具有以下几个特征：

1）土地使用权出让是国家将土地使用权出让行为。国家是国有土地的所有者，只有国家方能以土地所有者的身份出让土地。城市规划区内集体所有的土地，经依法征收转为国有土地后，方可出让该幅土地的使用权。

2）土地使用权出让是有期限的。我国实行的是土地公有制，这就决定了土地使用权只能在一定年限内出让给土地使用者。土地使用权出让的最高年限是由国家法律按照土地的不同用途规定的，它是指一次出让签约的最高年限。土地使用权出让年限届满时，土地使用者可以申请续期。

《中华人民共和国城镇国有土地使用权出让和转让暂行条例》规定，土地使用权出让最高年限按用途分为：居住用地 70 年；工业用地 50 年；教育科技、文化、卫生、体育 50 年；商业、旅游娱乐用地 40 年；综合或其他用地 50 年。土地使用权出让最高年限按不同用途分别定为 40 年、50 年、70 年，主要是考虑土地收益，其次是考虑地上房屋的折旧期一般都在 50 年左右，即土地使用期届满时，房屋残值已所剩无几。规定了土地使用权出让最高年限具有非常重要的意义。首先，说明土地使用权出让不是土地买卖。土地买卖是土地所有权的买断，而出让的是一定年限的土地使用权。如果不在法律、法规中明确规定土地使用权出让的最高年限，土地使用权出让就会演变成为土地买卖。其次，它明示了我国实行的是土地有偿、有限期的使用制度。打破了我国过去实行的土地无偿、无限期的使用制度。再者，它说明了国家作为土地所有者对土地使用权享有最终处置权。土地使用权出让年限届满，土地使用者或申请续期使用土地、或由国家收回，这对合理配置和利用土地资源，提高土地资产效益，建立完善的房地产市场，都有不可估量的作用。

3）土地使用权出让是有偿的。土地使用者取得一定年限的国有土地使用权，须向国家支付土地使用权出让金。土地使用权出让金是土地有偿出让的货币表现形式，其本质是国家凭借土地所有权取得的土地经济效益。土地使用权出让金主要包括一定年限内的地租，此外还包括土地使用权出让前国家对土地的开发成本及有关的征地拆迁补偿安置等费用。

4）土地使用者享有权利的范围不含地下之物。土地使用者对地下的资源、埋藏物和市政公用设施等，不因其享有土地的使用权而对其享有权利。

（2）土地使用权出让的方式 《城市房地产管理法》规定：我国的国有土地使用权出让，有拍卖、招标、协议三种方式。

1）拍卖出让。拍卖出让是指在土地管理部门制定的时间、地点，利用公开场合，就所出让土地使用权的地块公开叫价竞投，按“价高者得”的原则，确定土地使用权受让者的一种方式。这种方式充分引进了竞争机制，排除了任何主观因素，有利于公平竞争，可以使国家最大限度地获得土地收益，并增加财政收入。这种方式主要适用于投资环境好、赢利大、竞争性很强的房地产业、金融业、旅游业、商业和娱乐用地。

2）招标出让。招标出让是指在规定的期限内，由符合规定条件的单位和个人，以书面投标形式，竞投某一块土地的使用权，由招标方择优确定土地使用者的出让方式。招标出让分为公开招标和定向招标两种形式。公开招标是通过新闻媒介发布招标广告，有意获取土地使用权的受让方均可申请投标，这种招标方式也称无限制竞争招标。定向招标则由招标选择符合条件的单位或个人，并向其发出招标通知书和招标文件，邀请其参加投标，这种招标方式也称有限竞争性招标。

招标出让，中标者不一定是投标标价的最高者，因为在评标时，不仅要考虑投标价，还要对投标规划设计方案和投标者的资信情况等进行综合评价。也就是说，中标者是经过全面、客观的综合评估而择优确定的。招标出让方式的效果比较好，它不仅有利于土地规划利用的优化，确保国家获得土地收益，而且有利于公平竞争，给出让方留有一定的选择余地。招标出让方式，适用于开发性用地或有较高技术性要求的建设用地。

3）协议出让。协议出让是指土地所有者与土地使用者在没有第三者参与竞争的情况下，通过谈判、协商、达成出让土地使用权一致意见的一种方式。以协议方式出让土地使用权是双方协商的结果，没有引入竞争机制，这种形式人为因素较多，主观随意性较大，容易在土地出让过程中产生不正之风，导致国有土地收益流失。为防止国有土地流失，确保土地使用权出让的正常秩序，《城市房地产管理法》规定：商业、旅游、娱乐和豪华住宅用地，有条件的，必须采取拍卖、招标方式的；没有条件的，不能采用拍卖、招标方式的，可采取双方协议方式，但“采取双方协议方式出让土地使用权的出让金不得低于按国家规定所确定的最低价”。

（3）土地使用权终止和续期

1）土地使用权的终止。土地使用权的终止根据《城市房地产管理法》规定：因土地的灭失而导致使用者不再享有土地使用权；土地使用权出让年限届满即土地使用权出让合同期满而国家收回土地使用权；或土地使用权出让期满前国家因社会公共利益的需要而提前收回土地使用权。

提前终止土地使用权，地上建筑物和其他附着物亦一并归国家所有，除土地使用权出让合同规定必须拆除的技术设备外，土地使用者不得损坏一切地上建筑物及其他附着物。但是，国家必须根据土地使用者使用土地的实际年限和开发土地的实际情况及地上建筑物和其他附着物的现存价值等情况，给土地使用者以相应补偿，从而保护土地使用者的合法权益。

2）土地使用权的续期。土地使用权出让合同约定使用年限届满时，如果土地使用者需要继续使用该土地，就必须申请续期，经批准后，重新签订土地使用权出让合同，支付土地使用权出让金，并办理登记，方能继续享有土地使用权，《城市房地产管理法》规定：土地使用者“应当提前一年申请续期”。土地使用权出让合同约定的使用年限届满后，如土地使用者未申请续期或虽申请续期但未获批准的，土地使用权由国家无偿收回。

（4）土地使用权出让合同　建设单位使用国有土地的，应当按照土地使用权出让有偿使用合同的约定使用土地，《城市房地产管理法》第14条规定：土地使用权出让，应当签订书面出让合同。土地使用权出让合同由市、县人民政府土地管理部门与土地使用者签订。

土地使用权出让合同是指市、县人民政府土地管理部门与土地使用者之间就出让城市国有土地使用权所达成的、明确相互之间权利义务关系的协议。

土地使用权出让合同一般包括下列内容：

1）标的。指出让土地的位置、四邻界至、用途、面积。

2）使用年限。土地使用权出让年限是关系到土地所有者与使用者利益分配的重要条款，应包括土地出让年限什么时候开始计算、一共多少年、什么时候到期等。

3）开发期限。是指使用者在取得土地使用权后开发利用土地的时限。明确该项内容，是保证有效开发利用土地的依据，是防止不按期开发、闲置土地的有力保证。

4）出让金数额及支付方式。公平、合理地确定土地使用权出让金数额，是订立出让合同的关键，是合同不可缺少的内容。除此之外，合同还应明确土地使用权出让的支付期限和支付方式。

5）开发进度与分期投资额度。出让土地的开发工程量往往很大，一般是分期、分批进行。因此，合同必须确定开发进度以及根据进度分期投入的资金额。

6）土地使用规则。土地使用权出让方应在符合城市总体规划的前提下，编制出所出让土地使用的总平面布置图、建设密度和高度控制指标、工程管线规划、工程深度限制、环境保护、园林绿化、消防等要求，这是土地使用权出让合同的重要内容。

7）违约责任。是指合同双方当事人违反合同规定应当承担的民事法律责任。《城镇国有土地使用权出让和转让条例》规定：土地使用者应当在签订土地使用权出让合同后60日内，支付全部土地使用出让金，逾期未全部支付的，出让方有权解除合同，并可请求违约赔偿，该《条例》规定，出让方应当按照合同规定，提供出让的土地使用权，未按合同规定提供土地使用权的，土地使用者有权解除合同，并可请求违约赔偿。

8）双方认为应约定的其他条款。

（5）土地使用权出让合同的变更和解除　一般地说，土地使用权出让合同一经订立，就具有法律约束力，任何部门、单位和个人不得擅自变更和解除。由于土地使用权出让合同的期限很长，一般都为几十年，在合同履行过程中，因为种种原因，或者需要修正部分条款的内容，或者原订的出让合同继续履行已没有必要或不可能。所以，法律允许当事人在特定情况下可以依法变更和解除出让合同。

在土地使用权出让合同变更中，比较多见的是土地使用者提出改变土地用途，为此《城市房地产管理法》规定了变更土地用途的批准程序和处理方法。

在土地使用权出让合同解除中，比较多见的是当事人双方违约，或土地使用者不按法律开发、利用、经营土地而导致土地管理部门将土地使用权收回。

确需改变该幅土地建设用途的，应当经有关人民政府土地行政主管部门同意，报原批准用地的人民政府批准。其中，在城市规划区内改变土地用途的，在报批前，应当先经有关城市规划行政主管部门同意。

3. 国有土地使用权收回的情况

《土地管理法》第58条规定：有下列情形之一的，由有关人民政府土地行政主管部门报经原批准用地的人民政府或者有批准权的人民政府批准，方可收回国有土地使用权。

1）由于公共利益需要使用土地的。

2）为实现城市规划而进行旧城区改建，需要调整使用土地的。

3）土地出让等有偿使用合同约定的使用期限届满，土地使用者又没办续期或者申请续期未获批准的。

4）因单位撤销、迁移等原因，停止使用原划拨国有土地的。

5）公路、铁路、机场、矿场等经核准报废的。

3.3.4　国家建设用地征收和补偿

随着国民经济的发展和社会的进步，可能一些原属于农民集体所有的土地要用于基础设施或公益事业建设。所以《土地管理法》第2条规定，国家为了公共利益的需要，可以依法对土地实行征收或征用并给予补偿。

1. 征收土地的审批权限

《土地管理法》第45条规定，征收下列土地的，由国务院批准：

1）基本农田。

2）基本农田以外的耕地超过35公顷的。

3）其他土地超过70公顷的。

征收上述规定以外的土地，由省、自治区、直辖市人民政府批准，并报国务院备案。

另外，在《实施条例》第24条中规定，下列建设项目需占用土地利用总体规划确定的国有未利用土地作为建设用地的，需报国务院批准：

1）国家重点建设项目。

2）军事设施。

3）跨省、自治区、直辖市行政区域的建设项目。

4）国务院规定的其他建设项目。

2. 征收农用地办理程序

征收农用地的，必须按照《实施条例》规定办理审批手续。

1）建设项目可行性研究论证时，由土地行政主管部门对有关事项进行审查，并提出建设项目预审报告。预审报告必须与可行性研究分析一同进行报批。

2）建设单位持项目有关批准文件，向市、县人民政府土地行政管理部门提出用地申请，由市、县人民政府土地行政管理部门审查，拟定农用地转用方案、补耕方案、征收土地方案和供地方案（涉及国有农用地，不拟订征收土地方案）。经市、县人民政府审核同意后，逐级上报有批准权的人民政府批准；其中，补充耕地方案由批准农用地转用方案的人民政府在批准农用地转用方案时一并批准；供地方案由批准征收土地的人民政府在批准征收土地方案时一并批准（涉及国有农用地的，供地方案由批准农用地转用的人民政府在批准农用地转用方案时一并批准）。

3）农用地转用方案、补充耕地方案、征收土地方案和供地方案经批准后，由市、县人民政府组织实施，向建设单位颁发建设用地批准书。有偿使用国有土地，由市、县人民政府土地行政主管部门与土地使用者签订国有土地有偿使用合同。划拨使用国有土地的，由市、县人民政府土地行政主管部门向土地使用者核发国有土地划拨决定书。

4）土地使用者应进行申请土地登记。动用土地总体规划确定城市建设用地范围外的土地，涉及集体所有但未利用的土地，只需批准征地方案和供地方案。

5）抢险救灾急需用地的，可先行用地。其中，属临时用地，灾后恢复原状并交还原土地使用者使用，不再办理土地审批手续；属永久性建设用地的，建设单位应在灾后6个月内申请补办建设用地审批手续。

3. 征收土地的实施

《实施条例》25条规定：征收土地方案依法定程序批准后，由被征收土地所在地的市、县人民政府组织实施，并将批准征地机关、批准文号、征收土地用途、范围、面积以及征地补偿标准、农业人员安置办法和办理征地补偿的期限等，在被征收土地所在地的乡（镇）、村予以公告。

被征收土地的所有权人、使用权人应在公告规定期限内，持土地权属证到公告指定人民政府土地行政主管部门办理征地补偿登记。并向建设单位发建设用地批准书。

市、县人民政府土地行政主管部门根据经批准的征用土地方案，会同有关部门拟订征地补偿、安置方案，在被征收土地所在地的乡（镇）、村予以公告，听取被征收土地的农村集体经济组织和农民的意见。征地补偿，安置方案报市、县人民政府批准后，由市、县人民政府土地行政主管部门组织实施。对补偿标准有争议的，由县级以上人民政府协调；

协调不成的，由批准征收土地的人民政府裁决。征地补偿、安置争议不影响征收土地方案的实施。征地各项费用自征地补偿、安置方案批准起3个月内全额支付。

4. 征地补偿

《土地管理法》规定：征收土地的，按照被征收土地的原用途给予补偿。征收耕地的补偿费用包括土地补偿费、安置补助费以及地上附着物和青苗的补偿费。具体的补偿标准为：

1）土地补偿费。土地补偿费为该耕地被征收前3年平均年产值的6~10倍。征收其他土地补偿费和安置补偿费标准，由省、自治区、直辖市参照征收耕地的土地补偿费和安置补助费的标准规定。

2）安置补偿费。安置补偿费按照需要安置的农业人口数计算。需要安置的农业人口数，按照被征收的耕地数量除以征地前被征收单位平均每人占有的耕地数量计算。每一个需要安置的农业人口的安置补助费标准，为该耕地被征收前3年平均年产值的4~6倍。但是，每公顷被征收耕地的安置补偿费，最高不得超过被征收前3年平均年产值的15倍。

3）地上附着物和青苗补偿费。地上附着物和青苗补偿标准，由省、自治区、直辖市规定。

4）新菜地开发建设基金。征收城市郊区的菜地，用地单位应当按照国家有关规定缴纳新菜地开发建设基金。

若按上述规定支付土地补偿费和安置补助费，尚不能使需要安置的农民保持原有生活水平的，经省、自治区、直辖市人民政府批准，可以增加安置补助费。但是，土地补偿费和安置补助费的总和不得超过土地被征收前3年平均年产值的30倍。

土地补偿费归农村集体经济组织所有，地上附着物及青苗补偿费归地上附着物及青苗所有者所有。征收土地的安置补助费必须专款专用，不得挪作他用。需要安置的人员由农村集体经济组织安置的，安置补助费支付给农村集体经济组织，由农村集体经济组织管理和使用；由其他单位安置的，安置补助费支付给安置单位；不需要统一安置的，安置补助费发放给被安置人员个人或者征得被安置人员同意后用于支付被安置人员的保险费用。

5. 征收土地的劳动安置

因征收土地后造成的多余劳动力，由县以上土地管理部门组织被征地单位、用地单位和有关单位，通过扩大农副业生产和乡镇企业等途径，加以安置；安置不完的，可将符合条件的人员安置到用地单位或其他全民、集体所有制单位就业。

大中型水利、水电工程建设征收土地的补偿费标准和移民安置办法，由国务院另行规定。

3.3.5 临时用地

建设项目施工或地质勘察等确需临时使用国有土地或农民集体所有土地的，由县级以上人民政府土地行政管理部门批准。其中，在城市规划区内的，还应先经有关城市规划行政主管部门同意。土地使用者应当根据土地权属，与有关土地行政主管部门或农村集体经济组织、村民委员会签订临时用地合同，并按合同的约定支付临时使用土地补偿费。

临时用地期限为 2 年，临时用地上不得建永久建筑物。占用耕地的到期之日起 1 年内恢复种植条件。

3.4　违反土地管理法的责任和处理

《土地管理法》中的法律责任分为民事法律责任、行政法律责任和刑事法律责任三种。

3.4.1　土地民事法律责任

土地民事法律责任是指个人或组织违反有关土地民事法律规范，应当承担的法律后果，其主要分为两种：土地侵权行为的民事损害赔偿责任和违反土地合同产生的违约责任。土地民事法律责任发生在平等的民事法律主体之间。承担民事责任的方式主要有：排除妨碍、消除危险、停止侵害、恢复原状、返还财产、赔偿损失、支付违约金等。

3.4.2　土地行政法律责任

土地行政法律责任是指行为人违反土地行政法律规范，依法接受有关行政机关行政制裁所承担的法律后果。主要形式有行政处罚和行政处分。

违反土地行政法规的违法行为及其具体处罚如下：

1）买卖或者以其他形式非法转让土地的，由县级以上人民政府土地行政主管部门没收违法所得；对违反土地利用总体规划擅自将农用地改为建设用地的，限期拆除在非法转让的土地上新建的建筑物和其他设施，恢复土地原状，对符合土地利用总体规划的，没收在非法转让的土地上新建的建筑物和其他设施，可以并处罚款；对直接负责的主管人员和其他直接责任人员，依法给予行政处分，构成犯罪的，依法追究刑事责任。

2）占用耕地建窑、建坟或者擅自在耕地上建房、挖砂、采石、采矿、取土等破坏种植条件的，或者因开发土地造成土地荒漠化、盐渍化的，由县级以上人民政府土地行政主管部门责令限期改正、或者治理，可以并处罚款；构成犯罪的，依法追究刑事责任。

3）拒不履行土地复垦义务的，由县级以上人民政府土地行政主管部门责令限期改正；逾期不改正的，责令缴纳复垦费，专项用于土地复垦，可以处以罚款。

4）未经批准或者采用欺骗手段骗取批准，非法占用土地的，由县级以上人民政府土地行政主管部门责令退还非法占用的土地。农村村民未经批准或者采取欺骗手段骗取批准，非法占用土地建住宅的，由县级以上人民政府土地行政主管部门责令退还非法占用的土地，限期拆除在非法占用的土地上新建的房屋。超越省、自治区、直辖市规定的标准，多占的土地以非法占用土地论处。超过批准数量占用土地，多占的土地以非法占用土地论处。

5）无权批准征收、使用土地的单位或者个人非法批准占用土地的，超越批准权限非法批准占用土地的，不按照土地利用总体规划确定的用途批准用地的，或者违反法律规定的程序批准占用、征收土地的，其批准文件无效，对非法批准征收、使用土地的直接负责的主管人员和其他直接责任人员，依法给予行政处分；构成犯罪的，依法追究刑事责任。

非法批准、使用的土地应当收回，有关当事人拒不归还的，以非法占用土地论处。非法批准征收、使用土地，对当事人造成损失的，依法应当承担赔偿责任。

6）侵占、挪用被征收土地单位的征地补偿费用和其他有关费用，构成犯罪的，依法追究刑事责任；尚不构成犯罪的，依法给予行政处分。

7）依法收回国有土地使用权当事人拒不交出土地的，临时使用土地期满拒不归还的，或者不按照批准的用途使用国有土地的，由县级以上人民政府土地行政主管部门责令交还土地，处以罚款。

8）擅自将农民集体所有的土地的使用权出让、转让或者出租用于非农业建设的，由县级以上人民政府土地行政主管部门责令限期改正，没收违法所得，并处罚款。

9）不按照《土地管理法》规定办理土地变更登记的，由县级以上人民政府土地行政主管部门责令限期办理。

10）责令限期拆除在非法占用的土地上新建的建筑物和其他设施的，建设单位和个人必须立即停止施工，自行拆除；对继续施工的，做出处罚决定的机关有权制止。建设单位和个人对责令限期拆除的行政处罚决定不服的，可以在接到责令限期拆除决定之日起15日内，向人民法院起诉；期满不起诉又不自行拆除的，由做出处罚决定的机关依法申请人民法院强制执行，费用由违法者承担。

11）土地行政主管部门的工作人员玩忽职守、滥用职权、徇私舞弊，构成犯罪的，依法追究刑事责任；尚不构成犯罪的，依法给予行政处分。

3.5　土地管理法制度案例

案例分析

基本案情：

2004年10月，某村村民委员会未依法办理用地审批手续，擅自与陈某签订《买卖土地协议》。协议约定：该村按照征地补偿标准将本村4亩土地（系一级基本农田）卖给陈某，用于建造厂房及附属设施用房。协议签订后，某村实际已经以土地征收和青苗赔偿名义收款15万元。2004年11月，陈某在施工中被他人举报因而被某市国土资源局查获。某市国土资源局立即下发《责令停止违法行为通知书》，责令陈某立即停止违法行为，听候处理。

案例评析：

2004年11月，某市国土资源局根据《中华人民共和国土地管理法》第81条和《中华人民共和国土地管理法实施条例》第39条的规定，对该村作出如下处罚：责令其在2004年12月15日前改正违法行为；没收违法所得15万元；并处5万元罚款。2005年1月，某市纪委作出处分决定，给予该村村支部书记留党察看的党纪处分。

某村未经依法批准擅自卖地给陈某的行为违反了《中华人民共和国土地管理法》第 2 条的规定，属非法买卖土地行为。

《中华人民共和国土地管理法》第 2 条明确规定："任何单位和个人不得侵占、买卖或者以其他形式非法转让土地。"陈某和某村未经国土资源管理部门批准，在未依法办理用地手续的情况下，就擅自进行土地买卖，这显然是违法的。因此，他们之间的土地买卖行为不但不受法律保护，还要受到法律的处罚。

耕地是农业赖以发展的物质基础，是人类食物的主要源泉，是民生之本。所以，国家为了促进农业生产和国民经济的发展，实行严格保护耕地制。

基本农田是指根据一定时期人口和国民经济对农产品的需求而确定的长期不得占用及基本农田保护区规划内不得占用的耕地。分一级和二级基本农田，一级基本农田为长期不得占用的耕地，二级基本农田为计划期限内不得占用的耕地。

买卖或者以其他形式非法转让土地的，由县级以上人民政府土地行政主管部门没收违法所得；对违反土地利用总体规划擅自将农用地改为建设用地的，限期拆除在非法转让的土地上新建的建筑物和其他设施，恢复土地原状，对符合土地利用总体规划的，没收在非法转让的土地上新建的建筑物和其他设施；可以并处罚款；对直接负责的主管人员和其他直接责任人员，依法给予行政处分，构成犯罪的，依法追究刑事责任。

未经批准或者采用欺骗手段骗取批准，非法占用土地的，由县级以上人民政府土地行政主管部门责令退还非法占用的土地，对违反土地利用总体规划擅自将农用地改为建设用地的，限期拆除在非法占用土地上新建的建筑物和其他设施，恢复土地原状，对符合土地利用总体规划的，没收在非法占用的土地上新建的建筑物和其他设施，可以处以罚款；对非法占用土地单位的直接负责人员和其他直接负责人员，依法给予行政处分；构成犯罪的，依法追究刑事责任。

思考题

1. 何谓土地所有权？土地管理法对土地所有权是如何规定的？
2. 何谓土地使用权？土地使用权如何取得？
3. 土地管理法中确立了哪些土地利用和保护的制度？
4. 什么是土地利用总体规划？其编制原则是什么？
5. 《土地管理法》对保护耕地规定了哪些基本制度？
6. 在哪些情形下，国有土地使用权将被收回？
7. 国家征收土地要做哪些补偿？其标准如何确定？

第4章

工程建设标准法律制度

4.1 概述

所谓标准是指对重复性事物和概念的统一性规定。它以科学技术和实践经验的综合成果为基础，经有关方面协商一致，由主管机构批准，以特定形式发布，作为共同遵守的准则和依据。

工程建设标准是指对基本建设中各类工程的勘察、规划、设计、施工、安装、验收等需要协调统一的事项所制定的标准。它由政府或立法机关颁布，是对新建建筑物的最低技术要求，也是建设法规体系的组成部分。《中华人民共和国标准化法》（简称《标准化法》）第2条规定：对建设工程的设计、施工方法和安全要求应当规定标准。这就为工程建设标准的制定确立了法律依据。

工程建设标准是为项目决策服务和控制项目建设水平的全国统一标准，是编制、评估工程项目可行性研究报告和编制、审批设计任务的重要依据，也是有关部门审查工程项目初步设计和监督检查整个建设过程建设标准的尺度。它以建筑科学、技术和实践经验的综合成果为基础，经有关方面专家、学者、工程技术人员综合评价、科学论证而制定。

工程建设标准化工作是加强基本建设全过程的重要基础工作，工程建设各类标准规范是工程建设工业化、现代化的基础。随着我国社会主义市场经济的完善，工程建设标准化工作也得到了迅猛发展，标准规范的数量成倍增长，技术水平不断提高。目前，已有国家标准、行业标准和地方标准数千多项，这些标准规范为推动我国现代化建设，推广应用先进的生产经验和科技成果，加速科学技术转化为生产力，保证工程质量，促进技术进步，提高投资效益，发挥了重要作用。

4.1.1 标准的构成及主要内容

标准一般由概述、正文和补充说明三个部分组成。

1. 概述部分

概述部分由封面、首页、目录、标准名称和引言组成。

（1）封面及首页 国家标准、行业标准的封面格式符合《标准化工作导则：标准出版印刷的规定》。封面上应写明标准代号、编号、标准名称（国家标准还应有英文标准名称），标准的发布和实施日期，标准的发布机关等。有些标准只出合订本，没有封面，但首页上应包括封面的内容。

(2) 引言、目录、发布通知或公告　当标准内容较长，结构较复杂时，应编写目录。目录内容包括条文主要划分单元和附录的编写、标题所在的页码。

(3) 标准名称　标准名称一般由标准化对象的名称和所规定的技术特征两部分组成，既能够简短明确反映标准化主题，又能区别于其他标准。

2. 正文部分

正文部分由主要内容及使用范围、术语、符号、代号、技术内容或管理内容组成。

(1) 主体内容与适用范围　主题内容应简明扼要，主要规定标准的适用范围及应用领域，必要时还应明确写明不适用的范围和领域，一般采用如下的典型用语："本标准适用于……"，"本标准适用于……，也适用于……"，"本标准适用于……，……也可参照执行"，"本标准不适用于……"等。

(2) 术语、符号、代号　标准中采用的术语、符号、代号，在现行的国家标准、行业标准中尚无规定时，应在该标准中给出定义或说明。这些术语、符号、代号应集中写在标准技术内容的前面。

(3) 技术内容或管理内容　根据各个标准的结构特点和需要，列出该项目中应遵循的最低要求或取值范围以及应达到的功能特性，如技术要求、测试方法、检验规则等。

3. 补充部分

一般补充部分由附录和条文说明组成。附录由标准的附录和提示的附录两种。标准的附录实质上相当于技术内容的一个组成部分，只是该部分内容过多，以附录形式编写便于阅读和查阅。提示的附录主要内容是某些重要规定的依据和专门技术问题较系统的介绍；标准中有关条文的参考性资料或推荐方法以及如何正确使用标准的说明等。

条文说明是对标准文本中的条文进行深化解释，注明用词程度，是非含义等事项。

4.1.2　工程建设标准的制定与实施

1. 工程建设标准的制定原则

1）遵守国家的有关法律、法规及相关方针、政策，密切结合自然条件和实际情况，合理利用资源，充分考虑使用、维修的要求和后期运行的情况，做到安全适用、技术先进、经济合理。

2）积极开展科学实验或测试验证。设立有关项目，并应纳入主管部门的科研计划，认真组织实施，写出成果报告。

3）积极采用新技术、新工艺、新设备、新材料。经有关主管部门或受托单位鉴定，有完整的技术文件，且经实践检验的，应纳入标准。

4）积极采用国际标准和国外先进标准。凡是认真分析论证或测试验证，并符合我国国情的国外和国际先进标准，应纳入我国的标准体系中。

5）标准条文规定严谨明确、文句简练，不得模棱两可。内容深度、术语、符号、计量单位等应前后一致，不得矛盾。

6）注意与现行标准协调。要遵守现行的工程建设标准，确有需要更改的，必须经过审批。工程建设标准中，不得规定产品标准内容。

7）发扬民主、充分讨论。对有关政策问题应认真研究，统一认识；对有争论的技术性问题，应在调查研究、实验验证或专题讨论的基础上，充分协商，再做结论。

2. 工程建设标准的审批、发布

国家标准由国务院建设行政主管部门审查批准，由国务院标准化行政主管部门统一编号，国务院建设行政主管部门和标准化行政主管部门联合颁布实施。

工程建设行业标准由国务院有关行政主管部门审批、编号和发布，报国务院建设行政主管部门备案。

工程建设地方标准的制定、审批、发布方法，由省、自治区、直辖市人民政府制定，但标准发布后应报国务院建设行政主管部门和标准化行政主管部门备案。

工程建设企业标准由企业组织制定，并按省、自治区、直辖市人民政府的规定备案。

3. 工程建设标准的实施

工程建设标准的实施，不仅关系到建设工程的经济、社会、环境效益，而且直接关系到工程建设者、所有者和使用者的人身安全及国家、集体、公民的财产安全。因此，必须严格执行，认真监督。

各级行政主管部门在制定有关工程建设的规定时，不得擅自更改国家及行业的强制性标准；从事工程建设活动的部门、单位和个人，都必须执行强制性标准；对于不符合强制性标准的工程勘察成果和规划、设计文件，不得批准使用；不按标准施工，质量达不到合格标准的工程，不得验收。

工程质量监督机构和安全监督机构，应根据现行的强制性标准，对工程建设的质量和安全进行监督，当监督机构与被监督单位对适用的强制标准发生争议时，由该标准的批准部门进行裁决。

各级行政主管部门应对勘察、设计、规划、施工单位及建设单位执行强制性标准的情况进行监督检查。国家机关、社会团体、企事业单位及全体公民均有权检举、揭发违反强制性标准的行为。

对于工程建设推荐性标准，国家鼓励自愿采用。采用何种推荐性标准，当事人在工程合同中予以确认。

4.1.3　工程建设标准的特点与作用

现代建筑业向着高、新、特等尖端方向发展，这就要求它不仅要有复杂的机械设备和与之相配套的系统，而且要在建筑材料、技术性能、设计方法等方面翻新。作为建筑产品的工程，从项目论证、勘察设计到施工竣工等各个环节都应具有高度的科学性和技术性。由此，作为贯穿科研、设计、材料流通、施工和使用各个环节纽带和桥梁的标准显得十分必要。首先介绍工程建设标准的特点。

1. 工程建设标准的特点

工程建设标准的特点有：综合性强、政策性强、受自然环境影响大。

（1）综合性强

1）工程建设标准的内容多数是综合性的。

2）制定工程建设标准需要考虑的因素是综合性的。这些因素包括技术条件、经济条件和管理水平。

（2）政策性强

1）工程建设投资量大。因此各项技术标准的制定要十分谨慎，要适应相应阶段国家的经济条件。

2）工程建设消耗资源大。直接影响到环境保护、生态平衡和国民经济的可持续发展，标准的制定要适度，不允许任意不恰当地提高标准，要考虑经济上的合理性和可行性。

3）工程建设直接关系到人民生命财产的安全、关系到人体健康和公共利益。

4）工程建设标准化的效益，尤其是强制性标准的效益，不能单纯着眼于经济效益还必须考虑社会效益。

5）工程建设要考虑百年大计。工程建设设计技术标准的质量、设计的基准等方面，需要考虑这一因素，并提出相应的措施或技术要求。

（3）受自然环境影响大　标准是科学技术和实践经验的综合成果，必须结合国情来制定，符合具体的自然环境条件和现阶段的经济实力、科学技术水平。

2. 工程建设标准的作用

（1）建设标准是衡量工程质量的尺度　应用于生产实践的标准都是根据人们在长期的生产、建设活动中积累的实践经验和科研成果，经过归纳总结、分析、加工、提炼，进而按照统一、简化、协调、择优的原则编制而成的。整个工程建设过程所需要的判断和控制工程质量的原则和技术指标正是由这些标准提供的。因此，执行这些标准的严格程度，在一定程度上反映了工程质量的实际状况。

（2）建设标准是保证工程质量的基础　在工程建设领域，从事工程建设的单位的水平差别很大，即使同一企业内部，技术人员的水平也存在差异。一个项目的完成水平，往往取决于承担任务的人员的水平。但工程建设是不允许在质量和安全问题上出现大的偏差的，否则将影响工程的使用功能，造成投资浪费，甚至导致安全事故的发生。标准作为统一的技术要求，为工程质量和安全提供了基本的衡量尺度，只要从事工程建设活动的人员认真执行这些标准，工程的质量和安全就能有可靠概率保证。

（3）提高劳动生产率，加快建设速度　标准化的目的通过制定、发布和实施标准达到可靠的统一，以获得最佳生产顺序和社会最佳效益。采用建设工程标准在提高劳动生产率和加快建设速度方面的作用是十分显著的。如有了各种建筑结构设计规范，设计单位就可以采用相应的设计手册、计算图表，或者标准设计图集，从而大大加快了设计步伐，减少了重复劳动，缩短了设计周期。从而提高了生产力，降低了设计成本，加快了建设速度。

（4）推广先进经验，促进技术进步　任何一项新技术、新材料、新形式、新方法等科研成果，开始总是在小范围内试点。一旦技术成熟后便纳入标准，也就具有了权威性，且能够较迅速地在全国范围乃至全球范围内推广，使科技成果很快地转化为社会生产力，有效地促进技术进步。

4.2　工程建设标准的种类

对工程建设标准分类，从不同角度出发，分类有所不同，常用的方法主要有：约束性划分法、内容划分法、属性划分法。

4.2.1　根据标准的约束性划分

我国标准化法规定，国家标准和行业标准分为强制性标准和推荐性标准。保障人体健康、人身财产安全的标准和法律、行政性法规规定强制性执行的标准是强制性标准，其他标准是推荐性标准。省、自治区、直辖市标准化行政主管部门制定的工业产品的安全、卫生要求的地方标准在本行政区域内是强制性标准。

因此，从标准的约束性来说，将标准划分强制性标准和推荐性标准。强制性标准必须严格执行。对工程建设业来说，下列标准属于强制性标准：

1）工程建设勘察、规划、设计、施工（包括安装）及验收等通用的综合标准和重要的通用的质量标准。

2）通用的有关安全、卫生和环境保护的标准。

3）重要的术语、符号、代号、量与单位、建筑模数和制图方法标准。

4）工程建设重要的通用试验、检验和评定等标准。

5）工程建设重要的通用的信息技术标准。

6）国家需要控制的其他工程建设通用的标准。

推荐性标准是指当事人自愿采用的标准，凡是强制性标准以外的标准皆为推荐性标准。国家鼓励企业采用推荐性标准，推行标准化设计。标准设计分为国家、部、省（自治区、直辖市）三级，对于标准化设计《基本建设设计工作管理暂行办法》规定："标准设计一经颁布，建设单位和设计单位要因地制宜地积极采用，凡无特殊理由的不得另行设计。"

4.2.2　根据内容划分

按标准内容分：工程建设标准可分为设计标准、施工及验收标准和建设定额三类。

1. 设计标准

工程建设设计标准是从事工程设计中必须遵守的标准，设计标准又分为：

1）建筑设计基础标准，如房屋建筑术语、建筑统一模数、建筑物等级划分等。

2）建筑设计通用标准，如建筑采光、照明、防火、节能、防爆、防腐、隔声、环保、卫生等方面的设计标准规范。

3）建筑结构设计通用标准，如建筑荷载、地基基础设计规范，建筑结构抗震设计规范，各类建设结构（钢结构、木结构、砖石结构、钢筋混凝土结构）设计规范，特种结构（塔架、烟囱、水池、筒仓、人防地下室）设计规范等。

4）建筑工程设计专用标准，如旅馆、住宅设计规范，无粘结预应力钢筋混凝土设计规程等。

5）相关专业设计标准，如给水排水、采暖与通风、电气、弱电、设备等方面的标准规范。

2. 施工及验收标准

施工标准是指施工操作程序及其技术要求的标准。施工标准一般分为建筑工程施工标准和安装工程施工标准两大类。验收标准是指检验、接受竣工工程项目的规程、办法与标准。主要有：

1）施工规程与技术规程，如网架结构、液压滑模施工规程。

2）施工验收标准，如混凝土施工及验收规范，砌体工程施工及验收规范。

3）材料试验方法标准，如钢筋焊接接头试验方法，回弹法评定混凝土强度方法。

同时对上述施工验收规范的主要项目，规定了质量指标，包括主控项目、一般项目和允许偏差项目。主控项目是指关键项目，影响工程质量和安全的、硬性的规定，必须达到某一指标。一般项目是指次关键项目，影响表面质量、观感等的项目，它也必须达到某一指标。允许偏差项目是指不太关键、不主要的项目，可以有一定的偏差。有的质量指标规定了正负允许偏差，如轴线、标高和截面尺寸等；有的仅规定了正允许偏差，如地脚孔螺栓深度等；也有的仅规定了负偏差，如混凝土柱和牛腿上的表面标高；还有的规定了允许偏差，不规定正负，如位置、垂直度、平整度等。

3. 建设定额

建设定额是指国家规定的消耗在单位建筑产品上活劳动和物化劳动的数量标准，以及用货币表现的某些必要费用的额度。

4.2.3 根据属性划分

属性分类法是按照每一项工程建设标准的法律属性，将其划分为不同法律属性标准的分类法，按照标准的基本属性划分为技术标准、管理标准和工作标准三大类。

1. 技术标准

技术标准是指对标准化领域中需要协调统一的技术事项所制定的标准。一般来说，技术标准是指对标准化对象的技术特征加以规定的标准，它是从事生产建设及商品流通的一种共同遵守的技术依据。

2. 管理标准

管理标准是指对标准化领域中需要协调统一的管理事项所制定的标准。管理事项主要指在营销、设计、采购、工艺、生产、检验、能源、安全、卫生环境等管理中与实施技术标准有关的重复性事物和概念。

3. 工作标准

工作标准是指对标准化领域中需要协调统一的工作事项所制定的标准。工作事项主要指在执行相应管理标准和技术标准时与工作岗位的职责、岗位人员基本技能、工作内容、要求与方法、检查与考核等有关的重复性事物和概念。

4.2.4 我国标准的分级

根据《标准化法》的规定，我国的标准分为四级：国家标准、行业标准、地方标准、企业标准。

1. 国家标准

国家标准是对需要在全国范围内统一的技术要求制定的标准，如通用的质量标准，通用的术语、符号、代号、建筑模数等。国家标准由国务院标准化行政主管部门编制计划，协调项目分工，组织制定、修订、统一编审、编号、发布。工程建设国家标准由建设行政主管部门审批，国务院标准化行政主管部门统一编号，由工程建设行政主管部门和标准化行政主管部门联合发布。

2. 行业标准

行业标准是对没有国家标准而又需要在全国某个行业范围内统一的技术要求所制定的标准，如行业专用的质量标准，专用的术语、符号、代号、专用的实验、检验、评定方法等。行业标准不得与国家标准相抵触。有关行业标准之间保持协调、统一，不得重复。行业标准在相应的国家标准公布后立即废止。行业标准也分为强制性标准和推荐性标准。行业标准是由国务院该行业行政主管部门组织制定的，并由该部门统一审批、编号、发布，送国务院标准化行政主管部门备案。

3. 地方标准

地方标准是对没有国家和行业标准而又需要在该地区范围内统一的技术要求所制定的标准（含标准样品的制作）。地方标准的制定应结合当地的气候、地质、资源、环境等条件。地方标准不得违反有关法律、法规和国家、行业的强制性标准。地方标准由省、自治区、直辖市标准化行政主管部门统一编制计划、组织审定、编号和发布。地方标准发布后，应由省、自治区、直辖市标准化行政主管部门向国务院标准化行政主管部门和有关行政主管部门备案。

4. 企业标准

企业标准是对企业范围内需要协调、统一的技术要求、管理事项和工作事项所制定的标准。企业标准是企业组织生产、经营活动的依据。企业标准不得违反有关法律、法规和国家、行业的强制性标准，它是上级标准的补充，是企业依据自身特点的具体化标准。在同一企业内，企业标准之间应协调一致。企业标准由企业制定，由法人代表或法人代表授权的主管领导批准、发布。企业标准一般应由企业按企业的隶属关系报当地政府标准化行政主管部门备案。国家标准、行业标准和地方标准的强制性标准，企业必须严格执行。推荐性标准企业一经采用也具有了强制的性质，因此应严格执行。企业对于已经备案的企业标准也应严格执行。国家鼓励企业制定优于国家标准、行业标准或地方标准的企业标准。

4.3　工程建设强制性标准

4.3.1　《工程建设标准强制性条文》实施的意义

1.《工程建设标准强制性条文》是贯彻《建设工程质量管理条例》的一项重大举措

国务院发布的《建设工程质量管理条例》，对于加强工程质量管理的一系列重大问题做出了明确规定，其中一个重要的内容就是对执行工程建设强制性标准做出了严格的规定。《建设工程质量管理条例》是以现行的强制性国家标准和行业标准为基础，编制了包括城乡规划、城市建设、房屋建筑、工业建筑、水利工程、电力工程、信息工程、水运工程、公路工程、铁道工程、石油和化工建设工程、矿山工程、人防工程、广播电影电视工程和民航机场工程在内的十五部分内容。《工程建设标准强制性条文》的贯彻实施，必将推动《建设工程质量管理条例》的全面落实。

2.《工程建设标准强制性条文》是推进工程建设标准体制改革的关键

我国现行的工程建设标准体制是强制性和推荐性相结合的标准体制。这一体制的确立，是《标准化法》所规定的。工程建设标准是国家、行业和地方政府从技术控制的角度，为建筑市场提供运行规则的一项基础性工作，对引导和规范建筑市场行为具有重要的作用，因此尽快建立起适应市场经济要求的工程建设标准管理体制，势在必行。

《工程建设标准强制性条文》启动了工程建设标准体制的改革，是工程建设标准体制改革从研究、探索到具体实施所迈出的关键一步，随着《工程建设标准强制性条文》内容的不断完善，将逐步形成与国际惯例接轨的我国工程建设技术法规基本体系。

3. 贯彻《工程建设标准强制性条文》是保证和提高工程质量的重要环节

原建设部在发布《工程建设标准强制性条文》的通知中，明确规定了《工程建设标准强制性条文》的地位和作用。关键内容有两点：一是明确了《工程建设标准强制性条文》是参与建设活动各方执行工程建设强制性标准和政府对执行情况实施监督的依据；二是明确了列入《工程建设标准强制性条文》的所有条款都必须严格执行，就是说，有一个条文不执行就要处罚，造成工程质量事故，必须要追究相应的责任。

4.3.2　《工程建设标准强制性条文》的组成

1）《工程建设标准强制性条文》共分 15 个部分，各部分统一定名为《工程建设标准强制性条文》×××部分，如房屋建筑部分。

2）各部分由批准发布通知、前言、目录、正文四部分内容构成。

3）正文按照篇、章、节、条、款、项层次划分；被摘录的条文首先列出被摘录标准的编号，经过局部修订的条文同时列出公告号，然后列出被摘录条文原编号和条款内容。条文摘录遵照下列规定：

a. 各篇之间内容不得重复和矛盾。

b. 同一篇中，条文内容不得重复和矛盾。

c. 摘录条文内容一致或相近时，择优选一摘录。

d. 摘录条文内容中有文字错误时可以修改。

4.3.3　工程建设强制性标准的监督管理

国务院建设行政主管部门负责实施全国工程建设强制性标准的监督管理工作。国务院有关行政主管部门按照国务院的职能分工负责实施工程建设强制性标准的监督管理工作。县级以上地方人民政府建设行政主管部门负责本行政区内实施工程建设强制性标准的监督管理工作。

工程建设中拟采用的新技术、新工艺、新材料，不符合现行强制性标准规定的，应当由拟采用单位提请建设单位组织专题技术论证，报批准标准的建设行政管理部门或者国务院有关主管部门审定。工程建设中采用国际标准或国外标准，现行强制性标准未作规定的，建设单位应当向国务院建设行政主管部门或国务院有关行政主管部门备案。

建设项目规划审查机构应当对工程建设规划阶段执行强制性标准的情况实施监督。

施工图设计文件审查单位应当对工程建设勘察、设计阶段执行强制性标准的情况实施监督。

建筑安全监督管理机构应当对工程建设施工阶段执行强制性标准的情况实施监督。工程质量监督机构应当对工程建设施工、监理、验收等阶段执行强制性标准的情况实施监督。

建设项目规划审查机关、施工图设计文件审查单位、建筑安全监督管理机构、工程质量监督机构的技术人员必须熟悉、掌握工程建设强制性标准。

工程建设标准部门应当定期对建设项目规划审查机关、施工图设计文件审查单位、建筑安全监督管理机构、工程质量监督机构实施强制性标准的监督进行检查，对监督不力的单位和个人，给予通报批评，建议有关部门处理。

4.3.4　工程建设强制性标准执法检查

工程建设标准批准部门应当对工程项目执行强制性标准情况进行监督检查，监督检查可以采取的方式：重点检查，抽查和专项检查。

强制性标准监督检查的内容包括：

有关工程技术人员是否熟悉、掌握强制性标准；工程项目的规划、勘察、设计、施工、验收等是否符合强制性标准的规定；工程项目采用的材料、设备是否符合强制性标准的规定；工程项目的安全、质量是否符合强制性标准规定；工程中采用的导则、指南、手册、计算机软件的内容是否符合强制性标准规定。工程技术人员应当参加有关工程建设强制性标准的培训，并可以计入继续教育学时。任何单位和个人对违反工程建设强制性标准的行为有权向建设行政主管部门或者有关部门检举、控告、投诉。

4.3.5　违反工程建设强制性标准的法律责任

1）建设单位有下列行为之一时，责令改正，并处以20万元以上50万元以下的罚款：

明示或暗示施工单位使用不合格的建筑材料、建筑构配件和设备的；明示或暗示设计单位或者施工单位违反工程建设强制性标准，降低工程质量的。

2）勘察、设计单位违反工程建设强制性标准进行勘察、设计的，责令改正，并处以10 万元以上 30 万元以下的罚款。造成工程质量事故的，责令停业整顿，降低资质等级；情节严重的，吊销资质证书；造成损失的，依法承担赔偿责任。

3）施工单位违反工程建设强制性标准的，责令改正，并处工程合同价款 2% 以上 4% 以下的罚款；造成建设工程质量不符合规定的质量标准的，负责返工、修理，并赔偿因此造成的损失；情节严重的，责令停业整顿，降低资质等级或吊销资质证书。

4）工程监理单位违反工程建设强制性标准规定，将不合格的建设工程以及建筑材料、建筑构配件和设备按照合格签字的，责令改正，并处以 50 万元以上 100 万元以下的罚款，降低资质等级或吊销资质证书；有违法所得的，予以没收；造成损失的，承担连带赔偿责任。违反工程建设强制性标准造成工程质量、安全隐患或者工程事故的，按照《建设工程质量管理条例》有关规定，对事故责任单位和责任人进行处罚。

思考题

1. 何谓工程建设标准？为什么要设立工程建设标准？
2. 标准一般由哪几部分构成？
3. 工程建设标准的特点和作用是什么？
4. 按不同的分类方式，工程建设标准是如何分类的？
5. 工程建设标准制定的原则有哪些？
6. 工程建设标准由何部门审批、发布？
7. 实施工程建设标准强制性条文的意义是什么？
8. 工程建设强制标准执法检查的内容有哪些？

第5章

建设工程勘察设计法律制度

5.1 概述

5.1.1 建设工程勘察设计的概念

建设工程勘察是指依据建设工程的要求，查明、分析、评价建设场地的地质地理环境特征和岩土工程条件，编制建设工程勘察文件的活动。

建设工程设计是指根据建设工程的要求，对建设工程所需的技术、经济、资源、环境等条件进行综合分析、论证，编制建设工程设计文件的活动。

在工程建设的各环节中，勘察应先行，设计是灵魂，它们对工程的质量和安全都起着至关重要的作用。建设工程勘察、设计还应当与社会、经济发展水平相适应，做到经济效益、社会效益和环境效益相统一。

5.1.2 工程勘察设计法规的调整对象

工程勘察设计法规是建设法规的一部分，它也是以一定社会关系为其调整对象的。其调整范围主要体现在四个方面：

（1）行政管理关系　勘察设计主管部门对从事勘察设计活动实施许可证制度。

（2）审批关系　勘察设计主管部门与建设单位和勘察设计单位之间，因编制、审批、执行勘察设计文件、资料而产生的审批关系。

（3）经济合同关系　因工程建设的实施，建设单位与勘察设计单位之间的经济合同关系。

（4）内部管理关系　依据各种技术规定、条例和操作规程，在勘察设计单位内部形成的计划管理、技术管理、质量管理及各种形式的经济责任制等内部管理关系。

5.1.3 建设工程勘察设计法规的基本原则

建设工程是一个复杂的、多环节的综合活动，涉及多个不同性质的单位，产生的影响会长期存在。有时不合适的建筑物一旦建成，再进行修改就十分困难。在整个建筑活动中，必须坚持按客观规律办事，坚持勘察是基础，设计是灵魂，在多个环节上加强管理，避免不合格、不成熟的建筑出现，是非常必要的。加强建设勘察设计过程的管理，是从源头上避免不合适建筑产生的关键。

（1）市场准入制原则　建设工程勘察设计是一项技术性和政策性都很强的活动。为了保证建设工程勘察设计的质量，国家对从事建设工程勘察设计活动的单位实行资质管理制度，并对从事建设工程勘察、设计活动的专业技术人员实行执业资格注册管理制度。任何单位和个人都必须在法律允许的范围内从事建设工程勘察设计活动。

（2）科学设计的原则　必须坚持先勘察、后设计、再施工的原则，同时坚持经济效益、社会效益和环境效益相结合。鼓励在勘察设计活动中采用先进技术、先进工艺、先进设备、新型材料和现代管理方法。

（3）依法设计的原则　建设工程勘察设计单位和个人必须依法进行建设工程勘察、设计，严格执行工程建设强制性标准，并对建设工程勘察、设计的质量负责。

5.1.4　工程建设勘察设计的发包与承包

1. 直接发包的工程建设勘察设计项目

《中华人民共和国招标投标法》《建设工程勘察设计管理条例》规定，可以直接发包的工程建设勘察设计项目有：

1）采用特定的专利或者专有技术的。

2）建筑艺术造型有特殊要求的。

3）国务院规定的其他工程建设的勘察、设计。

其他工程均应采用招标发包方式。

2. 建设工程勘察、设计的一般要求

发包方可将整个建设工程勘察设计发包给一家勘察、设计单位，也可分别发包给几个勘察、设计单位。建设工程勘察、设计单位可以经发包方书面同意，将除建设工程主体部分外的其他部分的勘察、设计分包给具有相应资质等级的其他勘察、设计单位。但是，工程建设勘察设计单位不得将承包的建设工程勘察设计进行转包。

建设工程勘察、设计方案评标，应当以投标人的业绩、信誉和勘察、设计人员的能力以及勘察、设计方案的优劣为依据，进行综合评定。

招标人应当在评标委员会推荐的候选方案中确定中标方案。认为候选方案不能最大限度满足招标文件规定的要求的，应当依法重新招标。

招标人要求投标人提交投标文件的时限为：特级和一级建筑工程不少于45 日；二级以下建筑工程不少于30 日；进行概念设计招标的，不少于20 日。

5.1.5　建设工程勘察设计法规概况

建设工程勘察设计法规是指调整工程勘察设计活动中所产生的各种社会关系的法律规范的总称。其法律规范涉及面广、内容多，不仅包括工程勘察设计的专门法律、法规，也包括了其他法律、法规中有关工程勘察设计方面的内容。我国目前现行的法规主要有：1978 年颁布的《设计文件的编制和审批办法》，1980 年颁布的《工程建设标准规范管理办法》，1990 年颁布的《工程建设标准设计管理规定》，1992 年颁布的《成立中外合营工程设计机构审批管理的规定》《工程建设国家标准管理办法》《工程建设行业标准管理办法》，2000年颁布的《建设工程勘察设计管理条例》，2011年颁布的《全国优秀工程勘察设计奖评选办法》等。

5.2　设计文件的编制

5.2.1　建设工程设计的原则和依据

为了更好地把握建设工程的要求，使工程设计达到预期的经济效益和社会效益，建设工程设计就必须遵循一定原则。另外建设工程在立项前必须进行各种调查和研究，得出工程建设目的和条件，这也就是要求建设工程设计必须有据可依。

1. 建设工程设计原则

建设工程设计是工程建设的主导环节，对工程建设的质量、投资效益起着决定性的作用。为了保证工程设计水平和设计质量，真正做到经济效益、社会效益和环境效益统一，根据相关法规规定，工程设计必须遵循以下主要原则：

（1）贯彻经济、社会发展规划、城乡规划和产业政策　经济、社会发展规划及产业政策，是国家某一时期的建设目标和指导方针，工程设计必须贯彻其精神；城市规划、村庄和集镇规划一经批准公布，即成为工程建设必须遵守的规定，工程设计活动也必须符合其要求。

（2）综合利用资源，满足环境要求　工程设计中，要充分考虑矿产、能源、水、农、林、牧、渔等资源的综合利用。要因地制宜，提高土地利用率。要尽量利用荒地、劣地，不占或少占耕地。工业项目中要选用耗能少的生产工艺和设备；民用项目中，要采取节约能源的措施，提倡区域集中供热，重视余热利用。城市的新建、扩建和改建项目，应配套建设节约用水设施。在工程设计时，还应积极改进工艺，采取行之有效的技术措施，防止粉尘、毒物、废水、废气、废渣、噪声、放射性物质及其他有害因素对环境的污染，要进行综合治理和利用，使设计符合国家环保标准。

（3）遵守工程建设技术标准　工程建设中有关安全、卫生和环境保护等方面的标准都是强制性标准，工程设计时必须严格遵守。如《工程建设标准强制性条文》的各个部分。

（4）采用新技术、新工艺、新材料、新设备　工程设计应当广泛吸收国内外先进的科研和技术成果，结合我国的国情和工程实际情况，积极采用新技术、新工艺、新材料和新设备，以保证建设工程的先进性和可靠性。

（5）重视技术和经济效益的结合　采用先进的技术，可提高生产效率，增加产量，降低成本，但往往会增加建设成本和建设工期。因此，要注意技术和经济效益的结合，从总体上全面考虑工程的经济效益、社会效益和环境效益。在具体工程上，有时这些新的要求会增加一次性投入成本，但在后期的使用过程中会体现出优势来。这种情况需要相关部门有力的扶持和帮助，使我国的建设水平得以提高，使整个社会效益得以提高。

（6）公共建筑和住宅要注意美观、适用和协调　建筑既要有使用功能，又要能美化城市，给人们提供精神享受。公共建筑和住宅设计应巧于构思，精于设计，既要造型新颖，独具特色，又要与周围环境相协调，保护自然景观。同时建筑设计还要满足功能适用、结构合理的要求。在公共建筑方面，特别强调“以人为本”的设计思想，对老、弱、病、残弱势群体的照顾是必需的，要体现在具体的设计中。

2. 工程设计的依据

《建设工程勘察设计管理条例》规定，编制建设工程勘察、设计文件，应当以下列规定为依据：

1）项目批准文件。

2）城市规划。

3）工程建设强制性标准。

4）国家规定的建设工程勘察、设计深度要求。

铁路、交通、水利等专业建设工程，还应以专业规划的要求为依据。

设计单位还应积极参加项目建议书的编制、建设地址的选择、建设规划及试验研究等设计前期工作。对大型水利枢纽、水电站、大型矿山、大型工厂等重点项目，在项目建议书批准前，可根据长远规划的要求进行必要的资源调查、工程地质和水文勘察、经济调查和多种方案的技术经济比较等方面的工作，以便从中了解和掌握有关情况，收集必要的设计基础资料，为编制设计文件做好准备。

其中，项目建议书是非常重要的一个指导性文本，它的完善性往往影响整个建设项目的构成和水平，编制项目建议书需要有充足的调查和研究，并对今后的社会需求、技术发展、环境影响等有正确的判断，使得项目建议书真正成为设计的正确依据。在以往的工作中，特别在中小项目上对项目建议书缺乏足够的认识，往往听从某领导的一面之词，工程盲目上马，结果由于一念之差造成整个项目建成后不理想，浪费国家资源。

5.2.2　设计阶段的内容和深度

1. 设计阶段

根据《基本建设设计工作管理暂行办法》的规定，设计阶段可根据建设项目的复杂程度而定。一般可以将项目分为如下几个阶段：

（1）一般建设项目　一般建设项目的设计阶段可按初步设计和施工图设计两阶段进行，如需要可先进行方案设计，再进行初步设计和施工图设计。

（2）技术复杂建设项目　技术上复杂的建设项目，可增加技术设计阶段，即按初步设计、技术设计和施工图设计三个设计阶段进行。

（3）存在总体部署问题的建设项目　一些牵涉面广的建设项目，如大型矿区、油田、林区、垦区、联合企业等，存在总体开发部署等重大问题，这时，在进行一般设计前还可进行总体规划设计或总体设计。

2. 勘察、设计文件的要求

勘察、设计文件是工程建设最直接、最重要的依据，它直接关系到工程建设的质量和安全，《建设工程勘察设计管理条例》规定，勘察、设计文件必须满足下述要求：

（1）勘察文件　要求真实、准确，满足建设工程规划、选址、岩土治理和施工的需要。

（2）设计文件　要求方案设计文件应满足编制初步设计和控制概算的需要；初步设计文件应满足编制施工招标文件、主要设备材料订货和编制施工图设计文件的需要；施工图设计文件应满足设备材料采购、非标准设备制作和施工的需要，并注明建设工程合理使用年限。

（3）材料、设备的选用　设计文件中选用的材料、构配件和设备，应注明其规格、型号、性能等技术指标，其质量要求符合国家规定的标准。除有特殊要求的建筑材料、专用设备和工艺生产线等外，设计单位不得指定生产厂、供应商。

勘察、设计文件中规定采用的新技术、新材料，可能影响建设工程质量和安全，没有国家技术标准的，应当由国家认可的检测机构进行试验、论证，出具检测报告，并经国务院有关部门或省、自治区、直辖市人民政府有关部门组织的建设工程技术专家委员会审定后，方可使用。

3. 各设计阶段的内容和相应深度

（1）总体设计　总体设计一般由文字说明和图样两部分组成。其内容包括：建设规模、产品方案、原料来源、工艺流程概况、主要设备配备、主要建筑物及构筑物、公用和辅助工程，“三废”质量及环境保护方案、占地面积估计、总图布置及运输方案、生活区规划、生产组织和劳动定员估计、工程进度和配合要求、投资估算等。

总体设计的深度应满足开展下述工作的要求：进行初步设计，主要大型设备、材料的预安排，土地征用谈判的要求。

（2）初步设计　初步设计一般应包括以下有关文字说明和图样：设计依据、设计指导思想、产品方案、各类资源的用量和来源、工艺流程、主要设备选型及配置、总图运输、主要建筑物和构筑物、公用及辅助设施、新技术采用情况、主要材料用量、外部协作条件、占地面积和土地利用情况、综合利用和“三废”治理、生活区建设、抗震和人防措施、生产组织和劳动定员、各项技术经济指标、建设顺序和期限、总概算等。

初步设计的深度应满足以下要求：设计方案的比选和确定、主要设备材料订货、土地征用、基建投资的控制、施工图设计的编制、施工组织设计的编制、施工准备和生产准备等。

（3）技术设计　技术设计的内容由有关部门根据工程的特点和需要，自行制定。技术设计深度要求应能满足确定设计方案中重大技术问题和有关实验、设备制造等方面的要求。

（4）施工图设计　施工图设计内容应根据已获批准的初步设计进行，在此基础上进一步完善，最终完成施工所需的各种施工图和设计文件。

施工图设计深度要求应能满足设备材料的安排和非标准设备的制作、施工图预算的编制、施工要求等。

5.2.3　勘察、设计文件的审批和修改

1. 设计文件的审批

在我国建设项目设计文件的审批实行分级管理、分级审批的原则。根据《基本建设设计工作管理暂行办法》，对设计文件具体审批权限规定如下：

1）大中型建设项目的初步设计和总概算及技术设计，按隶属关系，由国务院主管部门或省、直辖市、自治区审批。

2）小型建设项目的初步设计的审批权限，由主管部门或省、市、自治区自行规定。

3）总体规划设计（或总体设计）的审批权限与初步设计的审批权限相同。

4）各部直接代管的下放项目的初步设计，由国务院主管部门为主，会同有关省、市、自治区审查或批准。

5）施工图设计的审批要按有关规定进行审查。

2. 勘察、设计文件的修改

设计文件是工程建设的主要依据，经批准后，就具有一定的严肃性，不得任意修改和变更，如必须修改，则须经有关部门批准，其批准权限，根据修改的内容所涉及的范围而定。根据《基本建设设计工作管理暂行办法》，修改设计文件应遵循以下规定：

1）设计文件是工程建设的主要依据，经批准后不得任意修改。

2）凡涉及计划任务书的主要内容，如建设规模、产品方案、建设地点、主要协作关系等方面的修改，须经原计划任务书审批机关批准。

3）凡涉及初步设计主要内容，如总平面布置、主要工艺流程、主要设备、建设面积、建设标准、总定员、总概算等方面的修改，须经原设计审批机关批准。修改工作须由原设计单位负责进行。

4）施工图的修改，须经原设计单位的同意。建设单位、施工单位和监理单位都无权修改建设工程勘察、设计文件。确需修改的，应由原勘察设计单位修改，或经原勘察、设计单位书面同意，建设单位也可委托其他具有相应资质的建设工程勘察、设计单位修改。并由修改单位对修改的勘察设计文件承担相应责任。

若施工单位或监理单位发现建设工程勘察、设计文件不符合工程建设强制性标准或合同约定的质量要求的，应当报告建设单位，建设单位有权要求建设工程勘察、设计单位对建设工程勘察、设计文件进行补充、修改。建设工程勘察设计文件内容需要作重大修改的，建设单位应当报经原审批机关批准。

总之，施工图的修改是一件十分严肃的事情，如果考虑不周全，很容易发生工程事故。所以，对施工图的修改必须谨慎和严格，应该把它的重要性提到与施工图设计同等高度上，甚至要更加严格的审核。

5.2.4　建设工程抗震设计与加固

1. 建设工程抗震概念

地震是自然界最可怕的现象之一。我们通常觉得脚下的地面“坚如磐石”，但地震，特别是大地震，会在顷刻间粉碎这种想法，对地面上建筑物会带来毁灭性灾害。根据国内外有关资料研究，特别是 2008 年 5 · 12 四川汶川 8 级特大地震统计表明，95% 以上人员伤亡是由于建筑物倒塌引起的，也就是说地震造成人员伤亡和财产损失，主要是由于建筑物被震坏而造成的。所以，进行建设工程抗震设计，提高建设工程的抗震能力是减轻地震灾害的根本途径。

建设工程抗震是建设工程抗御地震灾害简称，是指通过编制、实施抗震防灾规划，对建设工程进行抗震设计和加固，最大限度地抵抗和防御地震灾害的活动。建设工程抗震与地震预报、震后救灾构成减轻地震灾害的三环节。

2. 抗震设计

（1）抗震设防　防震减灾工作，实行预防为主、防御与救助相结合的方针，使建筑经抗震设防后，减轻建筑的地震破坏，避免人员伤亡，减少经济损失。

地震烈度为6度及6度以上地区和今后有可能发生破坏性地震地区所有新建、改建、扩建工程都必须进行抗震设防。

抗震设防地区村镇建设中的公共建筑、统建的住宅及乡镇企业的生产、办公用房，必须进行抗震设防，其他建设工程应根据当地经济发展水平，按因地制宜、就地取材的原则，采取抗震措施，提高村镇房屋的抗震能力。国家对需要抗震设防的农村村民住宅和乡村公共设施给予必要支持。

（2）抗震设计　工程勘察设计单位应当按照抗震设防要求和工程建设强制性标准进行抗震设计，并对抗震设计的质量以及出具的施工图设计文件的准确性负责。工程项目的设计文件应有抗震设防的内容，包括设防依据、设防标准、方案论证等。

工程项目抗震设计质量由建设行政主管部门会同有关部门进行审查、监督。

新建工程采用新技术、新材料和新结构体系，均应通过相应级别的抗震性能鉴定，符合抗震要求，方可采用。

施工单位应当按照施工图设计文件和工程建设强制性标准进行施工，并对施工质量负责。

建设单位、施工单位应当选用符合施工图设计文件和国家有关标准规定的材料、构配件和设备。

工程监理单位应当按照施工图设计文件和工程建设强制性标准实施监理，并对施工质量承担监理责任。

建设项目竣工验收时，应对抗震设防的设计要求、构造措施进行检查验收。

3. 抗震加固

（1）抗震鉴定　抗震鉴定工作是一项技术性和综合性很强的工作，必须由有相应资质的设计或工程咨询单位承担。对所有的建设工程不是都需进行抗震鉴定，只有出现下列情况才必须进行抗震鉴定：

1）对未经抗震设防或抗震加固的建设工程。

2）或虽经抗震设防或加固，但未经正式设计进行了改建、大规模装修、安装了大型设备的建设工程。

3）在使用过程中经历过破坏性地震、洪水、风暴等自然灾害，承重结构出现局部倒塌、裂缝、其抗震能力严重受损的建设工程。

抗震鉴定应在对工程场地、原设计、施工情况及工程现状进行全面调查的基础上，分析缺陷原因，提出书面鉴定意见。

（2）抗震加固　抗震加固必须严格按照抗震鉴定、加固设计、设计审查、加固施工、竣工验收的程序进行。经鉴定应予加固的现有建设工程，应当按加固技术规程进行设计和施工。

《中华人民共和国防震减灾法》规定：已经建成的下列建设工程，未采取抗震设防措施或者抗震设防措施未达到抗震设防要求的，应当按照国家有关规定进行抗震性能鉴定，并采取必要的抗震加固措施：

1）重大建设工程。

2）可能发生严重次生灾害的建设工程。

3）具有重大历史、科学、艺术价值或者重要纪念意义的建设工程。

4）学校、医院等人员密集场所的建设工程。

5）地震重点监视防御区内的建设工程。

抗震加固应与城市改造计划、单位和个人的房屋维修、大修计划及企业的技术改造相结合。除有短期地震预报外，对列入城市近期改建、企业改造计划的房屋、工程设施和设备可不进行抗震加固。对临时性建筑不进行抗震加固。

对应当加固的房屋、工程设施和设备均由产权所有者负责进行抗震加固，提出加固计划，并按建设行政主管部门批准的计划期限完成。

5.3　施工图设计文件审查

5.3.1　施工图设计文件审查的概念

施工图设计文件审查是指国务院建设行政主管部门和省、自治区、直辖市人民政府建设行政主管部门依法认定的设计审查机构，根据国家的法律、法规、技术标准与规范，对施工图涉及公共利益、公众安全和工程建设强制性标准的内容进行的独立审查。它是政府主管部门对建设工程勘察设计质量监督管理的重要环节，是基本建设必不可少的程序，工程建设各方必须认真贯彻执行。

建设工程质量与社会公共利益和广大人民生命财产安全息息相关，因此，监督管理好工程质量是政府不可推卸的职责。而工程设计是整个工程建设的灵魂，对建设工程质量有着至关重要的作用。因此，世界上主要发达国家和地区都建立有工程设计施工图审查制度，这是保证工程质量的必要条件。

当前，我国工程建设项目投资主体多元化，勘察、设计单位的企业化等一系列改革使工程设计质量管理工作面临了新情况，而工程设计质量也出现了一些新问题，一些业主及勘察设计单位片面追求自身利益最大化，而忽略社会公共利益和国家利益，使得工程设计质量下降；还有些设计单位和业主片面理解和运用国家规范，使得工程项目侵占了其他项目、个人或社会的利益，造成整个社会资源的浪费。因此，在我国建立施工图审查制度是十分必要的。

《建设工程质量管理条例》中规定："建设单位应当将施工图设计文件报县级以上人民政府建设行政主管部门或其他有关部门审查""县级以上人民政府建设行政主管部门或

交通、水利等有关部门应对施工图设计文件中涉及公共利益、公共安全、工程建设强制性标准的内容进行审查。未经审查批准的施工图设计文件，不得使用。”按规定应当进行审查的施工图，未经审查合格的，住房和城乡建设主管部门不得颁发施工许可证。

5.3.2　施工图审查的范围及内容

1. 施工图审查的范围

《建筑工程施工图设计文件审查暂行办法》规定：凡属建筑工程设计等级分级标准的各类新建、改建、扩建的建设工程项目均须进行施工图审查。各地的具体审查范围，由各省、自治区、直辖市人民政府建设行政主管部门确定。

2. 施工图审查的内容

（1）施工图审查的主要内容　2013年《房屋建筑和市政基础设施工程施工图设计文件审查管理办法》规定，施工图审查的主要内容为：

1）是否符合工程建设强制性标准。

2）地基基础和主体结构的安全性。

3）是否符合民用建筑节能强制性标准，对执行绿色建筑标准的项目，还应当审查是否符合绿色建筑标准。

4）勘察设计企业和注册执业人员以及相关人员是否按规定在施工图上加盖相应的图章和签字。

5）法律、法规、规章规定必须审查的其他内容。

（2）施工图审查与设计咨询的关系　施工图审查的目的是维护社会公共利益、保护社会公众的生命财产安全，因此，施工图审查主要涉及社会公众利益、公众安全方面问题。至于设计方案在经济上是否合理、技术上是否保守、设计方案是否可以改进等这些主要只涉及业主利益的问题，是属于设计咨询范畴的内容，不属于施工图审查的范围。当然，在施工图审查中如发现这方面的问题，也可提出建议，由业主自行决定是否进行修改，如业主另行委托，施工图审查机构也可进行这方面的审查。

5.3.3　施工图审查机构

1. 施工图审查机构应具备的条件

施工图审查是一项专业性和技术性都非常强的工作，此类机构是一般政府公务员难以完成的，所以必须由政府主管部门审定批准的审查机构来承担，它是具有独立法人资格的公益性中介组织。根据2013年《房屋建筑和市政基础设施工程施工图设计文件审查管理办法》将施工图审查按承接业务范围分两类：一类审查机构承接房屋建筑、市政基础设施工程施工图审查业务范围不受限制；二类审查机构可以承接中型及以下房屋建筑、市政基础设施工程的施工图审查。

（1）一类审查机构

1）有健全的技术管理和质量保证体系。

2）审查人员的要求：①应当有良好的职业道德；②有15年以上工作经历；③主持过

不少于 5 项大型房屋建筑工程、市政基础设施工程相应专业的设计或者甲级工程勘察项目相应专业的勘察；④已实行执业注册制度的专业，应当具有一级资格，并在该审查机构注册；⑤未实行执业注册制度的专业，应当具有高级工程师职称；⑥近 5 年内未因违反工程建设法律法规和强制性标准受到行政处罚。

3）专职工作的审查人员数量：

房屋建筑工程施工图设计审查：结构不少于 7 人，建筑不少于 3 人，电气、暖通、给排水、勘察等专业审查人员各不少于 2 人。

市政基础设施工程施工图设计审查：所需专业的审查人员不少于 7 人，其他必须配套的专业审查人员各不少于 2 人。

专门从事勘察文件审查的，勘察专业审查人员不少于 7 人。

承担超限高层建筑工程施工图审查的，还应当具有主持过超限高层建筑工程或者 100m 以上建筑工程结构专业设计的审查人员不少于 3 人。

4）60 岁以上审查人员不超过该专业审查人员规定数的 1/2。

5）注册资金不少于 300 万元。

（2）二类审查机构

1）有健全的技术管理和质量保证体系。

2）审查人员的要求：①应当有良好的职业道德；②有 10 年以上工作经历；③主持过不少于 5 项中型房屋建筑工程、市政基础设施工程相应专业的设计或者乙级工程勘察项目相应专业的勘察；④已实行执业注册制度的专业，应当具有一级资格，并在该审查机构注册；⑤未实行执业注册制度的专业，应当具有高级工程师职称；⑥近 5 年内未因违反工程建设法律法规和强制性标准受到行政处罚。

3）专职工作的审查人员数量：

房屋建筑工程施工图设计审查：结构不少于 3 人，建筑、电气、暖通、给排水、勘察等专业审查人员各不少于 2 人。

市政基础设施工程施工图设计审查：所需专业的审查人员不少于 4 人，其他必须配套的专业审查人员各不少于 2 人。

专门从事勘察文件审查的，勘察专业审查人员不少于 4 人。

4）60 岁以上审查人员不超过该专业审查人员规定数的 1/2。

5）注册资金不少于 100 万元。

2. 施工图审查机构的审批

省、自治区、直辖市人民政府住房和城乡建设主管部门应当按照规定的审查机构条件，结合本行政区域内的建设规模，确定相应数量的审查机构。具体办法由国务院住房和城乡建设主管部门另行规定。审查机构是专门从事施工图审查业务，不以营利为目的的独立法人。省、自治区、直辖市人民政府住房和城乡建设主管部门应当将审查机构名录报国务院住房和城乡建设主管部门备案，并向社会公布。

凡符合上述条件的直辖市、计划单列市、省会城市的设计审查机构，由省、自治区、直辖市住房和城乡建设主管部门初审后，报国务院住房和城乡建设主管部门审批，并颁发施工图设计审查许可证；其他城市设计审查机构由省级住房和城乡建设主管部门审批，并颁发施工图设计审查许可证。施工图审查单位是一个独立的法人单位，它必须承担相关的责任。随着市场化进程的加快，多个审查单位同时存在，共同竞争是发展趋势，国家行政管理和行业管理部门逐渐放弃指定审查单位的做法，采用市场竞争的方式来发展审查行业是一个必然的过程。同时，审查单位不是一个单纯的企业单位，它还肩负着对国家法规、规范、标准的修正和反馈的义务，因此对审查单位资质的管理有一定的复杂性，还需要今后认真对待和研究，使得我国的建设工程施工图审查制度越来越完善。

5.3.4　施工图审查的程序

1. 施工图审查的报送

设计单位在施工图完成后，建设单位应将施工图连同该项目批准立项的文件或初步设计批准文件及主要的初步设计文件一起报送住房和城乡建设主管部门，由住房和城乡建设主管部门委托有关审查机构进行审查。送审管理的具体办法按照“公开、公平、公正”的原则规定。

建设单位应提供下列资料并对资料的真实性负责：

1）作为勘察、设计依据的政府有关部门的批准文件及附件。

2）全套施工图。

3）其他应当提交的材料。

施工图审查是建设程序的审批环节，绝非业主的市场行为。所以，只能向有审批权的政府主管部门报批，再由主管部门交由审查机构审查，而不能由业主自行委托审查机构审查。当然，最合理的做法应是政府认定了一批有资格、成熟可靠的审查机构后，由业主自主委托审查机构审查，政府依据审查结果再行审批。这样，可以增强审查机构的服务意识，也减少政府权力寻租的机会。

施工图审查内容包括有消防、环保、抗震等专项审查项目，这涉及不同行政主管部门的业务范围。为简化手续，提高办事效率，所以《建设工程施工图设计文件审查暂行办法》规定，凡需进行消防、环保、抗震等专项审查的项目，应当逐步做到有关专业审查与结构安全性审查统一报送，统一受理，通过专项审查后，由建设行政主管部门统一颁发设计审查批准书。

2. 施工图审查的要求

1）审查机构在收到审查材料后，应在规定的期限范围内完成审查工作，并提出工作报告。当前规定的具体审查期限为：①大型房屋建筑工程、市政基础设施工程为15个工作日，中型及以下房屋建筑工程、市政基础设施工程为10个工作日；②工程勘察文件，甲级项目为7个工作日，乙级及以下项目为5个工作日。不包括施工图修改时间和审查机构的复审时间。建设单位不得明示或者暗示审查机构违反法律法规和工程建设强制性标准进行施工图审查，不得压缩合理审查周期、压低合理审查费用。

2）审查机构在审查结束后，审查机构应向建设行政主管部门提交书面的施工图审查报告，并应有审查人员签名和审查机构盖章。

3）审查合格的项目，建设行政主管部门收到审查报告后，应及时向建设单位通报审查结果，并颁发施工图审查批准书。审查不合格的项目，由审查机构提出书面意见，并将施工图退回建设单位，交由原设计单位修改后，重新报送。

4）施工图一经审查通过，不得擅自进行修改。如遇特殊情况需要进行涉及审查主要内容的修改时，必须重新报请原审批部门委托审查机构审查，并经批准后，方可实施。

5）施工图审查所需经费，由施工图审查机构向建设单位收取。

3. 争议的解决

建设单位或设计单位对审查机构做出的审查报告有重大分歧时，可由建设单位或设计单位向所在省、自治区、直辖市人民政府建设行政主管部门提出复查申请，省、自治区、直辖市人民政府建设行政主管部门组织专家论证并做出复查结果。

5.3.5　施工图审查各方的责任

1. 设计单位与设计人员的责任

《建设工程质量管理条例》《建设工程勘察设计管理条例》等法规规定：勘察设计单位及其设计人员必须对自己的勘察设计文件的质量负责。这也是国际上通行的规则。它并不因通过了审查机构的审查就可免责。审查机构的审查只是一种监督行为，它只对工程设计质量承担间接的审查责任，其直接责任仍由完成设计的单位和个人负责。如若出现质量问题，设计单位和设计人员还必须依据实际情况和相关法律的规定，承担相应的经济责任、行政责任和刑事责任。

2. 审查机构及审查人员的责任

（1）设计文件质量责任　在设计文件质量上，审查单位和审查人员只负间接的监督责任，因设计质量问题造成的损失，业主只能向设计单位和设计人员追责，审查机构和审查人员在法律上并不承担赔偿责任。

（2）审查机构及审查人员的工作责任　审查机构和审查人员在设计质量问题上的免责并不意味着审查机构和审查人员就不要承担任何责任。对自己的失职行为，审查机构和审查人员必须承担直接责任，这些责任可分为经济责任、行政责任和刑事责任，它将依据具体事实和相关情节依法认定。施工图经审查合格后，仍有违反法律、法规和工程建设强制性标准的问题，给建设单位造成损失的，审查机构依法承担相应的赔偿责任。

审查机构应当建立、健全内部管理制度。施工图审查应当有经各专业审查人员签字的审查记录。审查记录、审查合格书、审查意见告知书等有关资料应当归档保存。

已实行执业注册制度的专业，审查人员应当按规定参加执业注册继续教育；未实行执业注册制度的专业，审查人员应当参加省、自治区、直辖市人民政府住房城乡建设主管部门组织的有关法律、法规和技术标准的培训，每年培训时间不少于40学时。

审查机构有下列行为之一的，责令改正，处3万元罚款，并记入信用档案；情节严重的，不再将其列入审查机构名录：

1）超出范围从事施工图审查的。

2）使用不符合条件审查人员的。

3）未按规定的内容进行审查的。

4）未按规定上报审查过程中发现的违法违规行为的。

5）未按规定填写审查意见告知书的。

6）未按规定在审查合格书和施工图上签字盖章的。

7）已出具审查合格书的施工图，仍有违反法律、法规和工程建设强制性标准的。

审查机构出具虚假审查合格书的，审查合格书无效，处3万元罚款，不再将其列入审查机构名录。

给予审查机构罚款处罚的，对机构的法定代表人和其他直接责任人员处机构罚款数额5%以上10%以下的罚款，并记入信用档案。

审查人员在虚假审查合格书上签字的，终身不得再担任审查人员；对于已实行执业注册制度的专业的审查人员，还应当依照《建设工程质量管理条例》第72条、《建设工程安全生产管理条例》第58条规定予以处罚。

《建筑工程施工图设计文件审查暂行办法》规定：施工图审查机构和审查人员应当依据国家法律和法规与地方技术标准认真履行审查职责。对玩忽职守、徇私舞弊、贪污受贿的审查人员和机构，由建设行政主管部门依法给予暂停或吊销其审查资格、并处以相应的经济处罚。构成犯罪的，依法追究其刑事责任。

3. 政府主管部门的责任

依据相关法律规定，政府各级建设行政主管部门在施工图审查中享有行政审批权，主要负责行政监督管理和程序性审批工作。对设计文件的质量不承担直接责任，但对其审查工作质量，负有不可推卸的责任。具体表现为行政责任和刑事责任。

《建设工程勘察设计管理条例》明确规定：国家机关工作人员在建设工程勘察设计活动的监督管理工作中玩忽职守、滥用职权、徇私舞弊、贪污受贿，构成犯罪的，依法追究其刑事责任；尚不构成犯罪的，依法给予行政处分。

5.4　建设工程勘察设计监督管理

5.4.1　建设工程勘察设计的监督管理

1. 监督管理机构

《建设工程勘察设计管理条例》规定：国家建设行政主管部门对全国的建设工程勘察、设计活动实施统一监督管理。国务院铁路、交通、水利等有关部门按照国务院规定的职责分工，负责全国的有关专业建设工程勘察、设计活动的监督管理。

县级以上建设行政主管部门负责本行政区域内的建设工程勘察、设计活动监督管理，且交通、水利等有关部门在各自的职责范围内，负责本行政区域的有关专业建设工程勘察、设计活动的监督管理。

任何单位和个人对建设工程勘察、设计活动中的违法行为都有权检举、控告、投诉。

2. 监督管理的内容

县级以上人民政府建设行政主管部门或交通、水利等有关部门应对施工图设计文件中涉及公共利益、公共安全、工程建设强制性标准的内容进行审查。未经审查批准的施工图不得使用。

建设工程勘察、设计单位在其勘察、设计资质证书的业务范围内跨部门、跨地区承揽勘察设计任务的，有关地方人民政府及其所属部门不得设置障碍，不得违反国家规定收取任何费用。

5.4.2　违法责任

1. 建设单位的违法责任

违反《建设工程质量管理条例》的行为，必须受到相应的处罚，造成重大安全事故的，还要追究刑事责任。

发包方将建设工程勘察、设计业务发包给不具备相应资质等级的建设工程勘察、设计单位的，责令改正，可处 50 万元到 100 万元以下的罚款。

建设单位在施工图设计文件未经审查或审查不合格，却擅自施工的，将处 20 万元以上 50 万元以下的罚款。

2. 勘察、设计单位的违法责任

（1）非法承揽业务的责任　建设工程勘察、设计单位未取得资质证书承揽勘察设计任务的，予以取缔；以欺骗手段取得资质证书承揽勘察设计任务的，吊销其资质证书；对于超越资质等级许可的范围，或以其他勘察、设计单位的名义承揽勘察设计任务，或允许其他单位或个人以本单位名义承揽建设工程勘察设计任务的建设工程勘察设计单位，可责令其停业整顿，降低资质等级；情节严重的，吊销资质证书。

对于有上述各种行为的勘察、设计单位，还应处合同约定的勘察、设计费 1 倍以上 2 倍以下的罚款，并没收其违法所得。

（2）非法转包的责任　建设工程勘察、设计单位将所承揽的工程进行转包的，责令改正，没收其违法所得，处合同约定勘察费、设计费 25% 以上 50% 以下的罚款，还可责令其停业整顿、降低资质等级；情节严重，吊销其资质证书。

（3）不按规定进行设计的责任　对于不按工程强制性标准进行勘察设计的勘察设计单位，不按勘察成果文件进行设计，或指定建筑材料、建筑构配件生产厂、供应商的设计单位，责令其改正，并处 10 万元以上 30 万元以下的罚款。

因上述行为造成工程事故的，责令停业整顿，降低资质等级；情节严重，吊销资质证书；造成损失的，依法赔偿损失。

3. 勘察设计执业人员的违法责任

个人未经注册，擅自以注册建设工程勘察设计人员的名义从事建设工程勘察、设计活动的，责令停止违法行为；已注册的执业人员和其他专业技术人员，但未受聘于一个建设工程勘察设计单位或同时受聘于两个以上的建设工程勘察设计单位从事有关业务活动的，可责令停止执行业务或吊销资格证书；对于上述人员，还要没收非法所得，并处非法所得的2倍以上5倍以下的罚款，给他人造成损失的，依法承担赔偿责任。

4. 国家机关工作人员的违法责任

国家工作人员在勘察设计监督管理中玩忽职守、滥用职权、徇私舞弊，构成犯罪的，依法追究其刑事责任；尚不构成犯罪的，依法给予行政处罚。

5.5 工程勘察设计法律制度案例

案例分析1

基本案情：

某厂新建一车间，分别与市设计院和市建某公司签订设计合同和施工合同。工程竣工后厂房北侧墙壁发生裂缝，为此该厂向法院起诉市建某公司。经勘察，裂缝是由于地基不均匀沉降引起的，结论是结构设计图所依据的地质资料不准，于是该厂又起诉市设计院。市设计院答辩，设计院是根据该厂提供的地质资料设计的，不应承担事故责任。经法院查证：该厂提供的地质资料不是新建车间的地质资料，事故前设计院也不知道该情况。

[问题]

(1) 事故的责任人是谁?

(2) 某厂所发生的诉讼费应由谁承担?

案例评析：

(1) 该设计合同的主体是某厂和市设计院，施工合同的主体是某厂和市建某公司。根据案情，由于设计图所依据的资料不准确，使地基不均匀沉降，最终导致墙壁裂缝事故，所以，事故所涉及的是设计合同中的责权关系，而与施工合同无关，所以市建某公司没有责任。在设计合同中，提供准确的资料是委托方的义务之一，而且要对资料的可靠性负责，所以委托方提供假地质资料是事故的根源，委托方是事故的责任者之一；市设计院按对方提供的资料设计，似乎没有过错，但是直到事故发生前设计院仍不知道资料虚假，说明在整个设计过程中，设计院并未对地质资料进行认真的审查，使假资料滥竽充数，导致事故发生，所以设计院也是责任者之一。故在此事件中，某厂作为委托方应是事故直接责任人，应负主要责任；设计院作为承接方，应负间接责任，是次要责任人。

(2) 该案件中发生的诉讼费，主要应由某厂负担，市设计院也应承担一小部分。

案例分析2

基本案情：

某市中华楼工程7层框架办公楼于1994年10月24日开工，1995年9月13日完成主体工程，12月8日倒塌，造成死伤数十人，直接经济损失200余万元的特别重大事故。

案例评析：

经调查、取证、鉴定，确认重大事故发生的原因是：

（1）不按标准、规范进行设计和施工是造成事故的主要直接原因

该工程将承台一律设计成 500mm 厚，使绝大多数承台受冲切、受剪、受弯，承载力严重不足。大部分柱下桩基的桩数不够，实际桩数与按规范计算的桩数比较相差 10% ~33%；底层很多柱及 2 层部分柱轴压比超过抗震设计规范规定；底层许多柱实际配筋小于按规范计算需要值，有的柱筋少了近一半；7 层 LL—5 梁悬挑部分断面太小，与梁的计算配筋相差 49%。在施工中，工程施工负责人将基础承台减薄 100mm 左右。工程建设中质量、安全方面的标准、规范属于工程建设强制性标准，必须严格执行。该工程在设计、施工中不执行标准、规范，偷工减料，严重违反了《中华人民共和国标准化法》及其实施条例和工程建设标准法规的有关规定。

（2）设计单位超越资质等级和允许的业务范围是造成该事故的重要原因之一

承担该工程的设计单位是 1992 年 11 月成立的丁级勘察设计所，按当时规定只能承担一般中、小型公共建筑或 7 层无电梯住宅、宿舍及砖混结构的建筑。显然该工程设计是不允许丁级设计单位承担的。

（3）工程施工管理混乱，违反建筑市场管理规定是造成该事故的原因之一

该工程由该市建筑公司承包，该公司将工程交由挂靠该公司的第三工程处施工，第三工程处又聘用持有某技术开发公司中级施工员实习证的农民为现场施工员。另外，该工程 1994 年 10 月 24 日开工，同年 11 月 8 日才补办了《施工许可证》。上述行为严重违反了《建设工程施工现场管理规定》和《建筑市场管理规定》。

案例分析 3

基本案情：

某建设工程项目，建设单位委托飞达监理公司负责施工阶段的监理，目前正在施工。监理工程师在施工准备阶段组织了施工图的会审，施工过程中发现由于施工图的错误，造成承包商停工 2 天，业主代表认为监理工程师对图样会审监理不力，提出要扣监理费 1000 元。

［问题］监理工程师有责任吗？

案例评析：

监理工程师只对监理合同委托范围内的工程质量负责。施工图设计的问题虽然在施工阶段发现，但是图样的问题在设计阶段就已存在，图样的质量不是监理合同的监理范围，业主没有委托设计阶段监理，图样有问题，监理没有责任。监理工程师在施工准备阶段组织的施工图会审，目的是发现设计问题，把问题消灭在审图阶段，以免给业主带来更大的损失。监理工程师对施工图的会审，不能免除设计院对图样质量的责任。

案例分析 4

A 建筑设计事务所承揽了某校办公楼的勘察设计任务，随后又承揽到另一项投资更大的住宅小区整体设计，于是将全部办公楼的设计中途私下委托给相熟的业务关系单位 B 建

筑设计事务所。B事务所完成全部施工设计图时已临近办公楼预定的开工日期，某校立即开始进行施工单位的招标，保证了按期施工。试对本案例进行分析。

案例评析：

工程勘察设计可将整个工程建设勘察设计发包给一家勘察设计单位，也可分别发包给几个勘察设计单位。还可以经发包方书面同意，将除建设工程主体部分外的其他部分的勘察设计分包给具有相应资质等级的其他勘察设计单位。但是，工程建设勘察设计单位不得将所承包的建设工程勘察设计进行转包。

建设工程勘察设计单位将所承揽的工程进行转包的，责令改正，没收其违法所得，处合同约定勘察费、设计费25%以上50%以下的罚款，还可责令其停业整顿、降低资质等级，情节严重，吊销其资质证书。

《建筑工程施工图设计文件审查暂行办法》规定：凡属建筑工程设计等级分级标准的各类新建、改建、扩建的建设工程项目均须进行施工图审查。

《建设工程质量管理条例》中规定："建设单位应当将施工图设计文件报县级以上人民政府建设行政主管部门或其他有关部门审查""县级以上人民政府建设行政主管部门或交通、水利等有关部门应对施工图设计文件中涉及公共利益、公共安全、工程建设强制性标准的内容进行审查。未经审查批准的施工图设计文件，不得使用。"

建设单位在施工图设计文件未经审查或审查不合格，却擅自施工的，将处20万元以上50万元以下的罚款。

本案A建筑设计事务将所承揽的某校办公楼的勘察设计任务转包给B建筑设计事务所，这明显违反了《建设工程质量管理条例》第20条规定：工程建设勘察设计单位不得将所承包的建设工程勘察设计进行转包。应限期责令改正，并处合同约定勘察费、设计费25%以上50%以下的罚款。拒不改正，则责令其停业整顿，情节严重，吊销其资质证书。

另外，某校为赶工期未对施工图进行审查，草草施工招标，违反了《建设工程施工图设计文件审查暂行办法》和《建设工程质量管理条例》的规定，将处20万元以上50万元以下的罚款。

思　考　题

1. 什么是工程勘察？什么是工程设计？
2. 工程设计的原则是什么？
3. 工程设计分几段进行？其内容和深度都有什么要求？
4. 何谓建设工程抗震？建设工程抗震包括哪几方面工作？哪些工程必须进行抗震设防？
5. 何谓施工图设计文件审查？为什么要进行施工图设计的审查？
6. 施工图设计文件审查的范围和内容有哪些？
7. 施工图审查中有关各方应承担的责任是什么？

第 6 章 建筑法律制度

我国于 1997 年 11 月 1 日颁布的《中华人民共和国建筑法》(简称《建筑法》)标志着我国工程建设领域走上了法制轨道。工程建设活动是一个复杂的、系统化的过程，包括前期的策划和可行性研究、建设准备和建设实施等一系列程序，其中建设实施又分为勘察设计和施工阶段。需要注意的是，《建筑法》仅仅调整工程建设实施过程中的施工阶段。因此《建筑法》主要针对工程施工许可、施工单位和人员的从业资格、建筑工程发包与承包、安全生产、监理及建筑工程质量等工程施工环节进行规定。

本章以讲述《建筑法》为主干，同时介绍了《中华人民共和国招标投标法》《建设工程质量管理条例》《建设工程监理规范》和《建设工程安全生产管理条例》等相关法规。

6.1 概述

6.1.1 建筑法的概念和调整对象

1. 建筑法的概念

把建筑作为一个动态过程的话，是指建筑活动，即从勘察设计到施工活动的全过程。建筑活动是指各类房屋及其附属设施的建造和与其配套的线路、管道、设备的安装活动。

建筑法有广义和狭义之分。狭义的建筑法，即形式意义的建筑法，是指国家立法机关制定的统一调整建设单位、建筑从业单位及从业者、建设行政机关在建筑活动中的市场准入、工程发包与承包、勘察、设计、施工、竣工验收直至交付使用等各个环节所发生的各种社会关系的基本法律，即于 1998 年 3 月 1 日起施行的《中华人民共和国建筑法》。该法共八章八十五条，它是调整我国建筑活动的基本法律。该法以规范建筑市场行为为出发点，以建筑工程质量和安全为主线，对建筑许可、建筑工程发包与承包、建筑工程监理等建筑活动全过程中的技术、经济和管理活动进行了全方位的规范和约束。

广义的建筑法，即实质意义的建筑法，是指以在建筑活动中和建筑管理活动中形成的社会关系为调整对象的法律规范体系，是包括《建筑法》在内的各种法律、行政法规、部门规章、地方立法和司法解释等组成的有机整体。

2. 建筑法的调整对象

建筑法律规范调整的对象是人们在建筑领域从事建筑活动所形成的人与人之间的权利

和义务关系，这种关系是人们在动态活动过程中形成的。主要有两种社会关系：一是从事建筑活动过程中所形成的社会关系；二是在实施建筑活动管理过程中所形成的社会关系。

（1）建筑经济协作关系　参加建筑活动的各部门、各单位、各行业在建筑活动协作过程中发生的以具有物质利益为中心的社会关系，主要表现在建设工程合同的签订与履行中。它是各主体根据自愿、平等、互利的原则建立的，这些关系一般与国家计划、产业规划、国际竞争密切关联，影响着整个建筑市场的整体运行状况和全局利益，因此这种关系是建筑法调整的主要对象。

（2）建筑行政、经济管理关系　指在建筑活动过程中建设行政管理部门与建筑活动参加者之间发生的管理与被管理的纵向社会关系。具体规范了工程项目建设程序、招标投标、工程投资等内容，在这种关系中，参与者各方的地位是不平等的，且处于不同层次，相互间表现出管理与被管理、领导与被领导、监督与被监督的关系。

6.1.2　建筑法的立法目的和适用范围

1. 建筑法的立法目的

《建筑法》第1条：“为了加强对建筑活动的监督管理，维护建筑市场秩序，保证建筑工程的质量与安全，促进建筑业健康发展，制定本法。”即规定了立法的目的。

（1）加强对建筑活动的监督管理　建筑业是国民经济的基础产业之一，它的健康发展为其他各项建设事业的发展和人民群众生活水平的提高提供必要的物质条件的同时，也带动了其他相关产业的发展，成为我国国民经济的支柱产业。改革开放以来，随着国民经济和社会的发展，我国建筑业也有了很大的发展。我国有组织的建筑施工队伍由新中国成立初期的20多万人，增长到2008年底的建筑业的从业人员4.1亿人左右。但在我国建筑业的发展过程中，也存在一些不容忽视的问题，建筑市场中主体行为不规范；在工程承发包活动中行贿受贿；一批不具备从事建筑活动所应有的资质条件的包工队通过“挂靠”或其他违法手段承包工程等种种问题，这些严重破坏了建筑市场的正常秩序，必须予以高度重视，采取有效措施切实加以解决。

（2）维护建筑市场秩序　建筑市场是我国社会主义市场经济的组成部分，需要确定与社会主义市场经济相适应的市场管理体系。改革开放以来，建筑业成为较早进入市场的行业，在新管理体制转轨时期，由于原有的建筑业管理体制、管理手段等已远不能适应改革开放和市场发展的需要，而新的管理模式又未能有效建立起来，建筑市场出现了一些混乱现象，危及了建筑工程的质量和安全，影响了建筑业的健康发展。制定建筑法的目的就是在于，确立建筑市场运行必须遵守的基本规则，对违反建筑市场法定规则的行为依法追究法律责任。这对于构筑建筑市场竞争有序的市场秩序，保证建筑业在市场经济的条件下健康发展，是非常必要的。

（3）保证建筑工程的质量和安全　建筑工程具有造价高、使用周期长的特点，与其他产品相比，其质量问题显得更为重要，建筑工程发生质量问题，将造成重大的人身伤亡和财产损失。因此，质量和安全是建筑工程的生命和根本，是百年大计的根本。《建筑法》以质量和安全为主线作出了若干重要规定，符合国家的建筑工程安全标准和国家关于建筑工程质量管理条例，这对保证建筑工程的质量和安全具有重大意义。

（4）促进建筑业健康发展 法律作为上层建筑，是为经济基础服务，为促进社会生产力发展服务的。制定建筑法，确立从事建筑活动必须遵守的基本规范，依法加强对建筑活动的监督管理，其最终目的，是为了促进建筑业的健康发展，以适应社会主义现代化建设的需要。

2. 建筑法的适用范围

《建筑法》第 2 条规定，在中华人民共和国境内从事建筑活动，实施对建筑活动的监督管理，应当受建筑法制约。

1）适用的地域范围，是中华人民共和国境内。但不适用于我国已恢复行使主权的我国香港特别行政区和澳门特别行政区。中国香港和澳门的建筑立法，应由这两个特别行政区的立法机关自行制定。依法核定作为文物保护的纪念建筑物和古建筑等的修缮，依照文物保护的有关法律规定执行。抢险救灾及其他临时性房屋建筑和农民自建低层住宅的建筑活动，不适用本法。军用房屋建筑工程建筑活动的具体管理办法，由国务院、中央军事委员会依据本法制定。

2）《建筑法》适用的主体范围包括，一切从事建筑活动的主体和各级依法负有对建筑活动实施监督管理的政府机关。第一，一切从事建筑活动的主体，包括从事建筑工程的勘察、设计、施工、监理等活动的国有企业事业单位、集体所有制的企业事业单位、中外合资经营企业、中外合作经营企业、外资企业、合伙企业、私营企业及依法可以从事建筑活动的个人，不论其经济性质如何、规模大小，只要从事《建筑法》所规定的建筑活动，都应遵守各项规定。第二，各级依法负有对建筑活动实施监督管理的政府机关，包括建设行政主管部门和其他有关主管部门，都应当依照《建筑法》的规定，对建筑活动实施监督管理。

6.2 建筑许可

建筑许可是指建设行政主管部门或者其他有关行政主管部门准许、变更和终止公民、法人和其他组织从事建筑活动的具体行政行为。实行建筑许可制度有利于国家对基本建设进行宏观调控和对从事建筑活动的单位和人员进行总量控制，有利于规范建筑市场，保证建筑工程质量和建筑安全生产，也有利于保护从事建筑活动的单位和个人的合法权益。

《建筑法》的第二部分共 8 条，规定了建筑许可制度，分为建筑工程施工许可和从业资格两部分。

6.2.1 建筑工程施工许可

1. 施工许可的规范

《建筑法》第 7 条规定：“建设工程开工前，建设单位应当按照国家有关规定向工程所在地县级以上人民政府建设行政主管部门申请领取施工许可证；但是，国务院建设行政主管部门确定的限额以下的小型工程除外。按照国务院规定的权限和程序批准开工报告的建筑工程，不再领取施工许可证。”

新建、扩建、改建的建筑工程，建设单位必须在开工前向建设行政主管部门或其授权的部门申请建设工程施工许可证。未领取施工许可证的，不得开工；已开工的，必须立即停工，办理施工许可证手续。否则由此引起的经济损失由建设单位承担责任，并视违法情节，对建设单位做出相应处罚。

在我国对有关建筑工程实行施工许可证制度，有利于保证开工建设的工程符合法定条件，在开工后能够顺利进行；同时也便于有关行政主管部门全面掌握和了解其管辖范围内有关建筑工程的数量、规模、施工队伍等基本情况，及时对各个建筑工程依法进行监督和指导，保证建筑活动依法进行。

2. 申请领取施工许可证的条件

施工许可证的申请条件，是指申请领取施工许可证应当达到的要求。《建筑法》第8条规定申请领取施工许可证，应当具备下列条件：

1）已经办理该建筑工程用地批准手续。办理用地批准手续是建筑工程依法取得的土地使用权的必经程序，只有依法取得土地使用权，建筑工程才能开工。根据《城市房地产管理法》《土地管理法》的规定，建设单位从国家手中取得建筑工程用地土地使用权，可以通过出让和划拨两种方式。建设单位取得由县级以上人民政府颁发的土地使用权证书表明已经办理了该建筑工程用地批准手续。

2）在城市规划区的建筑工程，已经取得规划许可证。这是在城市规划区内的建筑工程开工建设的前提条件。根据《城乡规划法》的规定，在城市规划区内的建筑工程，建设单位在依法办理用地批准手续之前，还必须先取得该工程的建设用地规划许可证。这不仅可以确保该项工程的土地利用符合城市规划，而且还可以使建设单位按照规划使用土地的合法权益不被侵犯。

3）需要拆迁的，其拆迁进度符合施工要求。拆迁是指为了新建工程的需要，将该建筑工程区域内的原有建筑物、构筑物及其他附着物拆除和迁移。对在城市旧区进行建筑工程的新建、改建、扩建，拆迁是施工准备的一项重要任务。对成片进行综合开发的建筑工程，应根据建筑工程建设计划，在满足施工要求的前提下，分期分批进行拆迁。拆迁的进度必须符合工程开工的要求，这是保证该建筑工程正常施工的基本条件。

4）已经确定建筑施工企业。建筑施工企业是具体负责实施建筑施工作业的单位，按照规定，在工程开工前，建设单位必须通过招标发包或直接发包的方式依法确定具备同该工程建设规模和技术要求等相适应的资质条件的建筑施工企业，并签订施工合同。

5）有满足施工需要的施工图及技术资料。施工图和技术资料是进行工程施工作业的技术依据，是在施工过程中保证建筑工程质量的重要因素。因此，为了保证工程质量，在开工前必须有满足施工需要并通过审查的施工图和技术资料。

6）有保证工程质量和安全的具体措施。保证工程质量和安全的具体措施是施工组织设计的一项重要内容。施工组织设计的编制是施工准备工作的中心环节，其编制的好坏直接影响建筑工程质量和建筑安全生产，影响组织施工能否顺利进行。因此，施工组织设计必须在建筑工程开工前编制完毕。

7）建设资金已经落实。在建筑工程施工过程中必须拥有足够的建设资金，这是保证施工顺利进行的重要物质保障。申请领取施工许可证时必须有已经落实的建设资金，以避免在工程开工后因缺乏资金而使施工活动无法继续进行，同时还可以防止某些建设单位要求施工企业垫资或带资承包现象发生。对建设资金来源不落实、资金到位无保障的建设项目不能颁发施工许可证。如对于建设工期不足一年的，到位资金原则上不得少于工程合同价的 30%。

8）法律、行政法规规定的其他条件。这是指法律、行政法规对施工许可证申领条件的特别规定。由于建筑工程的施工活动本身复杂，各类建筑工程的施工方法、技术要求等不同，申请领取施工许可证的条件也有其复杂性和诸多不同特点，很难用列举的方式把这些条件都包容进去。况且，对建筑活动的管理正在不断完善，施工许可证的申领条件也会发生变化。为了保证施工许可证申领的统一性和权威性，这项规定只有由全国人大及其常委会制定的法律和国务院制定的行政法规，才可以增加施工许可证的其他条件，其他法规，如部门规章、地方性法规和规章均不得规定增加施工许可证的申领条件。

上述八个方面，是建设单位申领施工许可证所必须具备的必要条件，这八个条件，必须同时具备，缺一不可。

3. 施工许可证的有效期限

《建筑法》第 9 条规定：建设单位应当自领取施工许可证之日起三个月内开工。因故不能按期开工的，应当向发证机关申请延期；延期以两次为限，每次不超过三个月。既不开工又不申请延期或者超过延期时限的，施工许可证自行废止。

4. 中止施工和恢复施工

《建筑法》第 10 条规定：在建的建筑工程因故中止施工的，建设单位应当在中止施工之日起一个月内，向发证机关报告，并按照规定做好建设工程的维护管理工作。建筑工程恢复施工时，应当向发证机关报告；中止施工满一年的工程恢复施工前，建设单位应当报发证机关核验施工许可证。

5. 建筑工程开工报告

开工报告制度是我国建设领域长期实施的一项制度。根据《建筑法》第 11 条规定：按照国务院有关规定批准开工报告的建筑工程，因故不能按期开工或者中止施工的，应当及时向批准机关报告情况。因故不能按期开工超过六个月的，应当重新办理开工报告的批准手续。

6.2.2　工程建设从业资格许可制度

建筑活动从业资格许可制度包括从事建筑活动的企业或单位的从业资格许可制度和从事建筑工程活动的个人的执业资格许可制度。

1. 工程建设从业单位资质管理

从业单位资质管理是通过对企业的人员素质、管理水平、资金数量、业务能力等进行审查，以确定其承担任务的范围，并发给相应的资质证书的一种制度。相关法律有《建筑企业资质等级标准》《建筑工程监理单位资质管理施行办法》《建筑业企业资质管理办法》等。《建筑法》第 12 条规定，从事建筑活动的建筑施工企业、勘察单位、设计单位和工程监理单位，应当具备下列条件：

1）有符合国家规定的注册资本。

2）有与其从事的建筑活动相适应的具有法定执业资格的专业技术人员。

3）有从事相关建筑活动所应有的技术装备。

4）法律、行政法规规定的其他条件。

从事建筑活动的建筑施工企业、勘察单位、设计单位和工程监理单位，按照其拥有的注册资本、专业技术人员、技术装备和已完成的建筑工程业绩等资质条件，划分为不同的资质等级，经资质审查合格，取得相应等级的资质证书后，方可在其资质等级许可的范围内从事建筑活动。目前按照我国相关法律、法规规定：

1）房地产开发企业按照企业条件分为一、二、三、四共四个资质等级。

2）工程总承包企业按照企业条件分为一、二、三共三个资质等级。

3）工程勘察综合资质只设甲级；工程勘察专业资质根据工程性质和技术特点设立类别和级别，原则上设甲、乙两个级别。

4）工程设计综合资质只设甲级；工程设计行业资质设甲、乙、丙三个级别；工程设计专项资质一般设为甲、乙两个级别。

5）建筑业企业资质分为施工总承包、专业承包和施工劳务三个序列。其中施工总承包序列设有12个类别，一般分为4个等级（特级、一级、二级、三级）；专业承包序列设有36个类别，一般分为3个等级（一级、二级、三级）；施工劳务序列不分类别和等级。

6）工程监理企业分为甲、乙、丙共三级。

2. 工程建设专业技术人员执业资格管理

工程建设从业人员执业资格制度，是指建设行政主管部门及有关部门对从事建筑活动的专业技术人员，依法进行考试和注册，并颁发执业资格证书的一种制度。

《建筑法》第14条规定：从事建筑活动的专业技术人员，应当依法取得相应的执业资格证书，并在执业资格证书许可的范围内从事建筑活动。

建筑行业除实行注册建筑师、注册结构工程师、注册监理工程师、注册造价工程师、注册规划师、注册建造师制度等外，还有注册咨询工程师、注册土木工程师（岩土）、注册土木工程师（港口与航道工程）等注册工程师制度。

为规范建筑工程从业人员的执业资格管理，国务院相关主管部门制定了具有可操作性的相关法律，如《中华人民共和国注册建筑师条例》《中华人民共和国注册建筑师条例实施细则》《注册结构工程师执业资格制度暂行规定》等。

6.3 建筑工程发包与承包

6.3.1 概述

1. 建筑工程发包与承包的概念

工程建设项目一般需进行招标投标，这里工程建设项目是指工程及与工程建设有关的货物、服务。所谓工程，是指建设工程，包括建筑物和构筑物的新建、改建、扩建及其相关的装修、拆除、修缮等；所称与工程建设有关的货物，是指构成工程不可分割的组成部分，且为实现工程基本功能所必需的设备、材料等；所称与工程建设有关的服务，是指为完成工程所需的勘察、设计、监理等服务。

建筑工程的发包，是指建筑工程的建设单位（或总承包单位）将建筑工程任务（勘察、设计、施工等）的全部或一部分通过招标或其他方式，交付给具有从事建筑活动的法定从业资格的单位完成，并按约定支付报酬的行为。

建筑工程的承包，即与建筑工程发包相对应，是指具有从事建筑活动的法定从业资格的单位，通过投标或其他方式，承揽建筑工程任务，并按约定取得报酬的行为。

建筑工程发包和承包的内容涉及工程建设的全过程，包括可行性研究的承发包、工程勘察设计的承发包、材料及设备采购承发包、工程施工的承发包、工程劳务的承发包、工程项目监理的承发包、工程项目管理的承发包等。但在实践中，建筑工程承发包的内容较多的是指建筑工程勘察设计、施工的承发包。

2. 我国对工程承发包约束的法律规范

《建筑法》第三部分共十五条，对我国建筑工程发包与承包活动的基本原则以及发包与承包活动应遵守的具体行为规范作了规定。除此之外，1999 年 8 月 30 日第九届全国人大常委会第十一次会议上通过了《中华人民共和国招标投标法》（简称《招标投标法》），并于 2000 年 1 月 1 日开始实施，这标志着工程建设招标投标活动进入法制轨道，真正做到有法可依。此外还颁布了《建设工程设计招标投标管理办法》《工程建设项目招标代理机构资格认定办法》《工程建设项目施工招标投标办法》和《工程建设项目招标范围和规模标准规定》，特别是 2011 年 11 月 30 日国务院第 183 次常务会议通过，2012 年 2 月 1 日起施行的《中华人民共和国招标投标法实施条例》（简称《招标投标法实施条例》）等。

3. 建筑工程发包与承包的方式

《建筑法》第 19 条规定：建筑工程依法实行招标发包，对不适于招标发包的可以直接发包。也就是说建筑工程的发包方式有两种，即招标发包和直接发包，招标又分为公开招标和邀请招标。

建筑工程直接发包是发包方与承包方直接进行协商，以约定工程建设的价格、工期和其他条件的交易方式。《招标投标法实施条例》第 9 条规定，下列工程项目可以不进行招标投标而直接发包：

1）涉及国家安全、国家秘密、抢险救灾或者属于利用扶贫资金实行以工代赈、需要使用农民工等特殊情况。

2）需要采用不可替代的专利或者专有技术。

3）采购人依法能够自行建设、生产或者提供。

4）已通过招标方式选定的特许经营项目投资人依法能够自行建设、生产或者提供。

5）需要向原中标人采购工程、货物或者服务，否则将影响施工或者功能配套要求。

6）国家规定的其他特殊情形。

根据《招标投标法》第 11 条规定，国务院发展计划部门确定的国家重点项目和省、自治区、直辖市人民政府确定的地方重点项目不适宜公开招标的，经国务院发展计划部门或者省、自治区、直辖市人民政府批准，可以进行邀请招标。

《招标投标法实施条例》第8条规定：国有资金占控股或者主导地位的依法必须进行招标的项目，应当公开招标；但有下列情形之一的，可以邀请招标：

1）技术复杂、有特殊要求或者受自然环境限制，只有少量潜在投标人可供选择。

2）采用公开招标方式的费用占项目合同金额的比例过大。该项目审批、核准部门在审批、核准项目时作出认定。

其他项目由招标人申请有关行政监督部门作出认定。

需注意，就涉及国家安全项目分两种情况，不适宜招标和适宜招标但不适宜公开招标，前者经批准可以不招标而直接分包，后者则经批准后需要邀请招标。

建设工程招标与投标是发包方事先标明其拟建工程的内容和要求，有愿意承包的单位递送标书，明确其承包工程的价格、工期和质量等条件，再由发包方从中择优选择工程承包方的交易方式。这是我国的基本发包方式。

《招标投标法》第3条规定：在中华人民共和国境内进行下列工程建设项目包括项目的勘察、设计、施工、监理以及与工程建设有关的重要设备、材料等的采购，必须进行招标：

1）大型基础设施、公用事业等关系社会公共利益、公众安全的项目。

2）全部或者部分使用国有资金投资或者国家融资的项目。

3）使用国际组织或者外国政府贷款、援助资金的项目。

2000年5月1日国家发改委发布《工程建设项目招标范围和规模标准规定》，将强制招标的范围进一步界定为：

1）关系社会公共利益、公众安全的基础设施项目的范围包括：能源、交通运输、邮电通信、水利、城市设施、生态环境保护等项目。

2）关系社会公共利益、公众安全的公用事业项目的范围包括：市政工程、科技、教育、文化、卫生、社会福利、商品住宅等项目。

3）使用国有资金投资项目的范围，包括：使用各级财政预算资金项目，纳入财政管理的各种政府性专项建设基金项目，国有企事业单位自有资金项目等。

4）国家融资项目的范围包括：国家使用发行债券所筹资金项目，国家对外借款或者担保所筹资金项目，国家政策性贷款项目，国家授权投资主体融资项目，国家特许的融资项目等。

5）使用国际组织或者外国政府资金的项目的范围包括使用世界银行、亚洲开发银行等国际组织贷款的项目，外国政府及其机构贷款的项目，国际组织或外国政府援助资金的项目等。

上述规定范围内的各类工程建设项目达到下列标准之一的，必须进行招标：

1）施工单项合同估算价在200万元人民币以上。

2）重要设施、材料等货物采购，单项合同估算价在100万元人民币以上。

3）勘察、设计、监理等服务采购，单项合同估算价在50万元人民币以上。

4）单项合同估算价低于以上标准，但项目总投资额在3000万元人民币以上。

《招标投标法实施条例》第 3 条规定：依法必须进行招标的工程建设项目的具体范围和规模标准，由国务院发展改革部门会同国务院有关部门制订，报国务院批准后公布施行。

由此也就再没有授权省级人民政府可根据实际情况规定本行政区域必须进行招标的工程建设项目具体范围和规模标准。

4. 建筑工程发包与承包的一般规定

（1）建筑工程发包与承包合同必须采用书面形式　建设工程承发包合同必须采用书面形式，其他形式合同不符合法律规定而无效。

（2）建筑工程承发包中，禁止行贿受贿　发包单位及其工作人员在建筑工程发包中不得收受贿赂、回扣或者索取其他好处。承包单位及其工作人员不得利用向发包单位及其工作人员行贿、提供回扣或者给予其他好处等不正当手段承揽工程。

（3）承包单位必须具有相应资格　工程建设活动都实行执业资格制度。承包建筑工程的勘察、设计、施工、监理等单位应当持有依法取得的资质证书，并在其资质等级许可的业务范围内承揽工程。

（4）提倡总承包、禁止肢解分包和转包　肢解分包是指建设单位将应当由一个承包单位完成的建筑工程肢解成若干部分发包给不同承包单位的行为。建筑工程的发包单位可以将建筑工程的勘察、设计、施工、设备采购一并发包给一个工程总承包单位；也可以将建筑工程勘察、设计、施工、设备采购的一项或者多项发包给一个工程总承包单位；但是，不得将应当由一个承包单位完成的建筑工程肢解成若干部分发包给几个承包单位。

大型建筑工程或者结构复杂的建筑工程，可以由两个或两个以上的承包单位联合共同承包。共同承包的各方对承包合同的履行承担连带责任。两个以上不同资质等级的单位实行联合共同承包的，应当按照资质等级低的单位的业务许可范围承揽工程。

建筑工程总承包单位可以将承包工程中的部分工程发包给具有相应资质条件的分包单位。但是，除总承包合同中约定的分包外，其他分包工程必须经建设单位认可。施工总承包的，建筑工程主体结构的施工必须由总承包单位自行完成。建筑工程总承包单位按照总承包合同的约定对建设单位负责，分包单位按照分包合同的约定对总承包单位负责。总承包单位和分包单位就分包工程对建设单位承担连带责任。

转包是指承包单位承包建设工程后，不履行合同的责任与义务，将其承包的建筑工程全部转包给他人。禁止承包单位将其承包的全部建筑工程肢解以后以分包的名义分别转包给他人；禁止总承包单位将工程分包给不具备相应资质条件的单位；禁止分包单位将其承包的工程再分包。

6.3.2　招标投标的一般程序

招标投标活动应遵从的一般程序如图 6-1 所示。

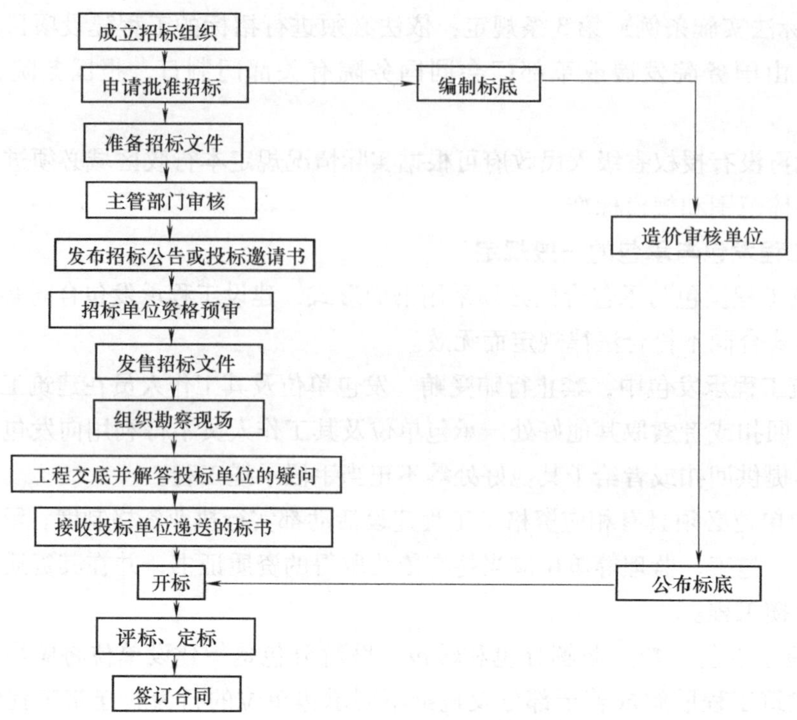

图6-1　招标投标的一般流程

6.3.3　建筑工程招标

1. 建筑工程招标投标的基本原则

《招标投标法》第5条规定：招标投标活动应当遵循公开、公正、公平、诚实信用的原则。

所谓公开，要求招投标活动具有较高的透明度，实行招标信息、招标程序公开。发布招标公告、公开开标、公开中标结果，每个投标人获得同等的信息量。

公平，要求给予投标人平等的机会，使其享有同等的权利并履行相应的义务。

公正，要求评标时按事先公布的标准对待所有的投标人。

诚实信用，是民事活动的基本原则之一，招投标当事人应以诚实、善意的态度行使权利，履行义务，以维持双方的利益平衡，以及自身利益与社会利益的平衡。

此外，招标投标活动应当遵循不得进行部门、地方保护和不得非法干涉的原则。

2. 工程招标的条件

（1）实行招标的工程应具备的条件　《招标投标法》第9条规定：招标项目按照国家有关规定需要履行项目审批手续的，应当先履行审批手续，取得批准。

《工程建设项目施工招标投标办法》第8条明确规定，依法必须招标的工程建设项目，应当具备下列条件才能进行施工招标：

1）招标人已经依法成立。

2）初步设计及概算应当履行审批手续的，已经批准。

3）有相应资金或资金来源已经落实。

4）有招标所需的设计图及技术资料。

这样在一定程度上可以遏制建设领域承包单位垫资承包，建设单位虚假出资，扰乱建设秩序和建设市场，拖欠工人工资现象的出现。

（2）招标单位及招标代理机构　根据《招标投标法》第 8 条规定，招标人是依照《招标投标法》规定提出招标项目、进行招标的法人或其他组织。建筑工程招标发包的招标人，通常为该建筑工程的投资人即项目业主或建设单位，对不具备自行招标条件的建设单位，可委托招标代理机构进行招标。

《工程建设项目自行招标试行办法》规定，招标人自行办理招标事宜的，应当具有编制招标文件和组织评标的能力，具体包括：

1）具有项目法人资格（或者法人资格）。

2）具有与招标项目规模和复杂程度相适应的工程技术、概预算、财务和工程管理方面专业技术力量。

3）具有从事同类工程建设项目招标经验。

4）设有专门的招标机构或拥有 3 名以上取得招标职业资格的专职招标业务人员。

5）熟悉和掌握招标投标法及有关法规规章。

不具备以上条件的建设单位，必须委托有资格的招标代理机构办理招标。

招标代理机构是依法设立、从事招标代理业务并提供相关服务的社会中介组织。它可以接受招标人委托编制工程招标方案、招标文件、工程标的、组织招标过程和草拟工程合同等。其资质等级分为甲、乙级，由国务院或者省、自治区、直辖市人民政府的建设行政主管部门认定。招标代理机构应当具备下列基本条件：

1）有从事招标代理业务的营业场所和相应资金。

2）有能够编制招标文件和组织评标的相应专业力量。

3）有符合法律规定条件，可以作为评标委员会成员人选的技术、经济等方面的专家库。

3. 建筑工程招标的方式

《招标投标法》第 10 条规定：招标分为公开招标和邀请招标。

（1）公开招标　公开招标又称为无限竞争性招标，是指招标人以招标公告的方式邀请不特定的法人或者其他组织投标。这种招标方式的优点是，所有承包商平等竞争，杜绝暗箱操作，减少经济、职务犯罪；业主有较大的选择余地，选择到信誉好、技术高、造价合理的施工单位，降低工程造价，提高工程质量和缩短工期。但其也具有招标工作量大、投标人前期风险增大的缺点。

《工程建设项目施工招标投标办法》第 10 条规定：按照国家有关规定需要履行项目审批、核准手续的依法必须进行施工招标的工程建设项目，其招标范围、招标方式、招标组织形式应当报项目审批部门审批、核准。项目审批、核准部门应当及时将审批、核准确定的招标内容通报有关行政监督部门。

（2）邀请招标　邀请招标又称有限竞争性招标，是指招标人以投标邀请书的方式邀请特定的法人或者其他组织招标。招标人经过调研，确定不少于3家承包商，邀请参加投标竞争。这种招标方式缩短了招标时间，但限制了充分竞争，因此，一般尽量采用公开招标。《工程建设项目施工招标投标办法》第11条规定了可以进行邀请招标的情况。

4. 招标的一般工作

（1）提出招标申请　建设工程项目只有在具备了如前所述的满足申请招标必备的条件后，才能进行招标。招标申请书的主要内容有，招标工程具备的条件；建设单位具备的资质；拟采用的招标方式；对投标企业的资质要求等。经招标投标管理中心审查批准后，进行招标登记，领取有关招标投标用表。

（2）发布招标公告或投标邀请书《招标投标法》第16条规定：“招标人采用公开招标方式的，应当发布招标公告。依法必须进行招标的项目的招标公告，应当通过国家指定的报刊、信息网络或者其他媒介发布。”

《招标投标法》第17条规定：“招标人采用邀请招标方式的，应当向三个以上具备承担招标项目能力、资信良好的特定法人或者其他组织发出投标邀请书。”

招标公告或投标邀请书应当载明招标人的名称和地址、招标项目的性质、数量、实施地点和时间以及获取招标文件的办法等事项。

（3）编制招标文件　招标文件是招标人向投标人发出的，旨在向投标人提供为编写投标文件所需要的资料，并向其通报招标投标将依据的规则和程序等项内容的书面文件。

《招标投标法》第19条规定：招标人应当根据招标项目的特点和需要编制招标文件。招标文件应当包括招标项目的技术要求、对招标人资格审查的标准、投标报价要求和评标标准等所有实质性要求和条件，以及拟签订合同的主要条款。国家对招标项目的技术、标准有规定的，招标人应当按照其规定在招标文件中提出相应要求。招标项目需要划分标段、确定工期的，招标人应当合理划分标段、确定工期，并在招标文件中载明。

标底是招标工程的预期价格。它的作用是使建设单位预先明确自己在拟建工程上应承担的财务义务；给上级主管部门提供核实建设规模的依据；作为衡量投标单位标价的准绳。招标人可根据项目特点决定是否编制标底，编制标底的，编制过程和标底必须保密；招标项目可不设标底，进行无标底招标。

对技术复杂或者无法精确拟定技术规格的项目，招标人可以分两阶段进行招标。

第一阶段，投标人按照招标公告或者投标邀请书的要求提交不带报价的技术建议，招标人根据投标人提交的技术建议确定技术标准和要求，编制招标文件。

第二阶段，招标人向在第一阶段提交技术建议的投标人提供招标文件，投标人按照招标文件的要求提交包括最终技术方案和投标报价的投标文件。

招标人要求投标人提交投标保证金的，应当在第二阶段提出。

（4）对投标人的资格审查　《招标投标法》第18条及《工程建设项目施工招标投标办法》第16条、17条和《招标投标法实施条例》第15条，对资格预审的有关事项进行了规定：招标人可以根据招标工程的需要，对投标申请人进行资格预审，也可以委托工程招标代理机构对投标申请人进行资格预审。招标人采用资格预审办法对潜在投标人进行资格审查的，应当发布资格预审公告、编制资格预审文件。依法必须进行招标的项目的资格预审公告和招标公告，应当在国务院发展改革部门依法指定的媒介发布。在不同媒介发布的同一招标项目的资格预审公告或者招标公告的内容应当一致。指定媒介发布依法必须进行招标的项目的境内资格预审公告、招标公告，不得收取费用。

招标公告或者投标邀请书中应载明资格预审的条件和获取资格预审文件的办法。资格预审文件或者招标文件的发售期不得少于五日。依法必须进行招标的项目提交资格预审申请文件的时间，为自资格预审文件停止发售之日起不得少于五日。资格预审结束后，招标人应当及时向资格预审申请人发出资格预审结果通知书。未通过资格预审的申请人不具有投标资格。通过资格预审的申请人少于三个的，应当重新招标。

招标人采用资格后审办法对投标人进行资格审查的，应当在开标后由评标委员会按照招标文件规定的标准和方法对投标人的资格进行审查。

招标人可以对已发出的资格预审文件进行必要的澄清或者修改。澄清或者修改的内容可能影响资格预审申请文件，招标人应当在提交资格预审申请文件截止时间至少三日前，以书面形式通知所有获取资格预审文件或者招标文件的潜在投标人。不足三日，招标人应当顺延提交资格预审申请文件。

潜在投标人或者其他利害关系人对资格预审文件有异议的，应当在提交资格预审申请文件截止时间二日前提出；招标人应当自收到异议之日起三日内作出答复；作出答复前，应当暂停招标投标活动。

审查内容包括：企业注册手续和营业执照；企业资质等级证书；投标单位的资产负债情况、技术能力（包括人员、设备）、施工经验（近三年业绩）；商业信誉（质量、奖罚、履行）。

一般采用评分法，对总成绩未达到预定及格线的及单项未达到要求的予以淘汰。

当资格预审合格的投标申请人过多时，可以由投标人从中随机抽选不少于 7 家投标申请人参与投标。

《招标投标法实施条例》32 条规定：招标人不得以不合理的条件限制、排斥潜在投标人。招标人有下列行为之一的，属于以不合理条件限制、排斥潜在投标人或者投标人：

1）就同一招标项目向潜在投标人或者投标人提供有差别的项目信息。

2）设定的资格、技术、商务条件与招标项目的具体特点和实际需要不相适应或者与合同履行无关。

3）依法必须进行招标的项目以特定行政区域或者特定行业的业绩、奖项作为加分条件或者中标条件。

4）对潜在投标人或者投标人采取不同的资格审查或者评标标准。

5）限定或者指定特定的专利、商标、品牌、原产地或者供应商。

6）依法必须进行招标的项目非法限定潜在投标人或者投标人的所有制形式或者组织形式。

7）以其他不合理条件限制、排斥潜在投标人或者投标人。

（5）发售招标文件　对于最终确定的投标人，招标人应当向其发售招标文件。招标文件收取的费用应当限于补偿印刷、邮寄的成本支出，不得以营利为目的。图样押金，招标投标完成后，招标文件不须退回，投标人使用的图样完好的可退回并领取押金。

《招标投标法实施条例》第25条规定：招标人应当在招标文件中载明投标有效期。投标有效期从提交投标文件的截止之日起算到中标通知书签发日期止。在此期限内，所有招标文件均保持有效，同时，投标人有义务保证其所投的投标文件持续有效。但是，依法必须进行招标的项目，自招标文件开始发出之日起至投标人提交投标文件截止之日止，最短不得少于二十日。《招标投标法实施条例》第21条规定："招标人可以对已发出的资格预审文件或者招标文件进行必要的澄清或者修改。澄清或者修改的内容可能影响投标文件编制的，招标人应当在提交资格预审申请文件截止时间至少3日前，或者投标截止时间至少15日前，以书面形式通知所有获取资格预审申请文件或者招标文件的潜在投标人；不足3日或15日的，招标人应当顺延提交资格预审申请文件或者投标文件的截止时间。"该澄清或者修改的内容为招标文件的组成部分。但是，不属于必须招标的项目可以除外。不属于必须招标项目仅需满足投标人编制投标文件所需的合理时间就可以了。

潜在投标人或者其他利害关系人对招标文件有异议的，应当在投标截止时间10日前提出。招标人应当自收到异议之日起3日内作出答复；作出答复前，应当暂停招标投标活动。

招标文件的内容违反法律、行政法规的强制性规定，违反公开、公平、公正和诚实信用原则，影响资格预审结果或者潜在投标人投标的，依法必须进行招标的项目的招标人应当修改招标文件后重新招标。

（6）组织现场考察　招标人按招标文件中的投标须知规定的时间，组织投标人自费进行现场考察。设置此程序的目的，一方面让投标人了解工程项目的现场情况、自然条件、施工条件及周围环境条件，以便于编制投标书；另一方面要求投标人通过自己的实地考察确定投标的原则和策略，避免合同履行过程中投标人以不了解现场情况为理由推卸应承担的合同责任。但是，招标人不得组织单个或者部分潜在投标人踏勘项目现场。

（7）召开招标答疑会议　投标人研究招标文件和现场考察后会以书面形式提出某些质疑问题，招标人可以及时给予书面解答，也可以组织招标答疑会议进行解答。招标答疑会议的记录和各种问题的统一解释或答复，常被视为招标文件的组成部分，均应整理成书面文件分发给每一位投标人。

6.3.4 建筑工程投标

1. 投标文件

《招标投标法》第27条规定："投标人应当按照招标文件的要求编制投标文件。投标文件应当对招标文件提出的实质性要求和条件作出响应。招标项目属于建设施工的，投标文件的内容应当包括拟派出的项目负责人与主要技术人员的简历、业绩和拟用于完成招标项目的机械设备等。"实质性要求和条件，是指招标项目的价格、项目进度计划、技术规范、合同的主要条款等，投标文件必须对之作出响应，不得遗漏、回避，更不能对招标文件进行修改或提出任何附带条件。投标人拟在中标后将中标项目的部分非主体、非关键性工作进行分包的，应当在投标文件中载明。施工投标文件的内容包括：

1）投标函。

2）施工组织设计或施工方案。

3）投标报价。

4）招标文件要求提供的其他材料（商务标）。

根据上述规定结合工程具体实践，投标文件要求提供的其他材料一般包括：

1）投标保证书或投标保证金。

2）法定代表人资格证明书或授权委托书。

3）拟派项目负责人、主要工程管理人员和工程技术人员的简历。

4）拟分包的工程和分包商的情况。

5）投标文件要求提供的其他资料。

此外，工程设计投标文件应符合《建筑工程设计招标投标管理办法》第 13 条规定的要求。投标人应当在招标文件要求提交投标文件的截止时间前，将投标文件送达投标地点。招标人收到投标文件后，应当签收保存，不得开启。投标人少于 3 家的，招标人应当重新招标。在招标文件要求提交投标文件的截止时间后送达的投标文件，招标人应当拒收。

2. 投标担保

投标担保是为防止投标人不审慎进行投标活动而设定的一种担保形式。有的投标人随意退出投标或中标后反悔不签合同，这样会给招标人带来损失，而投标担保是约束投标人保护招标人的方法。《招标投标法实施条例》第 26 条规定："招标人在招标文件中要求投标人提交投标保证金的，投标保证金不得超过招标项目估算价的 2%。投标保证金有效期应当与投标有效期一致。"投标担保可以采用投标保函或投标保证金的形式，保证金可以使用现金、支票等，以现金或者支票形式提交的投标保证金应当从其基本账户转出。

投标人撤回已提交的投标文件，应当在投标截止时间前书面通知招标人。招标人已收取投标保证金的，应当自收到投标人书面撤回通知之日起 5 日内退还。

下列几种情形，投标保证金将被没收：

1）投标截止后投标人撤销投标文件的，招标人可以不退还投标保证金。

2）中标人未能在规定期限内提交履约保证金，或与建设单位签署合同协议。

3. 投标文件的补充、修改和撤回

《招标投标法》第 29 条规定："投标人在招标文件要求提交投标文件的截止时间前，可以补充、修改或者撤回已提交的投标文件，并书面通知招标人。补充、修改的内容为投标文件的组成部分。"

4. 联合投标

《招标投标法实施条例》37 条规定："招标人应当在资格预审公告、招标公告或者投标邀请书中载明是否接受联合体投标。招标人接受联合体投标并进行资格预审的，联合体应当在提交资格预审申请文件前组成。资格预审后联合体增减、更换成员的，其投标无效。"联合体各方签订共同投标协议后，不得再以自己名义单独投标，也不得组成新的联合体或参加其他联合体在同一项目中投标。

联合投标可实现不同投标人优势互补，根据《招标投标法》第31条规定，联合投标是指两个或两个以上法人或者其他组织可以组成一个联合体，以一个投标人的身份共同投标。联合体各方均应当具备承担招标项目的相应能力；国家有关规定或者招标文件对投标人资格条件有规定的，联合体各方均应当具备规定的相应资格条件。由同一专业的单位组成的联合体，按照资质等级较低的单位确定资质等级。联合体各方应当签订共同投标协议，明确约定各方拟承担的工作和责任，并将共同投标协议连同投标文件一并提交招标人。联合体中标的，联合体各方应当共同与招标人签订合同，就中标项目向招标人承担连带责任。即如果联合体中的一个成员单位没能按照合同约定履行义务，招标人可以要求联合体中任何一个成员单位承担不超过总债务的任何比例的债务，而该单位不得拒绝。该成员单位承担了被要求的责任后，有权向其他成员单位追偿其按照共同投标协议不应当承担的债务。

5. 串通投标的认定

投标人不得相互串通投标报价，不得排挤其他投标人的公平竞争，损害招标人或者其他投标人的合法权益。若投标人相互串通投标或者与招标人串通投标的，投标人向招标人或者评标委员会成员行贿谋取中标的，中标无效；构成犯罪的，依法追究刑事责任；尚不构成犯罪的，要给予行政处分。

（1）禁止投标人相互串通投标

有下列情形之一的，属于投标人相互串通投标：

1）投标人之间协商投标报价等投标文件的实质性内容。

2）投标人之间约定中标人。

3）投标人之间约定部分投标人放弃投标或者中标。

4）属于同一集团、协会、商会等组织成员的投标人按照该组织要求协同投标。

5）投标人之间为谋取中标或者排斥特定投标人而采取的其他联合行动。

（2）有下列情形之一的，视为投标人相互串通投标

1）不同投标人的投标文件由同一单位或者个人编制。

2）不同投标人的投标文件载明的项目管理成员为同一人。

3）不同投标人的投标文件异常一致或者投标报价呈规律性差异。

4）不同投标人的投标文件相互混装。

5）不同投标人的投标保证金从同一单位或者个人的账户转出。

（3）禁止招标人与投标人串通投标

有下列情形之一的，属于招标人与投标人串通投标：

1）招标人在开标前开启投标文件并将有关信息泄露给其他投标人。

2）招标人直接或者间接向投标人泄露标底、评标委员会成员等信息。

3）招标人明示或者暗示投标人压低或者抬高投标报价。

4）招标人授意投标人撤换、修改投标文件。

5）招标人明示或者暗示投标人为特定投标人中标提供方便。

6）招标人与投标人为谋求特定投标人中标而采取的其他串通行为。

6.3.5　建筑工程开标、评标、中标

1. 开标

（1）开标的时间、地点和参加人　《招标投标法》第 34 条规定："开标应当在招标文件确定的提交投标文件截止时间的同一时间公开进行；开标地点应当为招标文件中预先确定的地点。"这就是说，提交投标文件截止之时（如某年某月某日几时几分），即是开标之时（也是某年某月某日几时几分）。这样做主要是为了防止投标截止时间之后与开标之前仍有一段时间间隔，这也许会给不端行为造成可乘之机（如在指定开标时间之前泄露投标文件中的内容，尤其是投标报价）。但是，若投标人对开标有异议的，应当在开标现场提出，招标人应当当场作出答复，并制作记录。

《招标投标法》第 35 条规定："开标由招标人主持，邀请所有投标人参加。"开标时，还可邀请招标主管部门、评标委员会、监察部门的有关人员参加，也可委托公证部门对整个开标过程依法进行公证。

（2）开标的法律程序

1）检查投标文件的密封情况。开标时，由投标人或者其推选的代表检查投标文件的密封情况，也可以由招标人委托的公证机构检查并公证。

2）拆封、宣读投标文件并记录备查。由工作人员当众拆封，唱标人按投标人报送投标文件的先后逆序或抽签的顺序宣读投标人名称、投标价格和投标文件的其他主要内容。招标人在招标文件要求提交投标文件的截止时间前收到的所有投标文件，开标时都应当当众予以拆封、宣读。开标过程应当记录，并存档备查。

开标时，投标文件无效的几种情形：

1）未按照招标文件要求密封的。

2）投标文件的投标函未加盖投标单位及法定代表人印章的。

3）投标文件的关键内容字迹模糊、无法辨认的。

4）未按照要求提交保函或投标保证金的。

5）联合体投标未附联合体各方共同投标协议的。

2. 评标

（1）评标方法　评标办法依据《招标投标法》和《工程建设施工招标投标管理办法》制定，并经招标管理机构审查后编入招标文件。招标文件没有规定的标准和方法不得作为评标的依据。评标办法不得含有倾向或排斥潜在投标人的内容，不得妨碍或限制投标人之间竞争。评定方法有：综合评估法，由商务、报价、技术标组成，按约定的权重和评标办法计分，总分最高为中标人；最低投标价法等。但是若招标项目设有标底，标底只能作为评标的参考，不得以投标报价是否接近标底作为中标条件，也不得以投标报价超过标底上下浮动范围作为否决投标的条件。

（2）评标委员会　评标委员会应依据《评标委员会和评标方法暂定规定》组成，评标委员会由招标人代表和有关技术、经济等方面的专家组成，成员人数 5 人以上奇数，技术、经济方面的专家不得少于总数的 2/3，评标专家为在相关领域工作满 8 年并具有高级

职称或具有同等专业水平，由招标人从评标专家库内相关专业的专家名单中以随机抽取方式确定，任何单位和个人不得以明示、暗示等任何方式指定或者变相指定参加评标委员会的专家成员，没有特殊事由不得更换依法确定的评标委员会成员。但是，评标委员会成员与投标人有利害关系的，应当主动回避。

招标人应当向评标委员会提供评标所必需的信息，但不得明示或者暗示其倾向或者排斥特定投标人。另外，招标人应当根据项目规模和技术复杂程度等因素合理确定评标时间。超过三分之一的评标委员会成员认为评标时间不够的，招标人应当适当延长。

评标过程中，评标委员会成员有回避事由、擅离职守或者因健康等原因不能继续评标的，应当及时更换。被更换的评标委员会成员作出的评审结论无效，由更换后的评标委员会成员重新进行评审。

评标委员会成员应当依照《招标投标法》和《招标投标法实施条例》的规定，按照招标文件规定的评标标准和方法，客观、公正地对投标文件提出评审意见。招标文件没有规定的评标标准和方法不得作为评标的依据。

评标委员会成员不得私下接触投标人，不得收受投标人给予的财物或者其他好处，不得向招标人征询确定中标人的意向，不得接受任何单位或者个人明示或者暗示提出的倾向或者排斥特定投标人的要求，不得有其他不客观、不公正履行职务的行为。

(3) 废标、重大偏差和细微偏差　在评标过程中，如出现以下情况，评标委员会应按废标处理：

1) 评标委员会发现投标人以他人的名义投标，串通投标，以行贿手段谋取中标或者以其他弄虚作假方式投标的，该投标人的投标应按废标处理。

2) 投标报价低于成本或者高于招标文件设定的最高投标限价，例如，评标委员会发现投标人的报价明显低于项目成本价，或者在设有标底时明显低于标底，使得其投标报价可能低于其成本的，应当要求该投标人作出书面说明并提供相关证明材料。投标人不能合理说明或者不能提供相关证明材料的，由评标委员会认定该投标人以低于成本报价竞标，其投标应作废标处理。

3) 评标委员会应当审查每一投标文件是否对招标文件提出的所有实质性要求和条件作出响应。未能在实质上响应的投标，例如，同一投标人提交两个以上不同的投标文件或者投标报价（招标文件要求提交备选投标的除外），应作废标处理。

4) 投标人不符合国家或者招标文件规定的资格条件。

评标委员会应当根据招标文件，审查并逐项列出投标文件的全部投标偏差。投标偏差分为重大偏差和细微偏差。

下列情况属于重大偏差：

1) 没有按照招标文件要求提供投标担保或者所提供的投标担保有瑕疵。

2) 投标文件没有投标人授权代表签字和加盖公章，没有按照招标文件的规定提供授权代理人授权书。

3) 投标文件载明的招标项目完成期限超过招标文件规定的期限。

4) 明显不符合技术规格、技术标准的要求。

5）投标文件载明的货物包装方式、检验标准和方法等不符合招标文件的要求。

6）投标文件附有招标人不能接受的条件。

7）以联合体投标时，没有提交联合体投标协议。

8）未按招标文件要求编写或字迹模糊导致无法确认关键技术方案、关键工期、关键工程质量保证措施、投标价格等内容。

9）不符合招标文件中规定的其他实质性要求。

投标文件有上述情形之一的，为未能对招标文件作出实质性响应，并按规定作废标处理。招标文件对重大偏差另有规定的，从其规定。

细微偏差是指投标文件在实质上响应招标文件要求，但在个别地方存在漏项或者提供了不完整的技术信息和数据等情况，并且补正这些遗漏或不完整不会对其他投标人造成不公平的结果。细微偏差不影响投标文件的有效性。评标委员会通常会书面要求存在细微偏差的投标人在评标结束前予以补正。拒不补正的，在详细评审时可以对细微偏差作不利于该投标人的量化，量化标准应当在招标文件中规定。

投标人资格条件不符合国家有关规定和招标文件要求的，或者拒不按照要求对投标文件进行澄清、说明或者补正的，评标委员会可以否决其投标。评标委员会根据规定否决不合格投标或者界定为废标后，因有效投标不足 3 家使得投标明显缺乏竞争的，评标委员会可以否决全部投标。有效投标人少于 3 家或者所有投标被否决的，招标人应当依法重新招标。

评标完成后，评标委员会应当向招标人提交书面评标报告和中标候选人名单。中标候选人应当不超过 3 个，并标明排序。

评标报告应当由评标委员会全体成员签字。对评标结果有不同意见的评标委员会成员应当以书面形式说明其不同意见和理由，评标报告应当注明该不同意见。评标委员会成员拒绝在评标报告上签字又不书面说明其不同意见和理由的，视为同意评标结果。

依法必须进行招标的项目，招标人应当自收到评标报告之日起 3 日内公示中标候选人，公示期不得少于 3 日。

投标人或者其他利害关系人对依法必须进行招标的项目的评标结果有异议的，应当在中标候选人公示期间提出。招标人应当自收到异议之日起 3 日内作出答复；作出答复前，应当暂停招标投标活动。

3. 定标

（1）中标通知书　通常招标人确定排名第一的中标候选人为中标人。排名第一的中标候选人放弃中标、因不可抗力不能履行合同、不按照招标文件要求提交履约保证金，或者被查实存在影响中标结果的违法行为等情形，不符合中标条件的，招标人可以按照评标委员会提出的中标候选人名单排序依次确定其他中标候选人为中标人，也可以重新招标。若中标候选人的经营、财务状况发生较大变化或者存在违法行为，招标人认为可能影响其履约能力的，则应当在发出中标通知书前由原评标委员会按照招标文件规定的标准和方法审查确认。

《招标投标法》第 45 条规定：“中标人确定后，招标人应当向中标人发出中标通知书，并同时将中标结果通知所有未中标的投标人。中标通知书对招标人和中标人具有法律效力。中标通知书发出后，招标人改变中标结果的，或者中标人放弃中标项目的，应当依法承担法律责任。”

（2）签订工程承包协议或合同 《招标投标法》第46条规定：招标人和中标人应当自中标通知书发出之日起30日内，按照招标文件和中标人的投标文件签订书面合同。合同的标的、价款、质量、履行期限等主要条款应当与招标文件和中标人的投标文件的内容一致。招标人和中标人不得再行订立背离合同实质性内容的其他协议。

招标文件要求中标人提交履约保证金的，中标人应当提交。履约保证金不得超过中标合同金额的10%。招标人最迟应当在书面合同签订后5日内向中标人和未中标的投标人退还投标保证金及银行同期存款利息。

中标人应当按照合同约定履行义务，完成中标项目。中标人不得向他人转让中标项目，也不得将中标项目肢解后分别向他人转让。

中标人按照合同约定或者经招标人同意，可以将中标项目的部分非主体、非关键性工作分包给他人完成。接受分包的人应当具备相应的资格条件，并不得再次分包。

6.3.6 招标投标的管理与监督

《招标投标法》第7条规定：“招标投标活动及其当事人应当接受依法实施的监督。有关行政监督部门依法对招标投标活动实施监督，依法查处招标投标活动中的违法行为。对招标投标活动的行政监督及有关部门的具体职权划分，由国务院规定。”

《招标投标法》第47规定：“依法必须进行招标的项目，招标人应当自确定中标人之日起15日内，向有关行政监督部门提交招标投标情况的书面报告。”报告内容有：

1）招标范围。

2）招标方式和发布招标公告的媒介。

3）招标文件中投标人须知、技术条款、评标标准和方法、合同主要条款等内容。

4）评标委员会的组成和评标报告。

5）中标结果。

《房屋建筑和市政基础设施工程施工招标投标管理办法》第47条规定：“订立书面合同后7日内，中标人应当将合同送工程所在地县级以上地方人民政府建设行政主管部门备案。”

6.4 建设工程监理

6.4.1 建设工程监理制度概述

1. 建设工程监理的概念

建设工程监理，是指具有相应资质的监理单位受工程项目业主的委托，依据国家有关法律、法规，经建设主管部门批准的工程项目建设文件，建设工程合同和建设工程委托监理合同，对工程建设实施的专业化监督和管理。

20 世纪 80 年代后期，建设工程监理行业出现在我国，原建设部于 1988 年 7 月 25 日发出《关于开展建设监理工作的通知》，标志着我国建设监理制度的起步，并在北京、上海、天津、哈尔滨、深圳等城市和能源部的水利系统、交通部的公路系统进行试点。

《建筑法》第 30 条规定：“国家推行建筑工程监理制度。国务院可以规定实行强制监理的建筑工程的范围。”第 31 条规定：“实行监理的建筑工程，由建设单位委托具有相应资质条件的工程监理单位监理。建设单位与其委托的工程监理单位应当订立书面委托监理合同。”2000 年 1 月 30 日国务院颁发的《建设工程质量管理条例》中，对工程监理的范围和责任也作了相应的规定。除此之外，原建设部及其他部委也制定了部门规章和规范性文件对工程监理活动作出了具体规定。

2. 建设工程监理的作用

（1）有利于提高建设工程投资决策科学化水平 工程监理企业可协助建设单位选择适当的工程咨询机构，管理工程咨询合同的实施，并对咨询结果进行评估，且提出有价值的修改意见和建议；或者直接从事工程咨询工作，并为建设单位提供建设方案。

（2）有利于规范工程建设参与各方的建设行为 工程监理企业采用事前、事中和事后控制相结合的方式实施监督管理，可以有效地规范各承建单位的建设行为，最大限度地避免不当建设行为的发生；还可以向建设单位提出适当的建议，避免建设单位的不当建设行为，这对规范建设单位的建设行为也可起到一定的约束作用。当然，工程监理企业首先必须规范自己的行为，并接受政府的监督管理。

（3）有利于促进承建单位保证建设质量和使用安全 在加强承建单位自身对工程质量管理的基础上，由工程监理企业介入建设工程生产过程的管理，对保证建设工程质量和使用安全有着重要作用。

（4）有利于实现建设单位工程投资效益最大化 建设工程投资效益最大化有以下三种不同表现：一是在满足建设工程预定功能和质量标准的前提下，建设投资额最少；二是在满足建设工程预定功能和质量标准的前提下，建设工程寿命周期费用（或全寿命费用）最少；三是建设工程本身的投资效益与环境、社会效益的综合效益最大化。

3. 建设工程监理的原则

《建筑法》第 32 条规定：“建筑工程监理应当依照法律、行政法规及有关的技术标准、设计文件和建筑工程承包合同，对承包单位在施工质量、建设工期和建设资金使用等方面，代表建设单位实施监督。”由此可见，依法监理、科学公正是建设工程监理的原则。具体为：

1）公正、独立、自主原则。

2）权责一致的原则。监理工程师的监理职权，除应体现在业主与监理单位之间签订的委托合同主体，还应作为业主与承建单位之间建设工程合同的合同条件。

3）总监理工程师负责制的原则。总监理工程师负责制的内涵包括：总监理工程师是工程监理的责任主体，是向业主和监理单位所负责的承担者；总监理工程师是工程监理的权利主体，全面领导建设工程的监理工作。

4）严格管理、热情服务的原则。监理工程师应对承建单位在工程建设中的建设行为进行严格的监理。监理工程师还应为业主提供热情的服务。

5）综合效益的原则。监理工程师应既对业主负责，谋求最大的经济效益，又要对国家和社会负责，取得最佳的综合效益。

此外，工程监理企业从事建设工程监理活动，应当遵循“守法、诚信、公正、科学”的基本准则。对于工程监理企业来说，要依法经营，建立健全企业的信用管理制度，企业在监理活动中既要维护业主的利益，又不能损害承包商的合法利益，并依据合同公平合理地处理业主与承包商之间的争议。监理过程中要依据科学的方案，运用科学的手段，采取科学的方法开展监理工作，同时工程监理工作结束后，还要进行科学的总结。

6.4.2 建设工程监理的性质

1. 服务性

监理人员利用自己的知识、技能和经验、信息以及必要的试验、检测手段，为建设单位提供管理服务。工程监理企业不能完全取代建设单位的管理活动。它不具备工程建设重大问题的决策权，它只能在授权范围内代表建设单位进行管理。建设工程监理的服务对象是建设单位。

2. 科学性

科学性是由建设工程监理的基本目的决定的。科学性主要表现在：工程监理企业应当由组织管理能力强、工程建设经验丰富的人员担任领导；应当有足够数量的、有丰富的管理经验和应变能力的监理工程师组成的骨干队伍；要有一套健全的管理制度；要有现代化的管理手段；要掌握先进的管理理论、方法和手段；要积累足够的技术、经济资料和数据；要有科学的工作态度和严谨的工作作风，要实事求是、创造性地开展工作。

3. 独立性

按照独立性要求，在委托监理的工程中，工程监理单位与承建单位不得有隶属关系和其他利害关系。在开展工程监理的过程中，必须建立自己的组织，独立于建设单位，按照自己的工作计划、程序、流程、方法、手段，根据自己的判断，独立地开展工作。

4. 公正性

公正性是社会公认的职业道德准则，也是监理行业能够长期生存和发展的基本职业道德准则。工程监理企业应客观、公正地对待监理的委托单位和项目承建单位，在维护建设单位的合法权益时，不损害承建单位的合法权益。

6.4.3 我国实行强制监理的范围

《建设工程质量管理条例》第12条对必须实行监理的建设工程作出了原则性规定，为确保工程质量和社会公众的生命财产安全，国家可以规定强制实行监理的建筑工程范围。2001年颁布的《建设工程监理范围和规模标准规定》明确了必须实行监理的建设工程项目的具体范围和规模。

1. 国家重点建设工程

依据《国家重点建设项目管理办法》确定的对国民经济和社会发展有重要影响的骨干

项目。

2. 大中型公用事业工程

包括总投资在 3000 万元以上的市政工程（如供水、电、热等项目），科技教育文化项目（如学校、图书馆、电视台等项目），卫生和社会福利项目，体育、旅游、商业等项目。

3. 成片开发建设的住宅小区工程

成片开发建设的住宅小区工程，包括建筑面积在 5 万 m 以上的住宅必须实行监理；高层住宅及地基、结构复杂的多层住宅应当实行监理；5 万 m 以下的住宅可以实行监理。具体要求由各省、自治区、直辖市的建设行政主管部门规定。

4. 利用外国政府或者国际组织贷款、援助资金的工程

包括使用世界银行、亚洲开发银行等国际组织贷款的项目；使用外国政府及其机构贷款项目；使用国际组织或国外政府援助资金的项目。

5. 国家规定必须实行监理的其他工程

包括项目总投资额在 3000 万元以上关系社会公共利益、公共安全的基础设施项目（如电力、石油、铁路、防洪设施等）；学校、影剧院、体育场馆项目。

6.4.4　工程监理单位的资质许可制度

《建设工程质量管理条例》第 34 条规定："工程监理单位应当依法取得相应等级的资质证书，并在其资质等级许可的范围内承担工程监理业务。禁止工程监理单位超越本单位资质等级许可的范围或者以其他工程监理单位的名义承担工程监理业务。禁止工程监理单位允许其他单位或者个人以本单位的名义承担工程监理业务。工程监理单位不得转让工程监理业务。"

工程监理企业的资质按照《工程监理企业资质管理规定》分为甲级、乙级和丙级，按照工程性质和技术特点分为 14 个专业工程类别，每个专业工程类别按照工程规模或技术复杂程度分为三个等级。

工程监理企业的资质包括主项资质和增项资质。工程监理企业如果申请多项专业工程资质，则其主要选择的一项为主项资质，其余的为增项资质。同时，其注册资金应当达到主项资质标准要求，从事增项专业工程监理业务的注册监理工程师人数应当符合专业要求。增项资质级别不得高于主项资质级别。

另一方面对从事监理工作的人员，须经国家考试认可后方可从事建设工程监理工作。监理工程师注册制度是政府对监理从业人员实行的市场准入控制的有效手段。监理人员经注册，即表明获得了政府对其以监理工程师名义从业的行政许可，因而具有相应工作岗位的责任和权力。仅取得《监理工程师资质证书》，没有取得《监理工程师注册证书》的人员，则不具备这些权利，也不承担相应的责任。

6.4.5　监理人员的职责

监理人员的职责按照工程建设阶段和建设工程的情况确定。施工阶段，按照《建设工程监理规范》的规定，项目总监理工程师、总监理工程师代表、专业监理工程师和监理员应分别履行以下职责：

1. 总监理工程师职责

1）确定项目监理机构人员的分工和岗位职责。

2）主持编写项目监理规划、审批项目监理实施细则，并负责管理项目监理机构的日常工作。

3）审查分包单位的资质，并提出审查意见。

4）检查和监督监理人员的工作，根据工程项目的进展情况可进行人员调配，对不称职的人员应当调换其工作。

5）主持监理工作会议，签发项目监理机构的文件和指令。

6）审定承包单位提交的开工报告、施工组织设计、技术方案、进度计划。

7）审核签署承包单位的申请、支付证书和竣工结算。

8）审查和处理工程变更。

9）主持或参与工程质量事故的调查。

10）调解建设单位与承包单位的合同争议、处理索赔、审批工程延期。

11）组织编写并签发监理月报、监理工程阶段报告、专题报告和项目监理工作总结。

12）审核签认分部工程和单位工程的质量检验评定资料，审查承包单位的竣工申请，组织监理人员对待验收的工程项目进行质量检查，参与工程项目的竣工验收。

13）主持整理工程项目的监理资料。

总监理工程师不得将下列工作委托给总监理工程师代表：

1）主持编写项目监理规划、审批项目监理实施细则。

2）签发工程开工/复工报审表，工程暂停令、工程款支付证书、工程竣工报验单。

3）审核签认竣工结算。

4）调解建设单位与承包单位的合同争议、处理索赔。

5）根据工程项目的进展情况可进行人员调配，调换不称职的监理人。

2. 总监理工程师代表职责

1）负责总监理工程师指定或交办的监理工作。

2）按总监理工程师的授权，行使总监理工程师的部分职责和权利。

3. 专业监理工程师职责

1）负责编制本专业的监理实施细则。

2）负责本专业监理工作的具体实施。

3）组织、指导、检查和监督本专业监理员的工作，当人员需要调整时，向总监理工程师提出建议。

4）审查承包单位提交的涉及本专业的计划、方案、申请、变更，并向总监理工程师提出报告。

5）负责本专业分项工程验收及隐蔽工程验收。

6）定期向总监理工程师提交本专业监理工作实施情况报告，对重大问题及时向总监理工程师汇报和请示。

7）根据本专业监理工作实施情况做好监理日记。

8）负责本专业监理资料的收集、汇总及整理，参与编写监理月报。

9）核查进场材料、设备、构配件的原始凭证、检测报告等质量证明文件及其质量情况，根据实际情况认为有必要时对进场材料、设备、构配件进行平行检验，合格时予以签认。

10）负责本专业的工程计量工作，审核工程计量的数据和原始凭证。

4. 监理员职责

1）在专业监理工程师的指导下开展现场监理工作。

2）检查承包单位投入工程项目的人力、材料、主要设备及其使用、运行状况，并做好检查记录。

3）复核或从施工现场直接获取工程计量的有关数据并签署原始凭证。

4）按设计图及有关标准，对承包单位的工艺过程或施工工序进行检查和记录，对加工制作及工序施工质量检查结果进行记录。

5）担任旁站工作，发现问题及时指出并向专业监理工程师报告。

6）做好监理日记和有关的监理记录。

6.4.6　建设工程监理的类型以及实施程序

1. 建设工程监理的类型

根据工程的特点和相关法规，建设单位可以委托一个监理单位承担所有阶段的监理业务，也可以将工程的不同阶段监理任务分别委托几个监理单位承担。

1）建设前期监理，监理单位主要从事建设项目的可行性研究并参与设计任务书的编制。

2）设计监理，主要任务是对设计方案的审查、协助业主选定勘察设计单位，监督设计单位的合同实施、审查概（预）算等。

3）招标监理，监理单位主要从事代理建设单位进行招标工作。

4）施工监理，主要任务是对施工过程进行“五控制、两管理、一监督、一协调”，即对质量、安全、进度、投资、环保进行控制，做好合同和信息管理，监督施工单位文明施工达标，协调参建各方的关系。

2. 建设工程监理实施程序

1）确定项目总监理工程师，成立项目监理机构。监理单位应根据建设工程的规模、性质、业主对监理的要求，委派项目总监理工程师。总监理工程师是一个建设工程监理工作的总负责人，他对内向监理单位负责、对外向业主负责。总监理工程师必须取得国家注册监理工程师执业资格，并在本公司注册。

总监理工程师在组建项目监理机构时，应根据监理大纲内容和签订的委托监理合同内容组建，并在监理规划和具体实施计划执行中进行及时的调整。

2）编制建设工程监理规划。

3）制定各专业监理实施细则。

4）规范化地开展监理工作　监理工作的规范化体现在：①工作的时序性；②职责分工的严密性；③工作目标的确定性。

5）参与验收，签署建设工程监理意见。建设工程施工完成以后，监理单位应在正式交验前组织竣工预验收，并应参加业主组织的工程验收，签署监理单位意见。

6）向业主提交建设工程监理档案资料。监理单位应按照监理委托合同中的约定向业主提交监理档案资料。

7）监理工作总结。项目监理机构应及时从两方面进行监理工作总结，包括向业主提交的监理工作总结，向监理单位提交的监理工作总结。

6.5　建设工程质量

建设工程质量是指在国家现行的有关法律、法规、技术标准、设计文件和合同中，对工程的安全、适用、经济、美观等特性的综合要求。工程质量是由形成工程实体的工作过程中的每一个环节决定的。因此，对于工程质量的控制和管理不能仅仅停留在事后，而是应在工程质量形成的过程中对参建单位的建设活动进行规范化管理。

建设工程的质量优劣直接关系社会公众的生命财产安全，世界各国历来高度重视对工程质量的管理和控制，形成了政府强制严格监督工程质量的国际惯例。我国建设法规对建设工程质量管理也作出了严格的规定。如《建筑法》第六章，2000年1月30日国务颁布的《建设工程质量管理条例》（简称《质量管理条例》）及《建设工程勘察质量管理办法》等都对建设工程质量管理作出相关规定。除此之外，还有大量技术性法规、地方性法规也起到对工程质量严格控制的作用。对建设工程质量管理的有关法规不仅仅规定了工程建设各参与者的责任，还规定了政府对建设工程质量所应承担的职责。

6.5.1　建设工程质量监督管理制度

为确保工程使用安全和环境质量，我国实行建设工程质量监督管理制度。该管理制度以保证工程使用安全和环境质量为主要目的，以法律、法规和强制性标准为依据，以地基基础、主体结构、环境质量和与此有关的工程建设各方主体的质量行为为主要内容，以施工许可制度和竣工验收备案制度为主要手段。

《质量管理条例》第七章专门规定了政府对建设工程质量的监督管理。主要内容包括：建设工程质量管理职责、范围的划分，质量监督管理的实施机构和有权采取的强制性措施，建设工程竣工验收备案制度，建设工程质量事故报告制度等。

1. 工程质量监督管理职责

《质量管理条例》第43条规定：国务院建设行政主管部门对全国的建设工程质量实施统一监督管理。国务院铁路、交通、水利等有关部门按照国务院规定的职责分工，负责对全国的有关专业建设工程质量的监督管理。县级以上地方人民政府建设行政主管部门对本行政区域内的建设工程质量实施监督管理。县级以上地方人民政府交通、水利等有关部门在各自的职责范围内，负责对本行政区域内的专业建设工程质量的监督管理。具体如下：

1）国务院建设行政主管部门和国务院铁路、交通、水利等有关部门应当加强对有关建设工程质量的法律、法规和强制性标准执行情况的监督检查。

2）国务院发展计划部门按照国务院规定的职责，组织稽察特派员，对国家出资的重大建设项目实施监督检查。

3）国务院经济贸易主管部门按照国务院规定的职责，对国家重大技术改造项目实施监督检查。

4）建设工程质量监督管理，由建设行政主管部门或者其他有关部门委托的建设工程质量监督机构具体实施。

5）县级以上地方人民政府建设行政主管部门和其他有关部门应当加强对有关建设工程质量的法律、法规和强制性标准执行情况的监督检查。

县级以上人民政府建设行政主管部门和其他有关部门履行监督检查职责时，有权采取下列措施：

1）要求被检查的单位提供有关工程质量的文件和资料。

2）进入被检查单位的施工现场进行检查。

3）发现有影响工程质量的问题时，责令改正。

2. 工程质量监督机构

工程质量监督机构是指经建设行政主管部门或其他有关部门考核，具有法人独立资格的单位。它是受建设行政主管部门或有关专业部门委托，对质量具体监督，对政府负责。《质量管理条例》第 46 条规定：从事房屋建筑工程和市政基础设施工程质量监督的机构，必须按照国家有关规定经国务院建设行政主管部门或者省、自治区、直辖市人民政府建设行政主管部门考核；从事专业建设工程质量监督的机构，必须按照国家有关规定经国务院有关部门或者省、自治区、直辖市人民政府有关部门考核。经考核合格后，方可实施质量监督。

3. 建设工程竣工验收备案制度

《质量管理条例》第 49 条规定：建设单位应当自建设工程竣工验收合格之日起 15 日内，将建设工程竣工验收报告和规划、公安消防、环保等部门出具的认可文件或者准许使用文件报建设行政主管部门或者其他有关部门备案。

建设单位办理工程竣工验收备案应当提交下列文件：

1）工程竣工验收备案表。

2）工程竣工验收报告。

3）法律、行政法规规定应当由规划、公安消防、环保等部门出具的认可文件或者准许使用文件。

4）施工单位签署的工程质量保修书。

5）商品住宅还应当提交《住宅质量保修书》和《住宅使用说明书》。

6）法规、规章规定必须提供的其他文件。

建设行政主管部门或者其他有关部门发现建设单位在竣工验收过程中有违反国家有关建设工程质量管理规定行为的，责令停止使用，重新组织竣工验收。

任何单位和个人对建设工程的质量事故、质量缺陷都有权检举、控告、投诉。

6.5.2　建设单位质量责任和义务

《质量管理条例》第二章明确了建设单位对工程质量应当承担的责任和义务。

1）建设单位应当将工程发包给具有相应资质等级的单位。建设单位不得将建设工程肢解发包。从业单位素质的高低直接影响到工程的质量，而企业的资质等级反映了企业从事某项工程的资格和能力，因此从事建设活动的单位必须符合相应的资质条件，这体现了国家对建设市场准入的严格管理。建设单位将建设工程发包给不具有相应资质等级的勘察、设计、施工单位或者委托给不具有相应资质等级的工程监理单位的，责令改正，并处50万元以上100万元以下的罚款。

在我国建设市场中有一些建设单位利用肢解发包的手段规避工程的招标，致使市场中存在一些不正当的交易行为，某些个人从中受益而严重损坏了公共利益、公共安全，因此对建设单位将建设工程肢解发包的，责令改正，并处工程合同价款0.5%以上1%以下的罚款。

2）建设单位应当依法对工程建设项目的勘察、设计、施工、监理及与工程建设有关的重要设备、材料等的采购进行招标。

3）建设单位必须向有关的勘察、设计、施工、工程监理等单位提供与建设工程有关的原始资料。原始资料必须真实、准确、齐全。

4）建设单位不得对承包商的建设活动进行不合理干预，包括：

a. 建设工程发包单位不得迫使承包方以低于成本的价格竞标。

b. 建设单位不得任意压缩合理工期。

c. 建设单位不得明示或者暗示设计单位或者施工单位违反法律、行政法规和建筑工程质量、安全标准，降低建设工程质量。建筑设计单位和建筑施工企业对建设单位违反规定提出的降低工程质量的要求，应当予以拒绝。

d. 建设单位不得明示或者暗示施工单位使用不合格的建筑材料、建筑构配件和设备。建设单位出现上述行为的责令改正，并处20万元以上50万元以下的罚款。

5）建设单位应当将施工图设计文件报县级以上人民政府建设行政主管部门或者其他有关部门审查。施工图设计文件未经审查批准的，不得使用。

6）实行监理的建设工程，建设单位应当委托具有相应资质等级的工程监理单位进行监理，也可以委托具有工程监理相应资质等级并与被监理工程的施工承包单位没有隶属关系或者其他利害关系的该工程的设计单位进行监理。

7）建设单位在领取施工许可证或者开工报告前，应当按照国家有关规定办理工程质量监督手续。

8）涉及建筑主体和承重结构变动的装修工程，建设单位应当在施工前委托原设计单位或者具有相应资质等级的设计单位提出设计方案；没有设计方案的，不得施工。房屋建筑使用者在装修过程中，不得擅自变动房屋建筑主体和承重结构。

9）建设单位收到建设工程竣工报告后，应当组织设计、施工、工程监理等有关单位进行竣工验收。

建设工程竣工验收应当具备下列条件：

a. 完成建设工程设计和合同约定的各项内容。

b. 有完整的技术档案和施工管理资料。

c. 有工程使用的主要建筑材料、建筑构配件和设备的进场试验报告。

d. 有勘察、设计、施工、工程监理等单位分别签署的质量合格文件。

e. 有施工单位签署的工程保修书。

建设工程经验收合格的，方可交付使用。

10）建设单位应当严格按照国家有关档案管理的规定，及时收集、整理建设项目各环节的文件资料，建立、健全建设项目档案，并在建设工程竣工验收后，及时向建设行政主管部门或者其他有关部门移交建设项目档案。

6.5.3　勘察、设计单位的质量责任和义务

《质量管理条例》第三章明确了勘察、设计单位对工程质量应当承担的责任和义务。

1）从事建设工程勘察、设计的单位应当依法取得相应等级的资质证书，并在其资质等级许可的范围内承揽工程。勘察、设计单位不得超越其资质等级许可的范围或者以其他勘察、设计单位的名义承揽工程，不得允许其他单位或者个人以本单位的名义承揽工程，不得转包或者违法分包所承揽的工程。

2）勘察、设计单位必须按照工程建设强制性标准进行勘察、设计，并对其勘察、设计的质量负责，注册建筑师、注册结构工程师等注册执业人员应当在设计文件上签字，对设计文件负责。

3）勘察单位提供的地质、测量、水文等勘察成果必须真实、准确。设计单位应当根据勘察成果文件进行建设工程设计，设计文件应当符合国家规定的设计深度要求，注明工程合理使用年限。目前存在由于设计时间紧等原因出现先设计后勘察，甚至参考附近场地的现象。设计人员一定要在勘察文件的基础上进行设计，保证设计质量。

4）设计单位在设计文件中选用的建筑材料、建筑构配件和设备，应当注明规格、型号、性能等技术指标，其质量要求必须符合国家规定的标准。除有特殊要求的建筑材料、专用设备、工艺生产线等外，设计单位不得指定生产厂、供应商。

5）设计单位有义务就审查合格的施工图设计文件向施工单位作出详细说明。设计单位应当参与建设工程质量事故分析，并对因设计造成的质量事故，提出相应的技术处理方案。

6.5.4　施工单位的质量责任和义务

《质量管理条例》第四章明确了施工单位对工程质量应当承担的责任和义务。

1）施工单位应当依法取得相应等级的资质证书，并在其资质等级许可的范围内承揽工程。施工单位不得超越本单位资质等级许可的业务范围或者以其他施工单位的名义承揽工程，不得允许其他单位或者个人以本单位的名义承揽工程，不得转包或者违法分包工程。

2）施工单位对建设工程的施工质量负责，应当建立质量责任制，确定工程项目的项目经理、技术负责人和施工管理负责人。施工单位不得转包和违法分包所承揽的工程，分

包单位应当按照分包合同的约定对其分包工程的质量向总承包单位负责，总承包单位与分包单位对分包工程的质量承担连带责任。

3）施工单位必须按照工程设计图和施工技术标准施工，不得擅自修改工程设计，不得偷工减料。施工单位在施工过程中发现设计文件和图纸有差错的，应当及时提出意见和建议。

4）施工单位必须按照工程设计要求、施工技术标准和合同约定，对建筑材料、建筑构配件、设备和商品混凝土进行检验，检验应当有书面记录和专人签字；未经检验或者检验不合格的，不得使用。

5）施工单位必须建立、健全施工质量的检验制度，严格工序管理，做好隐蔽工程的质量检查和记录。隐蔽工程在隐蔽前，施工单位应当通知建设单位和建设工程质量监督机构。

6）施工人员对涉及结构安全的试块、试件及有关材料，应当在建设单位或者工程监理单位监督下现场取样，并送具有相应资质等级的质量检测单位进行检测。涉及结构安全的试块、材料进行见证取样送检。

7）施工单位对施工中出现质量问题的建设工程或者竣工验收不合格的建设工程，应当负责返修。对建筑物在合理使用寿命内，必须确保地基基础工程和主体结构的质量。建筑工程竣工时，屋顶、墙面不得留有渗漏、开裂等质量缺陷；对已发现的质量缺陷，建筑施工企业应当修复。

8）建设工程实行质量保修制度。建设工程承包单位在向建设单位提交工程竣工验收报告时，应当向建设单位出具质量保修书。质量保修书中应当明确建设工程的保修范围、保修期限和保修责任等。

《质量管理条例》第40条规定，在正常使用条件下，建设工程的最低保修期限为：

a. 基础设施工程、房屋建筑的地基基础工程和主体结构工程，为设计文件规定的该工程的合理使用年限。

b. 屋面防水工程、有防水要求的卫生间、房间和外墙面的防渗漏，为5年。

c. 供热与供冷系统，为2个采暖期、供冷期。

d. 电气管线、给水排水管道、设备安装和装修工程，为2年。

e. 其他项目的保修期限由发包方与承包方约定。

建设工程的保修期，自竣工验收合格之日起计算。

6.5.5　工程监理单位的质量责任和义务

《质量管理条例》第五章明确了监理单位对工程质量应当承担的责任和义务。

1）工程监理单位应当依法取得相应等级的资质证书，并在其资质等级许可的范围内承担工程监理业务，不得超越本单位资质等级许可的范围或者以其他工程监理单位的名义承担工程监理业务，不得允许其他单位或者个人以本单位的名义承担工程监理业务，不得转让工程监理业务。

2）工程监理单位与被监理工程的施工承包单位以及建筑材料、建筑构配件和设备供应单位不得有隶属关系或者其他利害关系的，否则不得承担该项建设工程的监理业务。

3）工程监理单位应当依照法律、法规以及有关技术标准、设计文件和建设工程承包合同，代表建设单位对施工质量实施监理，并对施工质量承担监理责任。工程监理单位应当选派具备相应资格的总监理工程师和监理工程师进驻施工现场。未经监理工程师签字，建筑材料、建筑构配件和设备不得在工程上使用或者安装，施工单位不得进行下一道工序的施工。未经总监理工程师签字，建设单位不得拨付工程款，并不得进行竣工验收。监理工程师应当按照工程监理规范的要求，采取旁站、巡视和平行检验等形式，对建设工程实施监理。

6.6 建设工程安全

建筑生产活动多为露天、高处作业，具有施工环境、作业条件较差，不安全因素随着工程进度变化，隐患多等特点，是事故多发的行业，每年因工死亡人数居全国各行业的第二位。为依法加强建筑安全生产管理，预防和减少建筑业事故的发生，保障建筑行业职工及他人的人身安全和财产安全，在长期的生产实践和生产管理中，我国已经总结出一些行之有效的安全生产管理制度，《建筑法》第五章对建筑生产安全问题作了系列规定，为实现国家对建设安全生产管理的可操作性，2003 年 11 月国务院第 28 次常务会议通过了《建设工程安全生产管理条例》（简称《安全生产管理条例》），并于 2004 年 2 月 1 日起施行。此外，国家颁布的《中华人民共和国安全生产法》《安全生产许可证条例》《生产安全事故报告和调查处理条例》等涉及安全生产的法律、法规和部门规章制度也对建设工程安全生产起到约束作用。

6.6.1 建设工程安全管理的方针

《建筑法》第 36 条规定：建筑工程安全生产管理必须坚持安全第一、预防为主的方针，建立健全安全生产的责任制度和群防群治制度。

所谓坚持安全第一、预防为主的方针，是指在建筑生产活动中，应当将保证生产安全放到第一位，在管理、技术等方面采取能够确保生产安全的预防性措施，防止建筑工程事故发生。安全生产责任制度，是指将各项保障生产安全的责任具体落实到各有关管理人员和不同岗位人员身上的制度。群防、群治制度，是指由广大职工群众共同参与预防安全事故的发生、治理各种安全事故隐患的制度。

安全第一、预防为主的方针是建筑工程安全生产管理工作的经验总结，安全生产责任制度、群防群治制度是安全第一、预防为主方针的具体体现。

6.6.2 建设工程安全管理的基本制度

《中华人民共和国安全生产法》、《建筑法》和《安全生产管理条例》都明确了安全生产的基本制度。《安全生产管理条例》第 21 条规定：“施工单位主要负责人依法对本单位的安全生产工作全面负责。施工单位应当建立健全安全生产责任制度和安全生产教育培训制度，制定安全生产规章制度和操作规程，保证本单位安全生产条件所需资金的投入，对所承担的建设工程进行定期和专项安全检查，并做好安全检查记录。施工单位的项目负责人应当由取得相应执业资格的人员担任，对建设工程项目的安全施工负责，落实安全生产责任制度、安全生产规章制度和操作规程，确保安全生产费用的有效使用，并根据工程的特点组织制定安全施工措施，消除安全事故隐患，及时、如实报告生产安全事故。”

1. 安全生产责任制度

安全生产责任制度是指将各种不同的安全责任落实到负责有安全管理责任的人员和具体岗位人员身上的一种制度，是建筑工程安全规章制度的核心。只有明确安全责任分工负责，才能形成完整有效的安全管理体系，激发每个人的安全责任感，严格按建筑工程安全的法规、规程、技术规范执行，防患于未然，减少工程事故的发生。主要内容有：从事建筑活动主体（企业）的负责人的责任制、从事建筑活动主体的职能机构或处室及工作人员的安全生产责任制、岗位人员的安全生产责任制。

2. 群防群治制度

利用群众的智慧和力量，发动职工自发进行预防和治理安全的一种制度，是群众路线在全工作中的具体表现。实施群防群治制度，要求职工在施工过程中自觉遵守有关生产的法规和建筑行业安全生产规章、规程，对于危及生命和健康的行为有权提出抗拒、检举和控告。

3. 安全生产教育培训制度

安全生产教育培训制度是对广大建筑企业职工进行安全生产教育培训，提高安全意识，增加安全知识和安全技能。分析诸多建设安全生产事故，不难发现事故发生的一个重要原因就是：有关人员安全意识薄弱、安全技能不强，未经安全生产教育培训的人员就上岗作业。历史上血的教训证明：只有通过对职工的安全教育与培训，才能使广大职工认识到安全生产的重要性、必要性，并自觉遵守各项安全生产条例和规章制度。

4. 安全生产检查制度

安全生产检查制度是上级管理部门、企业自身对安全生产状况进行定期、不定期检查，实现预防为主，将隐患消灭在发生之前，做到防患于未然，是“预防为主”的具体体现，是安全生产的保障。

5. 伤亡事故处理报告制度

当生产过程中发生事故，应采取积极的措施尽量减少人员伤亡和损失，并按国家有关规定及时向有关部门报告。事故处理必须按照一定的程序进行，做到三不放过（事故原因不清不放过、事故责任者和群众没有受到教育不放过、没有防范措施不放过）。

6. 安全责任追究制度

《建筑法》第七章和《安全生产管理条例》第七章中，规定了建设单位、设计单位、施工单位和监理单位，由于没有履行相应的安全生产职责造成安全事故的，对有关责任人视情节依法给予相应处理。

6.6.3　建设工程安全责任

1. 建设单位的安全责任

《安全生产管理条例》第二章对建设单位的安全责任作出了详细规定：

1）建设单位应当向施工单位提供施工现场及毗邻区域内供水、排水、供电、供气、供热、通信、广播电视等地下管线资料，气象和水文观测资料，相邻建筑物和构筑物、地下工程的有关资料，并保证资料的真实、准确、完整。建设单位因建设工程需要，向有关部门或者单位查询这些资料时，有关部门或者单位应当及时提供。

2）建设单位不得对勘察、设计、施工、工程监理等单位提出不符合建设工程安全生产法律、法规和强制性标准规定的要求，不得压缩合同约定的工期。

3）建设单位在编制工程概算时，应当确定建设工程安全作业环境及安全施工措施所需费用。

4）建设单位不得明示或者暗示施工单位购买、租赁、使用不符合安全施工要求的安全防护用具、机械设备、施工机具及配件、消防设施和器材。

5）建设单位在申请领取施工许可证时，应当提供建设工程有关安全施工措施的资料。依法批准开工报告的建设工程，建设单位应当自开工报告批准之日起 15 日内，将保证安全施工的措施报送建设工程所在地的县级以上地方人民政府建设行政主管部门或者其他有关部门备案。

6）建设单位应当将拆除工程发包给具有相应资质等级的施工单位。建设单位应当在拆除工程施工 15 日前，将下列资料报送建设工程所在地的县级以上地方人民政府建设行政主管部门或者其他有关部门备案：

a. 施工单位资质等级证明。

b. 拟拆除建筑物、构筑物及可能危及毗邻建筑的说明。

c. 拆除施工组织方案。

d. 堆放、清除废弃物的措施。

实施爆破作业的，应当遵守国家有关民用爆炸物品管理的规定。《民用爆炸物品管理条例》第 27 条规定：使用爆破器材的建设单位，必须经上级主管部门审查同意，并持说明使用爆破器材的地点、品名、数量、用途、四邻距离的文件和安全操作规程，向所在地县、市公安局申请领取《爆炸物品使用许可证》方准使用。

2. 勘察、设计、监理及物资供应单位的安全责任

《安全生产管理条例》第三章对勘察、设计、工程监理及其他有关单位的安全责任作出了详细规定：

1）勘察单位应当按照法律、法规和工程建设强制性标准进行勘察，提供的勘察文件应当真实、准确，满足建设工程安全生产的需要。勘察单位在勘察作业时，应当严格执行操作规程，采取措施保证各类管线、设施和周边建筑物、构筑物的安全。

2）设计单位应当按照法律、法规和工程建设强制性标准进行设计，建设工程设计应当符合按照国家规定制定的建筑安全规定和技术规范，保证工程的安全性能，防止因设计不合理导致生产安全事故的发生。设计单位应当考虑施工安全操作和防护的需要，对涉及施工安全的重点部位和环节应在设计文件中注明，并对防范生产安全事故提出指导意见。采用新结构、新材料、新工艺的建设工程和特殊结构的建设工程，设计单位应当在设计中提出保障施工作业人员安全和预防生产安全事故的措施建议。设计单位和注册建筑师等注册执业人员应当对其设计负责。

3）工程监理单位应当审查施工组织设计中的安全技术措施或者专项施工方案是否符合工程建设强制性标准。工程监理单位在实施监理过程中，发现存在安全事故隐患的，应当要求施工单位整改；情况严重的，应当要求施工单位暂时停止施工，并及时报告建设单位。施工单位拒不整改或者不停止施工的，工程监理单位应当及时向有关主管部门报告。工程监理单位和监理工程师应当按照法律、法规和工程建设强制性标准实施监理，并对建设工程安全生产承担监理责任。

4）为建设工程提供机械设备和配件的单位，应当按照安全施工的要求配备齐全有效的保险、限位等安全设施和装置。

5）出租的机械设备和施工机具及配件，应当具有生产（制造）许可证、产品合格证。出租单位应当对出租的机械设备和施工机具及配件的安全性能进行检测，在签订租赁协议时，应当出具检测合格证明。禁止出租检测不合格的机械设备和施工机具及配件。

6）在施工现场安装、拆卸施工起重机械和整体提升脚手架、模板等自升式架设设施，必须由具有相应资质的单位承担。安装、拆卸施工起重机械和整体提升脚手架、模板等自升式架设设施，应当编制拆装方案、制定安全施工措施，并由专业技术人员现场监督。施工起重机械和整体提升脚手架、模板等自升式架设设施安装完毕后，安装单位应当自检，出具自检合格证明，并向施工单位进行安全使用说明，办理验收手续并签字。

7）施工起重机械和整体提升脚手架、模板等自升式架设设施的使用达到国家规定的检验检测期限的，必须经具有专业资质的检验检测机构检测。经检测不合格的，不得继续使用。

8）检验检测机构对检测合格的施工起重机械和整体提升脚手架、模板等自升式架设设施，应当出具安全合格证明文件，并对检测结果负责。

3. 施工单位安全责任

《安全生产管理条例》第四章对施工单位的安全责任作出了详细规定，主要从安全生产责任和安全管理两个方面作出规定：

1）施工单位主要负责人依法对本单位的安全生产工作全面负责。施工单位应当建立健全安全生产责任制度和安全生产教育培训制度，制定安全生产规章制度和操作规程，保证本单位安全生产条件所需资金的投入，对所承担的建设工程进行定期和专项安全检查，并做好安全检查记录。施工单位的项目负责人应当由取得相应执业资格的人员担任，对建设工程项目的安全施工负责，落实安全生产责任制度、安全生产规章制度和操作规程，确保安全生产费用的有效使用，并根据工程的特点组织制定安全施工措施，消除安全事故隐患，及时、如实报告生产安全事故。

2）施工单位应当设立安全生产管理机构，配备专职安全生产管理人员。专职安全生产管理人员负责对安全生产进行现场监督检查。发现安全事故隐患，应当及时向项目负责人和安全生产管理机构报告；对违章指挥、违章操作的，应当立即制止。专职安全生产管理人员的配备办法由国务院建设行政主管部门会同国务院其他有关部门制定。

3）建设工程实行施工总承包的，由总承包单位对施工现场的安全生产负总责。总承包单位应当自行完成建设工程主体结构的施工。总承包单位依法将建设工程分包给其他单位的，分包合同中应当明确各自的安全生产方面的权利、义务。总承包单位和分包单位对分包工程的安全生产承担连带责任。分包单位应当服从总承包单位的安全生产管理，分包单位不服从管理导致生产安全事故的，由分包单位承担主要责任。

4）施工单位对列入建设工程概算的安全作业环境及安全施工措施所需费用，应当用于施工安全防护用具及设施的采购和更新、安全施工措施的落实、安全生产条件的改善，不得挪作他用。

5）垂直运输机械作业人员、安装拆卸工、爆破作业人员、起重信号工、登高架设作业人员等特种作业人员，必须按照国家有关规定经过专门的安全作业培训，并取得特种作业操作资格证书后，方可上岗作业。

6）施工单位应当在施工组织设计中编制安全技术措施和施工现场临时用电方案，对下列达到一定规模的危险性较大的分部分项工程编制专项施工方案，并附具安全验算结果，经施工单位技术负责人、总监理工程师签字后实施，由专职安全生产管理人员进行现场监督：

a. 基坑支护与降水工程。

b. 土方开挖工程。

c. 模板工程。

d. 起重吊装工程。

e. 脚手架工程。

f. 拆除、爆破工程。

g. 国务院建设行政主管部门或者其他有关部门规定的其他危险性较大的工程。

7）建设工程施工前，施工单位负责项目管理的技术人员应当对有关安全施工的技术要求向施工作业班组、作业人员作出详细说明，并由双方签字确认。

8）施工单位应当在施工现场入口处、施工起重机械、临时用电设施、脚手架、出入通道口、楼梯口、电梯井口、孔洞口、桥梁口、隧道口、基坑边沿、爆破物及有害危险气体和液体存放处等危险部位，设置明显的安全警示标志。安全警示标志必须符合国家标准。施工单位应当根据不同施工阶段和周围环境及季节、气候的变化，在施工现场采取相应的安全施工措施。施工现场暂时停止施工的，施工单位应当做好现场防护，所需费用由责任方承担，或者按照合同约定执行。

9）施工单位对因建设工程施工可能造成损害的毗邻建筑物、构筑物和地下管线等，应当采取专项防护措施。施工单位应当遵守有关环境保护法律、法规的规定，在施工现场采取措施，防止或者减少粉尘、废气、废水、固体废物、噪声、振动和施工照明对人和环境的危害和污染。在城市市区内的建设工程，施工单位应当对施工现场实行封闭围挡。

10）施工单位应当向作业人员提供安全防护用具和安全防护服装，并书面告知危险岗位的操作规程和违章操作的危害。作业人员有权对影响人身健康的作业条件、作业程序和作业方式提出改进意见，有权拒绝违章指挥和强令冒险作业，有权获得安全生产所需的防护用品。在施工中发生危及生命安全和人身健康的紧急情况时，作业人员有权立即停止作业或者在采取必要的应急措施后撤离危险区域。同时有权提出批评、检举和控告。作业人员在施工过程中，应当遵守有关安全生产的法律、法规和建筑行业安全规章、规程，不得违章指挥或者违章作业，正确使用安全防护用具、机械设备等。

11）施工单位采购、租赁的安全防护用具、机械设备、施工机具及配件，应当具有生产（制造）许可证、产品合格证，并在进入施工现场前进行查验。施工现场的安全防护用具、机械设备、施工机具及配件必须由专人管理，定期进行检查、维修和保养，建立相应的资料档案，并按照国家有关规定及时报废。

12）施工单位在使用施工起重机械和整体提升脚手架、模板等自升式架设设施前，应当组织有关单位进行验收，也可以委托具有相应资质的检验检测机构进行验收；使用承租的机械设备和施工机具及配件的，由施工总承包单位、分包单位、出租单位和安装单位共同进行验收。验收合格的方可使用。

13）施工单位的主要负责人、项目负责人、专职安全生产管理人员应当经建设行政主管部门或者其他有关部门考核合格后方可任职。施工单位应当对管理人员和作业人员每年至少进行一次安全生产教育培训，其教育培训情况记入个人工作档案。安全生产教育培训考核不合格的人员，不得上岗。作业人员进入新的岗位或者新的施工现场前，应当接受安全生产教育培训。未经教育培训或者教育培训考核不合格的人员，不得上岗作业。施工单位在采用新技术、新工艺、新设备、新材料时，应当对作业人员进行相应的安全生产教育培训。

14）建筑施工企业应当依法为职工参加工伤保险缴纳工伤保险费。鼓励企业为从事危险作业的职工办理意外伤害保险，支付保险费。实行施工总承包的，由总承包单位支付意外伤害保险费。意外伤害保险期限自建设工程开工之日起至竣工验收合格止。

15）建设单位应当按照国家有关规定，对需要临时占用规划批准范围以外场地的，可能损坏道路、管线、电力、邮电通信等公共设施的，需要临时停水、停电、中断道路交通的，需要进行爆破作业的，法律、法规规定需要办理报批手续的其他情形需办理申请批准手续。

6.6.4 建设工程重大安全事故的处理

1. 建设工程重大安全事故的概述

（1）建设工程重大安全事故的概念　重大安全事故，是指因违反有关建设工程安全的法律、法规和强制性标准，造成人身伤亡或重大经济损失的事故。

2007年3月28日国务院第172次常务会议通过《生产安全事故报告和调查处理条例》，并于2007年6月1日起施行，条例共6章46条，主要对事故报告、事故调查和事故处理作出了详细的规定。

（2）建设工程安全事故的分类　《生产安全事故报告和调查处理条例》第3条规定，根据生产安全事故（以下简称事故）造成的人员伤亡或者直接经济损失，事故一般分为以下等级：

1）特别重大事故，是指造成30人以上死亡，或者100人以上重伤，或者1亿元以上直接经济损失的事故。

2）重大事故，是指造成 10 人以上 30 人以下死亡，或者 50 人以上 100 人以下重伤，或者 5000 万元以上 1 亿元以下直接经济损失的事故。

3）较大事故，是指造成 3 人以上 10 人以下死亡，或者 10 人以上 50 人以下重伤，或者 1000 万元以上 5000 万元以下直接经济损失的事故。

4）一般事故，是指造成 3 人以下死亡，或者 10 人以下重伤，或者 1000 万元以下直接经济损失的事故。

2. 建设工程重大安全事故处理程序

（1）事故报告　建设工程事故发生后，事故现场有关人员应当立即向本单位负责人报告；单位负责人接到报告后，应当于 1 小时内向事故发生地县级以上人民政府安全生产监督管理部门和负有安全生产监督管理职责的有关部门报告。情况紧急时，事故现场有关人员可以直接向事故发生地县级以上人民政府安全生产监督管理部门和负有安全生产监督管理职责的有关部门报告。安全生产监督管理部门和负有安全生产监督管理职责的有关部门接到事故报告后，应当根据事故的分类按照规定逐级上报事故情况，每级上报的时间不得超过 2 小时，并通知公安机关、劳动保障行政部门、工会和人民检察院。

（2）迅速抢救伤员、保护事故现场　事故发生单位负责人接到事故报告后，应当立即启动事故相应应急预案，或者采取有效措施，组织抢救，防止事故扩大，减少人员伤亡和财产损失。事故发生地有关地方人民政府、安全生产监督管理部门和负有安全生产监督管理职责的有关部门接到事故报告后，其负责人应当立即赶赴事故现场，组织事故救援。事故发生后，有关单位和人员应当妥善保护事故现场以及相关证据，任何单位和个人不得破坏事故现场、毁灭相关证据。因抢救人员、防止事故扩大以及疏通交通等原因，需要移动事故现场物件的，应当做出标志，绘制现场简图并做出书面记录，妥善保存现场重要痕迹、物证。

事故发生地公安机关根据事故的情况，对涉嫌犯罪的，应当依法立案侦查，采取强制措施和侦查措施。犯罪嫌疑人逃匿的，公安机关应当迅速追捕归案。

（3）事故调查　特别重大事故由国务院或者国务院授权有关部门组织事故调查组进行调查。重大事故、较大事故、一般事故分别由事故发生地省级人民政府、设区的市级人民政府、县级人民政府直接组织事故调查组进行调查，也可以授权或者委托有关部门组织事故调查组进行调查。

根据事故的具体情况，事故调查组由有关人民政府、安全生产监督管理部门、负有安全生产监督管理职责的有关部门、监察机关、公安机关以及工会派人组成，并应当邀请人民检察院派人参加。事故调查组可以聘请有关专家参与调查。事故调查组成员应当具有事故调查所需要的知识和专长，并与所调查的事故没有直接利害关系。事故调查组组长由负责事故调查的人民政府指定。事故调查组组长主持事故调查组的工作。

事故调查组有权向有关单位和个人了解与事故有关的情况，并要求其提供相关文件、资料，有关单位和个人不得拒绝。事故发生单位的负责人和有关人员在事故调查期间不得擅离职守，并应当随时接受事故调查组的询问，并如实提供有关情况。事故调查中发现涉嫌犯罪的，事故调查组应当及时将有关材料或者其复印件移交司法机关处理。事故调查中需要进行技术鉴定的，事故调查组应当委托具有国家规定资质的单位进行技术鉴定。必要时，事故调查组可以直接组织专家进行技术鉴定。技术鉴定所需时间不计入事故调查期限。

未经事故调查组组长允许，事故调查组成员不得擅自发布有关事故的信息。事故调查组应当自事故发生之日起60日内提交事故调查报告；特殊情况下，经负责事故调查的人民政府批准，提交事故调查报告的期限可以适当延长，但延长的期限最长不超过60日。

事故调查报告应当包括下列内容：

1）事故发生单位概况。

2）事故发生经过和事故救援情况。

3）事故造成的人员伤亡和直接经济损失。

4）事故发生的原因和事故性质。

5）事故责任的认定以及对事故责任者的处理建议。

6）事故防范和整改措施。

事故调查报告应当附具有关证据材料。事故调查组成员应当在事故调查报告上签名。事故调查报告报送负责事故调查的人民政府后，事故调查工作即告结束。事故调查的有关资料应当归档保存。

（4）事故处理　对于重大事故、较大事故、一般事故，负责事故调查的人民政府应当自收到事故调查报告之日起15日内做出批复；特别重大事故，30日内做出批复，特殊情况下，批复时间可以适当延长，但延长的时间最长不超过30日。有关机关应当按照人民政府的批复，依照法律、行政法规规定的权限和程序，对事故发生单位和有关人员进行行政处罚，对负有事故责任的国家工作人员进行处分。事故发生单位应当按照负责事故调查的人民政府的批复，对本单位负有事故责任的人员进行处理。负有事故责任的人员涉嫌犯罪的，依法追究刑事责任。

事故发生单位应当认真吸取事故教训，落实防范和整改措施，防止事故再次发生。防范和整改措施的落实情况应当接受工会和职工的监督。安全生产监督管理部门和负有安全生产监督管理职责的有关部门应当对事故发生单位落实防范和整改措施的情况进行监督检查。

6.7 建筑法律制度案例

案例分析1

基本案情：

某工厂要建造一礼堂。聘请一家监理单位作为建设礼堂的施工监理。在工程完工后，业主经调查，工程中使用了大量质量低劣的填充材料，监理单位知情却隐瞒不报，并签发了工程的接受证书。因此，业主起诉监理单位，指控其与承包商串通欺诈。法院判决监理公司因欺诈性掩盖事实，应承担责任。

试评析各方的法律责任。

案例评析：

《建设工程质量管理条例》第36条规定："工程监理单位应当依照法律、法规以及有关技术标准、设计文件和建设工程承包合同，代表建设单位对施工质量实施监理，并对施工质量承担监理责任。"本案监理单位未按照有关法律、法规和标准对工程材料质量进行监督，纵容施工单位使用大量质量低劣的填充材料，给建设单位造成损失，违反了上述规定。因此，该监理单位应当承担监理责任，按照《建设工程质量管理条例》第67条的规定对监理单位进行处罚。

《建设工程质量管理条例》第67条规定：工程监理单位有下列行为之一的，责令改正，处50万元以上100万元以下的罚款，降低资质等级或者吊销资质证书；有违法所得的，予以没收；造成损失的，承担连带赔偿责任：

1）与建设单位或者施工单位串通，弄虚作假、降低工程质量的。

2）将不合格的建设工程、建筑材料、建筑构配件和设备按照合格签字的。

《建设工程质量管理条例》第29条规定："施工单位必须按照工程设计要求、施工技术标准和合同约定，对建筑材料、建筑构配件、设备和商品混凝土进行检验，检验应当有书面记录和专人签字；未经检验或者检验不合格的，不得使用。"本案施工单位未按照法律对采用工程材料进行质量管理，使用大量质量低劣的填充材料，违反了上述规定。因此，该施工单位应当承担工程质量主要责任，按照《建设工程质量管理条例》第64、65条的规定对施工单位进行处罚。

《建设工程质量管理条例》第64条规定："施工单位在施工中偷工减料的，使用不合格的建筑材料、建筑构配件和设备的，或者有不按照工程设计图或者施工技术标准施工的其他行为的，责令改正，处工程合同价款2%以上4%以下的罚款；造成建设工程质量不符合规定的质量标准的，负责返工、修理，并赔偿因此造成的损失；情节严重的，责令停业整顿，降低资质等级或者吊销资质证书。"

《建设工程质量管理条例》第65条规定："施工单位未对建筑材料、建筑构配件、设备和商品混凝土进行检验，或者未对涉及结构安全的试块、试件以及有关材料取样检测的，责令改正，处10万元以上20万元以下的罚款；情节严重的，责令停业整顿，降低资质等级或者吊销资质证书；造成损失的，依法承担赔偿责任。"

案例分析2

基本案情：

2001年，湖南省某木材公司启动了一项工程，为员工建设住宅楼。根据法律，木材公司以公开招标的方式寻求承包人。当时，木材公司向主管部门递送招标申请的时间是2001年5月25日，未等批准，当天就将招标文件发放出去了，各投标单位的投标截止日是2001年5月30日。但5月31日才正式开标。该次评标委员会是由木材公司直接确定，共有7人组成，其中招标人3人，本系统技术专家一名、经济专家一名，外系统技术专家一名、经济专家一名。

从表面上看，这次招标很公平，然而仔细分析，却可以发现这次招标的程序上有很多违反《招标投标法》的地方。请列出这一招标过程违反了《招标投标法》的哪些条款。

案例评析：

（1）招标申请时间是2001年5月25日，文件发放时间也是2001年5月25日，违反《招标投标法》第9条规定："招标项目按照国家有关规定需要履行项目审批手续的，应当先履行审批手续，取得批准。"

（2）施工招标中，招标文件的发放时间是2001年5月25日，投标文件的截止时间是2001年5月30日，不足20日。此举违反《招标投标法》第24条："依法必须进行招标的项目，自招标文件开始发出之日起至投标人提交投标文件截止之日止，最短不得少于20日。"

（3）投标文件的截止时间是2001年5月30日，开标5月31日，不是同一时间进行，违反《招标投标法》第34条："开标应当在招标文件确定的提交投标文件截止时间的同一时间公开进行。"

（4）评委成员的专家应当从专家库中随机抽取。

（5）评标委员会的人员构成违反了《招标投标法》第37条规定："技术、经济等方面的专家不得少于成员总数的2/3。"

案例分析3

基本案情：

××商场为了扩大营业范围，购得××市×××集团公司地皮一块，准备兴建××商场分店。××商场通过招标投标的形式与××建筑工程公司签订了建筑工程承包合同。之后，承包人将各种设备、材料运抵工地开始施工。施工过程中，城市规划管理局的工作人员来到施工现场，指出该工程不符合城市建设规划，未领取施工规划许可证，必须立即停止施工。最后，城市规划管理局对发包人作出了行政处罚，处以罚款2万元，勒令停止施工，拆除已修建部分。承包人因此而蒙受损失，向法院提起诉讼，要求发包人给予赔偿。

案例评析：

本案双方当事人之间所订合同属于典型的建设工程合同，归属于施工合同的类别，所以评判双方当事人的权责应依有关建设工程合同的规定。本案中引起当事人争议并导致损失产生的原因是工程开工前未办理规划许可证，从而导致工程为非法工程，当事人基于此而订立的合同无合法基础，应视为无效合同。依《中华人民共和国建筑法》的规定，规划许可证应由建设人，即发包人办理，所以本案中的过错在于发包方，发包方应当赔偿给承包人造成的先期投入、设备、材料运送费用以及耗用的人工费用等项损失。

案例分析4

基本案情：

某政府部门招标一工程。某承包商的标价最低。但该政府部门在认真审查和比较了招标文件要求的施工措施和承包商标书的有关内容后，发现标书有下列不符合招标文件的要求的情况：

1）标书中没有提供有关承包商主要管理人员充分并符合要求的资料。

2）标书中没有提供有关承包商推荐的设备供应商的有关设备适用性的说明文件。

3）标书没有提供灌注水泥浆的有关资料。

该政府部门要求承包商给予澄清，并给承包商一个补正的机会。但承包商提供的资料与原来的标书相比没有实质性的改进。于是该政府部门拒绝了承包商的投标。承包商起诉政府部门，力图阻止授标给次低报价的投标者，而将合同授予自己。

案件审理：

一审法院认为，虽然承包商的标书与招标文件的要求有差距，但还不构成对招标文件的实质性违反，所以政府部门拒绝承包商的投标是不适当的。

二审法院认为，一般的原则是，政府部门有责任依据自己的判断决定是否接受一个标书。进行招标需要广泛的知识和高超的技术，行政机关应该有广泛的权限去作出判断和决定。如果政府机关在行使权力时没有欺诈、恶意串通、反复无常等不合法或不合理的行为，判断投标是否满足招标文件的要求是政府职能范围内的事。法院不应介入政府的职能范围。证明行政机关非法行使决定权的举证责任在要求推翻行政决定的一方。

案例评析：

标书应当满足有关法规和招标文件的要求，没有满足招标文件要求的标书将被视为废标而失去中标机会。但是在实际招标过程中，由于一项工程往往非常复杂，判断一个标书是否符合有关法规和招标文件的要求并不是一件容易的事。对于政府部门作为业主进行招标的这种情况，法院应当考虑以下两个因素：

1）政府部门是有法定行政权力的国家机关，对其管辖的事务有很大的自由裁量权。

2）相对于法院，政府部门对其管辖的业务更加熟悉和精通。因此，法院在审查政府部门在招标活动中的决定时应当谨慎一些，尽量尊重政府部门的决定。

但是，如果有证据表明政府部门所做的决定有不诚实、欺诈或者串通等行为，或者所做决定明显违法和不合理，那么法院就可以考虑判决推翻政府部门的决定。

案例分析5

基本案情：

2001年初，某房地产开发公司欲开发新区第三批商品房，当年4月，某市电视台发出公告，房地产开发公司作为招标人就该工程向社会公开招标，择其优者签约承建该项目。此公告一发，在当地引起不小反响，先后有二十余家建筑单位投标。原告A建筑公司和B建筑公司均在投标人之列。A建筑公司基于市场竞争激烈等因素，经充分核算，在标书中作出全部工程造价不超过500万元的承诺，并自认为依此数额，该工程利润已不明显。房地产开发公司组织开标后，B建筑公司投标数额为450万元。两家的投标均低于标底540万元。最后B建筑公司因价格更低而中标，并签订了总价包死的施工合同。该工程竣工后，房地产开发公司与B建筑公司实际结算的款额为510万元。A建筑公司得知此事后，认为房地产开发公司未依照既定标价履约，实际上侵害了自己的权益，遂向法院起诉要求房地产开发公司赔偿在投标过程中的支出等损失。

案例评析：

本案争议的焦点是：经过招标投标程序而确定的合同总价能否再行变更的问题，这样做是否违反《合同法》第271条规定的建设工程的招标投标活动，应当依照有关法律的规定公开、公平、公正进行的原则。

依法律规定，通过招标投标方式签订的建筑工程合同是固定总价合同，其特征在于：通过竞争决定的总价不因工程量、设备及原材料价格等因素的变化而改变，当事人投标标价应将一切因素涵盖，是一种高风险的承诺。当事人自行变更总价就从实质上剥夺了其他投标人公平竞价的权利，并势必纵容招标人与投标人之间的串通行为，因而这种行为是违反公开、公平、公正原则的行为，构成对其他投标人权益的侵害，所以A建筑公司的主张应予支持。

案例分析6

基本案情：

某市A服务公司因建办公楼与B建设工程总公司签订了建筑工程承包合同。其后，经A服务公司同意，B建设工程总公司分别与市C建筑设计院和市D建筑工程公司签订了建设工程勘察设计合同和建筑安装合同。建筑工程勘察设计合同约定由C建筑设计院对A服务公司的办公楼、水房、化粪池、给水排水、空调及煤气外管线工程提供勘察、设计服务，做出工程设计书及相应施工图和资料。建筑安装合同约定由D建筑工程公司根据C建筑设计院提供的设计图进行施工，工程竣工时依据国家有关验收规定及设计图进行质量验收。合同签订后，C建筑设计院按时做出设计书并将相关图样资料交付D建筑工程公司，D建筑公司依据设计图进行施工。工程竣工后，发包人会同有关质量监督部门对工程进行验收，发现工程存在严重质量问题，主要是由于设计不符合规范所致。原来C建筑设计院未对现场进行仔细勘察即自行进行设计导致设计不合理，给发包人带来了重大损失。由于设计人拒绝承担责任，B建设工程总公司又以自己不是设计人为由推卸责任，发包人遂以C建筑设计院为被告向法院起诉。法院受理后，追加B建设工程总公司为共同被告，让其与C建筑设计院一起对工程建设质量问题承担连带责任。

案例评析：

本案中，市A服务公司是发包人，市B建设工程总公司是总承包人，C建筑设计院和市D建筑工程公司是分包人。对工程质量问题，B建设工程总公司作为总承包人应承担责任，而C建筑设计院和D建筑工程公司也应该依法分别向发包人承担责任。总承包人以不是自己勘察设计和建筑安装的理由企图不对发包人承担责任，以及分包人以与发包人没有合同关系为由不向发包人承担责任是没有法律依据的。所以本案判决B建设工程总公司和C建筑设计院共同承担连带责任是正确的。

值得说明的是，依《合同法》第272条："发包人可以与总承包人订立建设工程合同，也可以分别与勘察人、设计人、施工人订立勘察、设计、施工承包合同。发包人不得将应当由一个承包人完成的建设工程肢解成若干部分发包给几个承包人。总承包人或者勘察、设计、施工承包人经发包人同意，可以将自己承包的部分工作交由第三人完成。第三人就其完成的工作成果与总承包人或者勘察、设计、施工承包人向发包人承担连带责任。承包人不得将其承包的全部建设工程转包给第三人或者将其承包的全部建设工程肢解以后以分包的名义分别转包给第三人。禁止承包人将工程分包给不具备相应资质条件的单位。禁止分包单位将其承包的工程再分包。建设工程主体结构的施工必须由承包人自行完成。”以及《建筑法》第28条、第29条的规定：禁止承包单位将其承包的全部建筑工程转包给他人，施工总承包的，建筑工程主体结构的施工必须由总承包单位自行完成。本案中B建设工程总公司作为总承包人不自行施工，而将工程全部转包他人，虽经发包人同意，但违反禁止性规定，亦为违法行为。

案例分析7

基本案情：

某业主开发建设一栋24层综合办公写字楼，委托A监理公司进行监理，经过施工招标，业主选择了B建筑公司承担工程施工任务。B建筑公司拟将桩基工程分包给C地基基础工程公司，拟将暖通、水电工程分包给D安装公司。

在总监理工程师组织的现场监理机构工作会议上，总监理工程师要求监理人员在B建筑公司进入施工现场到工程开工这一段时间内，要熟悉有关资料，认真审核施工单位提交的有关文件、资料等。

1）在这段时间内监理工程师应熟悉哪些主要资料？

2）监理工程师应重点审核施工单位的哪些技术文件与资料？

案例评析：

1. 监理工程师应熟悉的资料包括：

1）工程项目有关批文、报告文件（各种批文、可行性研究报告、勘察报告等）。

2）工程设计文件、图样等。

3）施工规范、验收标准、质量评定标准等。

4）有关法律、法规文件。

5）合同文件（监理合同、承包合同等）。

2. 监理工程师在施工单位进入施工现场到开工这一阶段应重点审查：

1）施工单位编制的施工方案和施工组织设计文件。

2）施工单位质量保证体系或质量保证措施文件。

3）分包单位的资质。

4）进场工程材料的合格证、技术说明书、质量保证书、检验试验报告等。

5）主要施工机具、设备的组织配备和技术性能报告。

6）审核拟采用的新材料、新结构、新工艺、新技术的技术鉴定文件。

7）审核施工单位开工报告、检查核实开工应准备的各项条件。

案例分析8

基本案情：

章丘市某起重机厂雇用李某带领8人对该厂生产的塔式起重机在某镇某建筑公司中进行首次安装。在按顺序安装塔身、塔顶、平衡臂后，着手安装起重臂。起重臂是典型的细长构件，吊装时对吊点位置、吊索的拴系方式、重心所处位置均有严格的技术要求。按照规定应该设置3个吊点、6根吊索，而李某等人仅设了2个吊点、4根吊索，并且在吊索未拴牢靠的情况下，将起重臂吊起。起重臂根铰点销轴安装完毕后，5名工人爬上起重臂，安装2根连接起重臂与塔顶的拉杆。这时一处吊点的钢丝绳将起重臂2根侧向斜腹杆拉断，起重臂向塔身方向水平移动约400mm，起重臂瞬间下沉，起吊钢丝绳断裂，起重臂以臂根铰点为轴心旋转滑落，起重臂上的5名工人随之坠地，4人死亡，1人重伤。

事后经调查，济南市有关部门对章丘市某起重机厂审查把关不严，在该厂生产许可证过期后，于2001年2月下文推荐其塔式起重机产品进入济南市场。

案例评析：

1. 技术方面

章丘市某起重机厂生产的QTG25A起重机是无技术图、无生产工艺、无产品检验报告、无材质保证单、无产品合格证、无整机安装说明书的非法生产的不合格产品。该塔式起重机是参照比其小一个型号的QTz20A的图样，随意放大后生产的。其断裂的2根腹杆的钢管直径为20mm，厚度仅为2mm。经过计算，无论强度还是稳定性均不能满足起重机设计规范的要求，更不能承受正常的工作载荷，产品属不合格产品。无安装指导文件，再加上安装时吊点设置不合理，少设了一个吊点，使这2根腹杆承受的安装自重载荷比正常工作时的载荷还大，因此导致事故发生。

2. 管理方面

起重设备安装的施工组织人员和施工指挥人员不熟悉塔机安装程序，作业人员无资质，无证上岗，高处作业无任何安全保护措施，安全素质低，自我保护意识差。

事故结论与教训：

这是一起典型的非法生产、非法制造、非法安装、违章操作、冒险蛮干所造成的重大责任事故。

（1）章丘市某起重机厂在工业产品生产许可证临时证超期的情况下，超范围非法生产销售不合格塔式起重机，并雇用无营业执照、无安装资质的李某非法安装塔式起重机，应负主要责任。

（2）李某非法承揽塔式起重机安装工程，私招、乱雇民工，且安装过程中不采取任何安全措施，冒险蛮干，违章指挥，应负直接责任。

（3）明水镇某建筑公司对塔式起重机生产单位的资质、产品出厂资料及安装单位资质未进行审查，对施工现场监管不力，应负管理责任。

（4）济南市有关部门对章丘市某起重机厂审查把关不严，在该厂生产许可证过期后，于2001年2月下文推荐其塔式起重机产品进入济南市场，客观上纵容了该厂家非法生产，负有重要的管理责任。

案例分析9

基本案情：

2004年5月12日9时20分，河南安阳某有限责任公司刚刚竣工的68m高烟囱施工工程，在拆除已施工完毕的烟囱井架时，井架突然倒塌，造成22人死亡，10人受伤，直接经济损失268.3万元。

案例评析：

滑模施工负责人自行加工非标准井架，未委托有资质的单位进行专项设计，且制作粗糙，使用前也未经检验及验收。使用的施工方案未经监理审批，施工中也未认真按方案组织作业。拆卸作业前没有进行技术交底，对关键部位也没有进行检查。施工和监理单位未能履行其相应的职责，项目经理部负责人、监理人员均不在现场，且无专职安全员，现场安全管理混乱。井架拆除作业所用人员大部分是临时招募的本地农民工，未进行专门的安全作业培训，安全意识和自我防护意识差，是造成这次事故的间接原因。河南省第×建筑工程公司未对滑模作业队的资质、从业人员的资格进行审查，现场没有配备专职安全员，安全生产责任制不落实，对该工程二期工程安全管理失控。郑州某建设监理咨询有限公司第六监理部没有认真履行监理职责，对井架拆除方案未进行审查，现场监理工作不到位，没能及时发现重大的安全隐患。该工程二期工程指挥部在有关建设手续未办理完备的情况下开工建设，且要求施工单位把合同约定的工期110天压缩到71天，严重违反了《建设工程安全生产管理条例》的有关规定。安阳开发区管委会作为政府派出机构，没有认真履行政府赋予的规划建设等方面的行政管理职责，导致安全监管缺位。这是导致事故发生的重要原因。滑模工程施工现场负责人安全意识淡薄、违章指挥。现场施工人员安全防护意识差，违规作业，盲目拆除顶部缆风绳。这是此次事故的直接原因。这是一起严重违章指挥、违规作业、违反建设程序、有关各方监督管理不力、安全责任不落实而导致的一起特大责任事故。

案例分析10

基本案情：

某医院决定投资一亿余元，兴建一幢现代化的住院综合楼。其中土建工程采用公开招标的方式选定施工单位，但招标文件对省内的投标人与省外的投标人提出了不同的要求，也明确了投标保证金的数额。该院委托某建筑事务所为该项工程编制标底。2000年10月6日招标公告发出后，共有A、B、C、D、E、F等6家省内的建筑单位参加了投标。投标文件规定2000年10月30日为提交投标文件的截止时间，2000年月11月13日举行开标会。开标会由该省建委主持。结果，其所编制的标底高达6200多万元，其中的A、B、C、D等4个投标人的投标报价均在5200万元以下，与标底相差1000万余元，引起了投标人的异议。这4家投标单位向该省建委投诉，称某建筑事务所擅自更改招标文件中的有关规定，多处漏算多项材料价格。为此，该院请求省建委对原标底进行复核。被指定进行标底复核的省建设工程造价总站（以下简称总站）复核后，证明某建筑事务所在编制标底的过程中确实存在这4家投标单位所提出的问题，复核标底额与原标底额相差近1000万元。由于问题久拖不决，导致中标书在开标3个月后一直未能发出。为了能早日开工，该院在获得了省建委的同意后，更改了中标金额和工程结算方式，确定某省公司G为中标单位。问题：上述招标程序中，有哪些不妥之处？请说明理由。

案例评析：

《招标投标法》第5条规定："招标投标活动应当遵循公开、公正、公平和诚实信用的原则。"招标文件对省内的投标人与省外的投标人提出了不同的要求，违反了这一原则。

投标文件规定2000年10月30日为提交投标文件的截止时间，2000年月11月13日举行开标会，不是同一时间进行，违反了《招标投标法》第34条："开标应当在招标文件确定的提交投标文件截止时间的同一时间公开进行。"

开标会由该省建委主持。《招标投标法》第35条规定："开标由招标人主持，邀请所有投标人参加。"开标时，还可邀请招标主管部门、评标委员会、监察部门的有关人员参加，也可委托公证部门对整个开标过程依法进行公证。因此开标会不应由该省建委主持。

该院在获得了省建委的同意后，更改了中标金额和工程结算方式，确定某省公司G为中标单位。这样做是不妥的。招标人因为标底出现重大偏差，可以要求重新招标，但原参与投标的投标人，应可以继续参与投标，不得以任何理由拒绝原投标人投标，原投标人因其他事宜放弃者除外。若原6个投标人中愿意继续参加投标的投标人少于3个，招标人需重新发布公告重新招标。因此，不能另行确定G公司为中标单位。

思 考 题

1. 工程建设应当遵循哪些程序？
2. 什么是建筑许可？《建筑法》规定的建筑许可包括哪些内容？
3. 申请领取施工许可证应当具备哪些条件？
4. 《建筑法》对建设工程承发包都作了哪些规定？
5. 招标方式有几种？它们之间的主要区别是什么？
6. 我国实行强制招标的建设工程有哪些？其规模标准是如何规定的？
7. 招标人进行招标应当遵循哪些法律规定？
8. 投标人进行投标应当遵循哪些法律规定？
9. 《中华人民共和国招标投标法》对投标文件、投标时间等方面作了哪些规定？
10. 《中华人民共和国招标投标法》对评标委员会组成有哪些规定？
11. 《中华人民共和国招标投标法》对开标时间、地点及参加人等有哪些规定？
12. 什么是工程建设监理？我国必须实行监理的建设工程有哪些？
13. 简述政府和建设工程的各参与方的质量责任。
14. 建设工程安全管理的方针和基本制度是什么？
15. 建设工程重大安全事故处理的程序是什么？

第 7 章

建筑工程合同法律制度

《建筑法》第 15 条规定："建筑工程的发包单位与承包单位应当依法订立书面合同，明确双方的权利和义务。"发包单位和承包单位应当全面履行合同约定的义务。不按照合同约定履行义务的，依法承担违约责任。由于建设工程合同是合同的一种，因此它的签订、履行、变更和消灭除了受到《建筑法》的约束外，也受到《中华人民共和国合同法》（简称《合同法》）的约束。

7.1　合同法概述

7.1.1 《合同法》简介

1. 合同的概念

合同是指平等主体的自然人、法人、其他组织之间设立、变更、终止民事权利义务关系的协议。由定义可知合同具有以下特点：

1）合同的主体可以是自然人、法人或其他组织。

2）合同主体订立合同的目的在于通过双方享受权利、履行义务来实现各自的经济目的。

3）合同的内容是有关设立、变更和终止民事权利义务关系的约定，是合同主体协商一致的结果，是通过合同条款来体现、明确双方的权利和义务。

4）法律对依法成立的合同有约束力。

2. 《合同法》内容简介

《合同法》于 1999 年 3 月 15 日中华人民共和国第九届全国人民代表大会第二次会议通过，共 23 章 428 条，分为总则、分则和附则三部分。其中总则部分共 8 章，将各类合同所涉及的共性问题进行了统一规定，包括一般规定、合同的订立、合同的效力、合同的履行、合同的变更和转让、合同的权利义务终止、违约责任和其他规定等内容。分则部分共 15 章，分别对买卖合同，供用电、水、气、热力合同，赠予合同和借款合同等十五类典型合同进行了具体的规定。附则部分规定了《合同法》自 1999 年 10 月 1 日起实施。

3. 合同的种类

合同依照不同的标准被划分成许多不同种类。

（1）按合同内容划分　《合同法》根据合同内容的不同可分为15种典型的合同：买卖合同，供用电、水、气、热力合同，赠与合同，借款合同，租赁合同，融资租赁合同，承揽合同，建设工程合同，运输合同，技术合同，保管合同，仓储合同，委托合同，行纪合同和居间合同。

在上述合同种类中，工程建设常用的合同有：施工承包合同（《合同法》上的建设工程合同）、设备材料采购合同（《合同法》上的买卖合同）、工程监理委托合同（《合同法》上的委托合同）、货物运输合同（《合同法》上的货物运输合同）、工程建设资金借贷合同（《合同法》上的借款合同）、机械设备租赁合同（《合同法》上的租赁合同）等。

（2）按合同形式划分　《合同法》第10条规定："当事人订立合同，有书面形式、口头形式和其他形式。"

最为常见、但并不是法定唯一的合同形式是书面合同，所谓书面合同是指当事人以文字表述协议内容的合同，其具体书面形式可以是合同书、信件和数据电文（包括电报、电传、传真、电子数据交换和电子邮件）等。在合同履行过程中一旦发生纠纷，书面合同以其记载的内容可以为公平合理解决纠纷提供清晰证据，便于确定责任，能够确保交易安全，但不利于交易便捷。

生活中也大量使用口头合同形式。所谓口头合同是指当事人只以口头语言的意思表示达成协议，而不以文字表述协议内容的合同。虽然口头合同没有像书面合同那样对权利义务明确记载，但合同双方对权利义务也进行了明确约定，只是没有以书面形式将其记载而已。法律同样保护依法订立的口头合同。口头合同的优点是简单方便、直接迅速，但发生合同纠纷时不易分清责任，因此对于可作为口头合同成立、履行的证据材料需要当事人小心保存，以便在发生纠纷时可以呈堂证供。

合同还可以有其他形式，如默示合同、推定成立合同等。

虽然合同的形式有多种，合同当事人有合同形式的选择权，但基于对重大交易安全的考虑，法规对某些种类的合同规定必须采用书面形式。如《合同法》第270条规定："建设工程合同应当采用书面形式。"

（3）按签订程序划分　按照合同不同的签订程序划分，合同可以分为要式合同和非要式合同。

要式合同是指其生效必须以一定的形式或程序为先决条件的合同。常见的先决条件包括诸如要求合同采用书面形式、必须经过公证、鉴证、审批、过户、登记等。要式合同唯有符合要求的先决条件才能生效，如房屋买卖合同必须经过房管部门的过户登记才能生效，劳动合同必须经过劳动行政管理部门的鉴证才能生效等，建设工程合同中的施工承包合同要求必须以书面形式签订才能生效等，以上均是要式合同。如果合同双方约定施工承包合同公证后生效，则该施工承包合同就因人为约定成为了要式合同，而公证就是该合同的要式程序。

非要式合同则是不以一定的形式或程序为生效先决条件的合同。

7.1.2　合同的订立

1. 订立和履行合同应遵循的原则

（1）合同当事人法律地位平等原则　《合同法》的调整对象就是平等的民事主体间因合同而确立的权利义务关系。当事人在订立、履行、变更、转让、解除、承担违约责任等涉及合同的活动中的法律地位是平等的，无论当事人是法人还是自然人，也不论其经济性质、组织形式、经济实力的大小等，都应当平等地享有权利、履行义务、承担责任。《合同法》第3条规定："合同当事人的法律地位平等，一方不得将自己的意志强加给另一方。"

（2）当事人自愿订立合同原则　《合同法》第4条规定："当事人依法享有自愿订立合同的权利，任何单位和个人不得非法干预。"合同自愿原则体现民事活动的基本特征。自愿原则的具体内容体现在：

1）自愿缔结合同，即当事人有权决定是否与他人订立合同。

2）自愿选择合同相对人。

3）自愿协商决定合同内容。

4）自愿变更和解除合同。

5）自愿选择合同的形式。

6）自愿约定违约责任。

但是合同自愿原则并不是绝对的，必须遵守法律和行政法规，尊重社会公德，不得扰乱社会经济秩序，不得损害社会公共利益。

（3）公平原则　《合同法》第5条规定："当事人应当遵循公平原则确定各方的权利和义务"，确定了《合同法》中的公平原则。公平首先表现为当事人订立合同时权利与义务的确定要公平，对于显失公平的合同，当事人可以申请变更或撤销。其次，在合同履行过程中具体问题的处理也要遵循公平原则。第三，违约责任的确定也应遵循公平原则。如当事人一方违约后，对方当事人应当采取适当的措施防止损失的扩大，如果没有采取适当措施致使损失扩大，后者不得就扩大的损失要求赔偿。为防止损失扩大而支出的合理费用应由违约方承担。

（4）诚实信用原则　诚实信用原则是道德原则在法律上的体现，是指当事人在民事活动过程中，应当诚实守信，善意地履行合同规定的义务和行使合同的权利。诚实信用原则要求维护当事人之间的利益平衡，以及当事人与社会之间的利益平衡。《合同法》中诚实信用原则体现在当事人订立、履行合同及解决因合同而引起的纠纷的过程中的各个方面。

（5）遵守法律、尊重社会公德、不损害他人及社会公共利益原则　合同行为是当事人自主、自愿的自由行为，不受任何他人干预和操控。但是这种自由必须以遵纪守法、不损害他人及社会公共利益为前提。维护社会的公正和秩序其实正是法律的目的。

2. 合同当事人的主体资格

合同当事人主体资格是合同得以有效成立的前提条件之一。《合同法》第9条规定："当事人订立合同，应当具备相应的民事权利能力和民事行为能力。"可见，合同当事人主体资格主要表现在民事权利能力和民事行为能力两个方面。当事人的这种权利因自然人、法人和其他组织的不同而异。当事人可以亲自订立合同，也可以依法委托代理人订立合同。

将上述当事人订立合同应具备的必要条件具体化，可以认为合同主体必须具备如下资格：

1）当事人应具备合法资格。所谓合法资格，是指有权订立合同，从事经济往来的资格。对此理解时应注意以下三点：

a. 有些合同主体可以是一切具有民事权利能力和民事行为能力的自然人、依法成立的法人或其他组织。但有些合同的主体依据法律的规定却要求只能由法人签订，如建设工程合同中的施工承包合同主体都必须具备法人资格。

b. 不具备法人资格，但在工商行政管理部门履行注册登记手续、领取营业执照的其他组织（如作为法人分支机构），能够单独对外订立合同。但是，当这个组织不能完全承担其经济责任时，要由其所属的法人承担。

c. 法人组织的内部机构无权对其组织以外签订合同。

2）当事人应在法律核准的经营范围内订立合同，超越法定经营范围所签订的合同无效。

3）合同生效的形式要件之一是当事人的签章。如果是法人订立合同，要由法人代表或取得法人代表授权、具有处分权的他人签字。没有取得法人代表授权的他人代为签字属于无处分权人行为，该行为无效。委托人授权的委托书应明确记载授权范围、授权期限等内容。受托人依据授权委托书订立的合同，所产生的法律后果，由该委托人承担。

代理行为也经常存在于建设工程合同的签订和履行中，如发包人与承包人签订施工承包合同。由于项目的施工活动往往是由承包企业法人内部的一个项目部门来完成，因此从工程投标、签约直到履行施工都是由该项目部门来进行的。但是法律规定施工承包合同的双方主体必须具备法人资格，因此常常是由该施工企业法人的法人代表通过委托授权，将签订合同的权力授予项目部门的负责人，也就是项目经理。项目经理取得授权后，代表企业的法人代表与发包人签订施工承包合同。

3. 合同的一般条款

合同主体的权利义务通过合同条款记载于合同中，因此合同条款是合同的核心内容。根据自愿订立合同的原则，合同内容由当事人约定，同时为了指导和规范合同的订立和履行，保障合同当事人的正当权益，《合同法》规定了合同的一般条款：

1）当事人的名称或者姓名和住所。

2）标的。标的是合同当事人权利和义务共同指向的对象，也就是合同法律关系的客体。标的分为有形物、行为、无形物和有价证券四种。

3）数量。数量是衡量标的大小、多少、轻重的尺度，是确定标的的客观标准，也是衡量当事人权利义务的依据。因此当事人应当明确约定标的的数量。

4）质量。质量是指合同标的内在素质和外在形象相结合所形成的综合指标。标的的质量往往通过标的的名称、品种、规格、型号、性能、包装等来体现。当事人约定质量条款时必须符合国家有关规定和要求。

5）价款或者报酬。价款或报酬是指一方当事人向对方当事人所付代价的货币表现。当事人在约定价款或报酬时，应当遵守国家有关价格方面的法律和规定，并接受工商管理部门和物价管理部门的监督。

6）履约期限、地点和方式。履行期限是指当事人实现权利和履行义务的时间界限。合同履行期限对于判断当事人是否如约承担了合同规定的义务具有重要的参照作用，双方应确切约定并在合同中载明。履行地点是指一方当事人履行义务、对方当事人实现权利的地点。履行方式是指当事人以什么方式来完成合同的义务，合同标的不同，履行方式有所不同，当事人只有在合同中明确约定合同的履行方式才便于合同的履行。

7）违约责任。违约责任是指当事人一方或双方不履行合同或不能完全履行合同，按照法律规定或合同约定应当承担的民事责任。法定的承担违约责任的形式有继续履行、采取补救措施、赔偿损失等。

8）解决争议的方法。合同争议不可完全避免。争议一旦发生，能够尽快、公平、低成本地解决争议是合同当事人的意愿。解决争议的方式有协商、他人调解、仲裁、诉讼和行政复议与行政诉讼。其中，协商和调解不具有法律效力，因而也不是法定的纠纷解决的必经程序；仲裁和诉讼是具有法律效力的纠纷解决途径，当事人对此享有自主选择的权利，且只能在二者中选择其一。

7.1.3　订立合同的程序

《合同法》第 13 条规定：“当事人订立合同，采取要约、承诺方式。”即合同的订立包括要约和承诺两个阶段。

1. 要约

要约是指希望和他人订立合同的意思表示。当事人一方向对方发出的以订立合同为目的的意思表示。根据法律规定，有效要约的条件有三个：

1）要约人是特定当事人。特定当事人是指作出要约的人是可以确定的主体。

2）要约内容具体确定。这是因为要约的目的是希望得到受要约人的答复，受要约人唯有对内容完善的要约才能作出明确的答复。

3）表明经受要约人承诺，要约人即受该要约的约束。法律还规定，要约到达受要约人时生效。

这里值得注意的是要约邀请不是要约。要约邀请是指行为人作出邀请他方向自己发出要约的意思表达，要约邀请虽然也是为订立合同做准备，但是，它是为了引发要约，而本身不是要约。如招标公告、拍卖公告、一般商业广告、寄送价目表、招股说明等。

要约也可以撤回，但撤回要约的信息要先于或同时于要约信息到达对方。但是要约人确定了承诺期限或以其他形式表明要约不可撤销，或者是受要约人有理由认为要约是不可撤销的，并已经为履行合同做了准备时，要约不可撤销。受要约人发出的拒绝要约的信息到达要约人，要约人依法可以撤销要约。承诺期限届满而受要约人未作出承诺，或受要约人对要约内容作出实质性变更时，要约失效。

要约失效是指要约丧失了法律效力。对于要约人，要约失效意味着解除了其所受要约的法律约束；对于受要约人，要约失效意味着其丧失了对要约作出承诺的资格或权利。法定的要约失效的情形有四种：

a. 拒绝要约的信息到达要约人。

b. 要约人依法撤销了要约。

c. 承诺期限届满，受要约人未作出承诺。

d. 受要约人对要约内容作出了实质性变更。

在建设工程合同订立过程中，招标投标程序就是典型的通过要约、承诺订立合同的过程。招标程序中的“工程招标公告”就是典型的要约邀请，而投标人向招标人递交的投标书就是典型的要约。在《招标投标法》中对招标、投标行为所作的有关规定与《合同法》中有关要约、承诺的规定实质上完全一致。

2. 承诺

承诺是指受要约人同意要约内容的意思表示。要约一经承诺，合同关系即告成立。承诺的构成要件包括以下四个方面：

1）承诺必须是受要约人作出的，或者是受受要约人委托的代理人作出的，否则无效。

2）承诺必须在合理期限内作出。《合同法》规定：承诺应当在要约确定的有效期内到达要约人；要约没有确定承诺期限的，应在法律根据不同的要约形式而确定的合理时间内到达要约人。

3）承诺的内容应当与要约内容一致。关于合同标的、数量、质量、价款或报酬、履行期限、履行地点和方式、违约责任和解决争议方法等实质性内容变更的，为新要约。对于非实质性内容变更的，除要约人及时表示反对或要约表明承诺不得对要约内容作出任何更改的以外，该承诺有效。实践中，合同的订立往往要经过若干回合的要约、新要约，直至最后受要约人对对方提出的要约表示完全同意为止。

4）承诺的方式必须符合要约要求

《合同法》第22条规定：“承诺应当以通知的方式作出，但根据交易习惯或者要约表明可以通过行为作出承诺的除外。”

要约没有确定承诺期限的，承诺应当依照下列规定到达：

1）要约以对话方式作出的，应当即时作出承诺，但当事人另有约定的除外。

2）要约以非对话方式作出的，承诺应当在合理期限内到达。

所谓行为承诺，如果要约人对承诺方式没有特定要求，承诺可以明确表示，也可以由受要约人的行为来推断。

一般缄默是不行为，与默示不同。默示不是明示但仍然是表示的一种方法，而缄默与不行为是没有任何表示，所以不是承诺。

承诺可以撤回，但撤回承诺的信息应当在承诺信息到达要约人之前或与承诺信息同时到达要约人。承诺的法律效力在于受要约人一经作出合乎要约要求的承诺，该合同即告成立，双方即受合同的约束。承诺的生效时间即是合同的成立时间，承诺的地点则是合同的成立地点。

在建设工程合同订立过程中，招标人经过评标后选定了中标人，应向中标人发出书面的中标通知书。该中标通知书就是招标人对中标人的承诺。双方的合同关系也随着中标通知书的到达而成立。但是，合同的“成立”与合同的“生效”有时却可能并不是同一个概念。

3. 合同的成立与生效

合同的成立与合同的生效是既有联系又有区别的两个概念。

1）合同的成立是指合同双方当事人对合同的主要条款达成了一致，反映当事人达成协议的事实状态。

2）合同生效是指合同成立后在法律上得到肯定性评价，产生了当事人意定的法律效力。合同的效力，即合同的法律效力，是法律赋予依法成立的合同具有约束当事人各方的效力。

合同成立的一般要件：

1）订约当事人。合同成立首先应具备双方或者多方订约当事人，只有一方当事人不可能成立合同。例如：某人以某公司名义与某人订立合同，若该公司根本不存在，则合同不成立。

2）订约当事人对主要条款达成一致。

3）经历要约与承诺两个阶段。

《合同法》第 13 条：“当事人订立合同，采取要约、承诺方式。”若只停留在某一阶段，那么合同就根本没成立。

合同的一般生效要件包括：

1）主体合格，行为人具有相应的民事行为能力。

2）意思表示真实。所谓意思表示真实，是指表示人的表示行为真实反映其内心的意思，它是合同生效的重要构成要件。在意思表示不真实的情况下，合同也可能无效。

3）不违反法律、行政法规的强制规定，不得损害社会公共利益。某些特殊合同，须办理特殊手续，如批准、登记等。

合同成立是合同生效的前提，而合同生效则是合同依法成立的结果。合同成立并不意味着合同生效。

对于一般合同，只要当事人的主体资格、合同形式及合同内容等方面均符合法律、行政法规的要求，合同成立即可生效。这就是《合同法》第 44 条规定的“依法成立的合同，自成立时生效”。

《合同法》第 44 条规定：“法律、行政法规规定应当办理批准、登记等手续生效的，依照其规定。”这里所说的“应当办理批准、登记等手续”的合同，就是法律、法规所规定的要式合同。如《合同法》规定：建设工程施工承包合同必须以书面形式签订方能生效。招标人向中标人发出中标通知书只是作出了将与中标人签订施工承包合同的承诺，双方的合同关系就此已经成立，但直到双方签订了书面的施工承包合同并于合同上签章后，双方的合同关系才生效。

当事人可以约定对合同的生效附以条件。附以生效条件的合同，自条件成立时生效。

比如双方可以在合同中约定："本合同自公证之日起生效"，则合同成立后还需以公证为生效的必要条件。

特别要说明的是："不得损害社会公共利益"。这里社会公共利益是一抽象的概念，它内涵丰富、范围宽泛，包含了政治基础、社会秩序、社会公共道德，它可以弥补法律、行政法规的明文规定的不足。

4. 缔约过失责任

缔约过失责任是指在合同订立过程中，当事人由于过错违反先合同义务而依法承担的民事责任。先合同义务是指在订立合同过程中，合同成立之前所发生的，双方当事人之间的相互协助、照顾、保护、保密、通知及诈欺禁止等义务。双方应遵循诚实信用原则，有义务尽量使合同能够缔结生效。这种义务并不是因合同关系而产生的，它是一种先合同义务。《合同法》第42条规定：当事人在订立合同过程中有下列情形之一，给对方造成损失的，应当承担损害赔偿责任：

1）假借订立合同，恶意进行磋商。

2）故意隐瞒与订立合同有关的重要事实或者提供虚假情况。

3）有其他违背诚实信用原则的行为。

按照以上规定，当事人在订立合同过程中具有上述情形之一，且给对方造成损失的，应当承担损害赔偿责任，这个责任就是所谓的缔约过失责任。

建设工程合同的订立过程比较复杂，一般要经过招标、投标、评标等过程。比如在进行完评标程序后，中标人因自身原因而逃避与招标人签订合同，中标人就要承担缔约过失责任。

5. 格式条款的特别规定

格式条款是指当事人为了重复使用而预先拟定，并在订立合同时未与对方协商的条款。由于格式条款是由当事人一方事先单方拟定的，非常容易出现不公平。因此《合同法》第39条规定："采用格式条款订立合同的，提供格式条款的一方应当遵循公平原则确定当事人之间的权利和义务，并采取合理的方式提请对方注意免除或者限制其责任的条款，按照对方的要求，对该条款予以说明。"对格式条款的理解发生争议的，应当按照通常理解予以解释；对格式条款有两种以上解释的，应当作出不利于提供格式条款的一方的解释。

为了限制提供格式条款一方的行为，《合同法》主要又规定格式条款中不得含有法律所禁止的内容，也不得含有诸如提供格式条款一方免除其责任、加重对方责任、排除对方权利之类的不公平内容。如果有上述内容，即使是双方当事人已经作出了使合同生效的签章行为，该格式条款仍属无效。

7.1.4　合同的效力

合同的效力又称合同的法律效力，是指法律赋予依法成立的合同具有约束当事人各方的效力。

1. 合同的生效

对于非要式合同，只要当事人主体资格、合同形式及合同内容等方面均符合法律、行政法规的要求，经协商达成一致意见，合同成立即生效；对于法定的或约定的要式合同，则应当依法或依约定满足要式条件，合同才能生效。比如建设工程合同，双方当事人必须签订书面合同才能生效。

2. 合同的无效

无效合同，是指虽然已经双方当事人订立、成立，但因其内容和形式违反了法律、法规的强制性规定，或者损害了国家利益、集体利益、第三人利益和社会公共利益，因而不为法律所承认和保护，不具有法律效力的合同。无效合同自始就不具有法律效力。《合同法》第52条规定：有下列情形之一的，合同无效：

1）一方以欺诈、胁迫的手段订立合同，损害国家利益。

2）恶意串通，损害国家、集体或者第三人利益。

3）以合法形式掩盖非法目的。

4）损害社会公共利益。

5）违反法律、行政法规的强制性规定。

3. 合同的撤销

可撤销合同是指虽经当事人协商一致，但因当事人意思表示不真实，允许当事人依照自己的意思，使合同效力归于消灭的合同。这样的合同有：

1）因重大误解订立的合同。

2）显失公平的合同。

显失公平是指当事人一方利用自己优势或利用对方没经验，致使双方的权利和义务明显不对等，是对方遭受重大不利，而自己获得不平衡的重大利益。其构成要件有：

a. 合同在订立时就显失公平。

b. 合同的内容在客观上利益严重失衡。

c. 受有过高利益的当事人在主观上具有利用对方的故意。

3）一方采用欺诈、胁迫手段或乘人之危，使对方在违背真实意思的情况下订立的合同。

可撤销合同，其效力不稳定，如果有撤销权的当事人提出请求，并被人民法院或者仲裁机构予以撤销，合同可以被撤销。如果当事人没有请求撤销，则该可撤销的合同依然具有法律效力。被撤销的合同，与无效合同一样，自始没有法律效力。

乘人之危是指当事人乘对方处于危难之时，为牟取不当利益，迫使对方作出不真实的意思表达，从而严重损害对方利益的行为，其构成要件：

a. 不法行为乘对方危难或急迫之际逼迫对方。受害人出现了财产、生命、健康、名誉等方面的危机状况，另一方行为人为故意利用受害人这种危难或急迫同其订立不公平的合同。

b. 受害人因为自身危难或急迫而订立合同。受害人明知该合同将使自身利益受到重大损害，但因其陷于危难或急迫而订立该合同。

c. 不法行为人所获得的利益超出了法律允许的程度。不法行为人通过利用对方危难或急迫，获取了在正常情况下不可能的重大利益，明显违背了合同公平原则。

4. 无效合同和可撤销合同的处理

无效合同和被撤销合同自始没有法律效力。如果当事人一方或双方已经履行了合同，就应对因无效合同或被撤销合同的履行而引起的财产后果进行处理。按照《合同法》的规定，合同当事人应将因履行无效合同或被撤销合同而取得的对方财产归还给对方，使合同财产当事人的财产状况恢复到合同订立之前的状态。如果无效合同或可撤销合同给当事人造成损失的，过错方应赔偿无过错方的损失；若双方都有过错，则双方均应承担各自相应的责任；对于恶意串通，损害国家、集体或他人利益的无效合同或可撤销合同，因此取得的财产收归国家所有或者返还集体、第三人。

7.1.5 合同的履行

1. 合同履行的原则

当事人在合同履行过程中应遵循全面履行和协作履行的原则。

全面履行是指双方当事人应按照合同的规定全面地履行各自的义务。协作履行是指合同当事人不仅要全面履行自己的义务，而且要给予对方当事人必要的协助。建设工程合同履行过程中，施工方全面完成合同规定的施工任务，业主方应为施工方提供施工活动所必需的各种条件就是这两项原则的体现。

2. 合同履行的一般程序

合同履行的程序会因合同种类、内容的不同而有所区别。一般地说，合同履行大致经过交付标的、验收标的、结算过程。建设工程施工合同履行的过程是：施工方进行施工、业主按照合同规定的期限定期支付工程款、施工完成后双方以及法律法规规定的各有关部门共同参加工程的验收、结算工程款、施工方履行保修义务等。

3. 合同履行过程中需要注意的问题

（1）抗辩权 抗辩权是对抗请求的权利，它的行使可以使对方的权利消灭或者延期发生，从而保护自己的利益。《合同法》规定的抗辩权有同时履行抗辩权、后履行抗辩权、先履行抗辩权三种。

同时履行抗辩权，是指当事人互负债务，没有先后履行顺序的，应当同时履行义务。一方在对方履行之前或在对方履行债务不符合约定时，有权拒绝其履行要求。

后履行抗辩权，是指当事人互负债务，有先后履行顺序，先履行一方未履行的，后履行一方有权拒绝其履行要求。如建设工程施工合同规定，业主方每月按照施工方完成的工程量支付工程款；若施工方未能按照合同规定的质量标准进行施工，则业主方可以拒绝支付当月相应工程的工程款。

先履行抗辩权，也称不安抗辩权，指先履行义务的当事人掌握了对方丧失或可能丧失履行债务的能力的确切证据时，可以要求对方提供相应的担保或者有中止履行义务的权利。比如发现对方经营状况严重恶化、对方转移财产、抽逃资金、对方丧失商业信誉、对方有丧失或者可能丧失履行债务能力的其他情形，可行使抗辩权，行使抗辩权应及时通知对方。若对方提供了担保，应当恢复履行。中止履行后，若对方在合理期限内未恢复履行能力并未提供适当担保的，中止履行的一方可以解除合同。

需要特别注意的是：如果存在以上确切证据，当事人拒绝履行合同是行使不安抗辩权，是法律赋予当事人的正当权利，否则就是违约行为。

（2）代位权和撤销权　代位权和撤销权是《合同法》规定的当事人享有保全自己利益的权利。两者权利都涉及第三人。

代位权是指债权人为了使其债权免受损害，代为行使债务人权利的权利。债权人可以向人民法院请求获得以自己的名义代位行使债务人债权的权利。专属于债务人自身的债权不能被代位行使。代位权的行使范围以债权人的债权为限。代位权行使的前提是必须存在两个合法债权，同时，还必须有人民法院的介入。

撤销权是指因债务人放弃其到期债权或者无偿转让财产，对债权人造成损害的，债权人可以请求人民法院撤销债务人行为的权利。如果债务人以明显不合理的低价转让财产，对债权人造成损害，并且受让人知道该情形的，债权人也可以请求人民法院撤销债务人的行为。撤销权的行使范围以债权人的债权为限，并且要有人民法院的参与才能行使。

7.1.6　合同的变更与转让

1. 合同的变更

合同变更，是指合同依法成立后，在尚未履行或尚未完全履行时，当事人依法对合同内容进行修订或补充。如对标的的数量或质量、履行的期限、地点方式等内容进行修订。《合同法》第 77 条规定：“当事人协商一致，可以变更合同。”当事人协商一致，既是合同变更的程序，也是合同变更的条件。

2. 合同的转让

合同的转让是一种特殊的变更，是指当事人将自己承受的合同权利与义务转让给第三人承受的行为。

除非有特别约定或法律规定，债权人可以转让其合同的全部权利和部分权利；经过了债权人同意后，债务人可以转让其合同的全部义务和部分义务。如果转让要式合同，则要按照法律的规定或约定履行要式程序或具备要式形式，转让才生效。

7.1.7　合同的终止

合同的权利和义务终止，是指合同权利和合同义务归于消灭，合同关系不复存在。合同的终止使合同的担保等附属于合同的权利和义务也归于消灭。

但合同权利和义务的终止，不影响合同中结算、清算条款和独立存在的解决争议方法的条款（如仲裁条款）的效力。

1. 合同的权利和义务因解除而终止

合同的解除，是指当事人在具有法律效力的合同未全部履行之前，终止该合同的效力。

合同解除分协议解除和单方解除。协议解除是指当事人双方就消灭有效合同达成意思表示一致，即是基于当事人的意愿，经双方当事人协商解除。单方解除又分法定解除和约定解除。单方解除是指当事人双方根据法律规定和合同事项约定，当出现特定情形时，以单方意思解除合同。所谓法定解除，是指出现法律规定可以解除合同的条件时，当事人即可依法解除合同。《合同法》第 94 条规定了五种解除合同的情形是：

1）因不可抗力致使不能实现合同目的。

2）在履行期限届满之前，当事人一方明确表示或者以自己的行为表示不履行主要债务。

3）当事人一方迟延履行主要债务，经催告后在合理期限内仍未履行。

4）当事人一方迟延履行债务或者有其他违约行为致使不能实现合同目的。

5）法律规定的其他情形。

所谓约定解除，是指当合同约定的解除情形出现时，享有解除权的一方以单方意思表示使合同解除。即当事人可在签订合同时，可以约定解除合同的条件，解除合同条件成立时，解除权人可以解除合同。

合同解除后，双方当事人不再受该合同的约束。合同解除后，尚未履行的，终止履行；已经履行的，根据履行情况和合同性质，当事人可以要求恢复原状或采取其他补救措施，并有权要求赔偿损失。合同解除不影响合同中结算和清理条款的效力。

因不可抗力引发的合同解除，由于不是当事人的过错所致，当事人不承担法律责任；由于当事人的过错引发的合同变更，应当由引发变更的一方给对方以适当的经济补偿。

2. 合同权利和义务因其他原因而终止

合同权利和义务终止是由于一定的法律事实发生，使合同设定的权利和义务归于消失的法律现象。值得注意的是：合同终止后，负有违约责任的一方仍有可能承担赔偿损失或支付违约金的义务。

其他的合同终止的原因归纳起来主要有：

1）合同因履行而终止。

2）合同因抵销而终止。

3）合同因提存而终止。

4）合同因免除债务而终止。

5）合同因混同而终止等。

7.1.8　合同的担保

合同的担保是以保障债权的实现为目的的担保行为。担保的形式包括保证、抵押、质押、留置和定金。提供担保的人，称为担保人；接受担保的人即债权人，又称为担保权人；债务人又称为被担保人。

担保关系的发生以先于担保关系存在的合同关系为前提。担保是通过担保合同或担保条款来确定担保权利义务关系的。主合同就是规定债权人与债务人之间权利义务关系的协议，是担保关系存在的前提。确立担保关系的担保合同是主合同的从合同。主合同无效，担保合同无效；主合同有效，担保合同可能有效，也可能无效。

1. 保证

保证是指保证人和债权人约定，当债务人不履行债务时，保证人按约定履行债务或者承担责任的行为。

有效保证担保要求：

1）设定保证担保必须书面签署保证合同以示声明。

2）保证人必须是主合同以外的第三人，且保证人应当具备清偿债务的能力。

3）保证人以自己的信用和不特定的财产为他人提供担保。

保证人承担保证责任后，有权向债务人追偿。

建设工程招标投标过程中，招标人要求投标人在投标时提供的“投标保函”就是典型的保证担保。

2. 抵押

抵押是指债务人或第三人不转移对法定抵押财产的占有，将该财产作为债权的担保。债务人不履行债务时，债权人有权依法以该财产折价或拍卖、变卖该财产的价款优先受偿。其中的债务人或第三人是抵押人，债权人是抵押权人，提供担保的财产是抵押物。

抵押权的最大特点是在抵押期间不转移标的物占有的物权。抵押设定后，抵押人可以不将抵押物转移于抵押权人，仍享有对抵押物的占有、使用和收益权，但抵押人未经抵押权人同意不得处分抵押物。

法律对于可以作为抵押物设定抵押担保的财产和不得作为抵押的财产具体作了明确的规定。

设定抵押担保也必须书面声明。由于抵押期间抵押物不转移，为了保护抵押权人的利益，法律规定了强制性和自愿实行抵押物登记的制度。所谓抵押物登记制度是指提供抵押担保要同时提供所抵押财产在相应管理部门办理的抵押物登记证明，这样可以避免恶意重复抵押现象的发生。

建设中或已经完成的工程项目可以作为抵押物设定抵押担保。

3. 质押

质押指债务人或第三人将其财产移交债权人占有，以该财产作为债权的担保，债务人不履行债务时，债权人有权以该财产卖得价款优先受偿。用于质押的财产可以是动产，也可以是有价证券、无形财产所有权等权利。设定质押必须书面声明。质押合同自质押物移交于质权人占有时生效。

4. 留置

留置是指债权人按照合同的约定占有债务人的动产，债务人不按照合同约定的期限履行债务的，债权人有权依法留置该财产，以该财产折价或者以拍卖、变卖该财产所得的价款优先受偿的担保。留置担保无须当事人事先的声明。留置担保债权范围包括主债权及利息、违约金、损害赔偿金、留置物保管费和实现留置权的费用。

法律规定留置物必须是债权人合法占有债务人的财产。可以采用留置担保的合同有：保管、仓储、运输、承揽合同等。

建设工程合同中，如发包方不履行支付工程款义务，则承包方可以依法将占有的工程变卖，从变卖所得价款中优先受偿。

5. 定金

定金是指当事人在订立主合同之后，约定在履行主合同之前，一方向对方给付一定数量的货币作为债权的担保，债务人履行债务后，该项货币抵作价款或收回；给付定金的一方不履行约定的义务，无权要求返还定金，收受定金的一方不履行约定的义务，应当双倍返还定金。

定金担保的成立不仅需要当事人书面声明，还需要给付行为。法律规定定金的数额由双方约定，但不得超过主合同标的额的20%。

需要注意的是：在书面约定时，作为担保使用的“定金”概念与人们日常使用的“订金”概念完全不同。“定金”是法定的担保方式，约定采用“定金”担保后，对违约方就要按照法律的规定进行处罚。但是“订金”却不适用担保规定的处罚。在实际中，人们还容易将“定金”与“预付款”相混淆。“预付款”虽然也是在合同订立之后、履行之前一方给付对方的货币，但因为它不是法律规定的担保方式，也不适用担保规定的处罚。定金担保是建设工程合同中勘察设计合同、采购合同等常用的担保方式。

7.1.9 合同的违约责任

合同是具有法律效力的文件，当事人违反合同义务，应当承担相应的法律责任。当事人在合同条款中已经对违反合同应承担的责任作出了约定。事先约定违约责任的意义，首先在于明确的违约责任的约定，能够警示当事人尽可能避免出现违约；其次，一旦出现违约行为，能使对违约后果的处理、对违约者的制裁、对受害方的补偿有章可循，从而更简单。

违约责任，是指当事人由于过错而不能履行或不能完全履行合同约定的义务所应承担的法律责任。违约责任的构成要件包括主观要件和客观要件。

主观要件是指合同当事人，在履行合同中不论主观上是否有过错，即主观上有无故意或过失，只要造成违约的事实，均应当承担违约的法律责任。

客观要件是指合同依法成立、生效后，合同当事人一方或者双方未按照法定或约定全面地履行应尽的义务，出现了客观违约事实，应当承担的违约的法律责任。

违约责任有以下特点：

1）违约责任产生的前提是造成了违约事实，不论当事人是否有过错。

2）违约责任的大小可以由当事人自由约定，这使得违约责任与侵权责任有所不同。

3）违约责任具有补偿性，一般情况下都是为了补偿受害方的损失。

1. 承担违约责任的条件

违约责任源于违约行为，违约行为是指合同当事人不履行合同义务或履行合同义务不符合约定条件的行为。当事人违约要承担违约责任。但并不是所有的违约行为都应承担违约责任。承担违约责任要具备一定的条件。

承担违约责任的条件是：当事人要有违反合同义务的行为，该行为的后果是对对方当事人造成了利益的损失；违约方具有过错，并且无论是故意过错还是过失过错。

有些情况下，当事人虽有违约行为，但该违约行为不是由当事人的过错造成的，当事人可以不承担违约责任。《合同法》规定：因不可抗力的发生而导致当事人违约的，当事人不承担违约责任或部分免除责任。所谓不可抗力，是指当事人不能预见、不能避免并不能克服的客观情况。必须说明的是：当足以导致当事人违约的不可抗力发生时，应及时将不可抗力发生的情况告知对方，并取得相应部门出具的不可抗力发生的证明。

2. 承担违约责任的主体

《合同法》第 120 条规定："当事人双方都违反合同的，应当各自承担相应的责任。"在现实中，许多情况下是双方当事人均有不同程度的违约行为存在。这时，双方应根据责任大小承担相应的责任。

3. 承担违约责任的方式

（1）违约金和赔偿金　违约金是指违约方根据法律或合同的约定，向对方支付的货币金额。这个金额一般双方当事人事先在合同中约定。实际违约行为发生后，无论违约行为是否给对方造成损失，都要支付。如果约定的违约金高于实际损失，则支付违约金，若违约金数额过分高于实际损失，可以适当减小赔偿额度。如果约定的违约金不足以弥补对方的实际损失，则除了要支付违约金外，还应向对方支付赔偿金，以补齐违约金不足以弥补的损失部分。

现实中，实际损失由于存在直接损失和间接损失，其计算有时很难有确切的标准，当事人容易由此引发进一步的纠纷。所以当事人在合同中约定违约责任条款时，也应同时约定实际损失的计算范围和计算办法。一般赔偿金的数额不得超过违反合同一方订立合同时预见到或应当预见到的因违反合同可能造成的损失。

（2）价格制裁　《合同法》第 63 条规定："执行政府定价或者政府指导价的，在合同约定的交付期限内政府价格调整时，按照交付时的价格计价。逾期交付标的物的，遇价格上涨时，按照原价格执行；价格下降时，按照新价格执行。逾期提取标的物或者逾期付款的，遇价格上涨时，按照新价格执行；价格下降时，按照原价格执行。"这一规定的实质是强制性执行对于违约方不利的价格，是对逾期交货或逾期付款这类违约行为进行的价格制裁。

（3）担保制裁　合同如果约定有担保条款，违约方还要承担担保（主要指定金）制裁。合同约定一方当事人给予对方一定的定金，在履行合同过程中，若给付定金方不履行合同的，无权收回定金；收受定金方不履行合同的，应当双倍返还定金。这实质上是对违约方进行的定金制裁。

需要注意的是：若合同既约定了定金担保，又约定了违约金担保，守约方只可以从中选择其一适用。在建设工程合同的勘察、设计合同和各类采购合同中，定金担保的采用非常普遍。

（4）继续履行合同义务　对于履行非金钱债务的合同，违约方承担相应的法律责任后，如果对方要求继续履行合同的，违约方不得以已经承担了违约责任为由而拒绝继续履行合同。当然该项责任不是无限制的，如果该项履行在法律上或者事实上不能履行，债务的标的不适于强制履行或履行费用过高，或者债权人在合理期限内未要求履行时，便不能再适用继续履行义务的责任方式。

7.2 建设工程合同

《建筑法》第15条规定："建筑工程的发包单位与承包单位应当依法订立书面合同，明确双方的权利和义务。发包单位和承包单位应当全面履行合同约定的义务。不按照合同约定履行义务的，依法承担违约责任。"

7.2.1 概述

1. 建设工程合同的概念

根据《合同法》的规定：建设工程合同是承包人进行工程建设，发包人支付价款的合同。我国建设领域习惯上把建设工程合同的当事人双方称为发包方和承包方。建设工程合同是一种诺成合同，双方当事人应当在合同中明确各自的权利义务，但主要是承包人进行工程建设，发包人支付工程款。工程建设一般经过勘察、设计、施工等过程，因此建设工程的发包人是建设单位或建设单位所委托的管理机构，而承担勘察、设计、施工安装任务的勘察人、设计人、施工人统称承包人。建设工程合同是一种诺成合同，合同订立生效后双方应当严格履行。建设工程合同也是一种双务、有偿合同，当事人双方在合同中都有各自的权利和义务，在享有权利的同时必须履行义务。建设工程合同是一类特殊的加工承揽合同，《合同法》将建设工程合同从加工承揽合同中分离出来，列为独立的一章。

2. 建设工程合同的分类

对建设工程合同分类，根据看问题的角度不同，分法也不相同。

(1) 按照承包的工程范围和承包关系分类

1) 建设工程总承包合同（设计-建造及交钥匙承包合同）。建设工程总承包合同是指发包人与承包人就建设工程的勘察、设计、施工、设备采购的全部任务签订的合同。总承包人应当对其承包的建设工程的质量负责。这种承包方式减少了业主的组织协调工作量，有利于控制造价、缩短工期，但由于合同条款不易准确，容易造成较多的合同纠纷，因此合同管理难度大，总承包商的责任重、风险大，需要高水平管理。

2) 建设工程承包合同。建设工程承包合同是指发包人将建设工程的勘察、设计、施工等的每一项任务分别发包给一个承包人所签订的合同。

3) 建设工程分包合同。建设工程分包合同是指经合同约定和发包人认可，从工程承包人承包的工程中承包部分工程而订立的合同。

(2) 按照建设工程合同标的的性质分类　建设工程合同包括建设工程勘察合同、建设工程设计合同、建设工程施工合同、建设工程监理合同。

(3) 按照承包工程计价方式分类

1) 固定价格。工程价格不因价格变化而调整，在工程价格中应考虑价格风险因素，并在合同中明确固定价格包括的范围。一般工期在一年以内工程采用。

2）可调价格。价格可随市场变化调整，但调整范围和方法应在合同中约定。

3）工程成本加酬金确定的价格。工程成本按现行计价依据以合同约定的办法计算，酬金又分按成本乘以费率计算和固定酬金两种。

3. 建设工程合同示范文本

工程建设活动过程中所使用的各类合同本质上是《合同法》所规范的合同，其内容也不出乎合同的一般条款。但是，由于工程建设活动本身太过复杂和专业化，以及建设工程合同的当事人不可能事先具备完全熟练的签订建设工程合同的专门经验、技能和有关法律知识，因此有必要制定建设工程合同示范文本，以避免因为合同的瑕疵给双方造成不必要的麻烦。

由具备专门经验和技能的机构和人员制定建设工程合同示范文本是国际上通行的做法。比如国际上最具权威的、拥有 60 多个国家和地区会员参加的国际咨询工程师联合会制订的“FIDIC 标准合同示范文本”，英国土木工程师学会制定的“ICE 标准合同示范文本”，英国皇家建筑师学会等若干个专业学会在内的 JCT 联合会制定的“JCT 标准合同示范文本”，都是应用非常广泛的标准合同示范文本。我国有关机构也制定了适用于我国国情的工程建设合同示范文本，例如：“建筑工程施工承包合同示范文本”“委托监理合同示范文本”和“勘察设计合同示范文本”。在实际中，当事人之间订立建设工程合同可以参照这些示范文本进行操作，这样做减少了盲目性和因合同缺陷引发的纠纷。

需要说明的是：任何合同示范文本都不是由法律强制使用的。

7.2.2　建设工程勘察、设计合同

1. 建设工程勘察、设计合同的主要内容

根据《合同法》及《建设工程勘察设计合同条例》规定，建筑工程勘察设计合同应包括以下内容：

1）工程概况、工程名称、地点、规模。

2）发包方提供资料的内容、技术要求和期限。

3）承包方勘察的范围、进度、质量，设计的阶段、进度、质量和设计文件的份数及交付日期。

4）勘察设计收费的依据、收费标准和拨付方式，《工程勘察设计收费管理规定》（2002 年）中规定，投资估算额 500 万及以上实行政府指导价，以下实行市场调节价。指导价计费的基准价按《工程勘察设计收费标准》浮动为 ±20%。

5）双方当事人的权利和义务。

6）违约责任。

7）争议的解决方式等。

2. 合同形式

建设工程勘察设计合同应采用书面形式，使用或参照由原国家工商行政管理局和原建设部制订的示范文本：GF 2000-0203《建设工程勘察合同（一）》（岩土工程勘察、水文地质勘察）、GF 2000-0204《建设工程勘察合同（二）》（岩土工程设计、治理、监测），

GF 2000-0209《建设工程设计合同（一）》（民用建设工程设计合同）、GF2000-0210《建设工程设计合同（二）》（专业建设工程设计合同）。

3. 建设工程勘察设计合同当事人的权利和义务

（1）发包方的主要义务

1）提供有关基础资料，并对提供的时间、进度和资料的可靠性负责。

2）提供必要的生活工作条件。

3）按照国家有关规定给付勘察设计费。

4）及时向有关部门申请取得各设计阶段的批准文件。

5）尊重勘察设计成果，不得转让第三方重复使用。

（2）承包方的主要义务

1）按现行规范、标准等技术条例进行工作，并按合同约定的进度、质量提交成果。

2）初步设计审查后，在原定任务书范围内的必要修改由承包方负责。

3）对勘察、设计成果质量负责，由于勘察设计质量瑕疵从而引起的工程返工、建设费用增加应由勘察设计人员负担造成的损失。

4）设计后服务。配合施工、交底、变更、隐蔽验收、竣工验收等。

4. 建设工程勘察设计合同当事人的违约责任

（1）发包方的违约责任

1）发包方未按时提供勘察设计所需要的原材料、设备、场地、资金、技术资料，致使工程未能按期进行的，承包方可以顺延工期，承包人由此造成的损失，由发包人承担。

2）发包人提供的资料不准确，或中途改变建设计划造成勘察设计工作的返工、窝工、停工或修改计划的，发包方应按承包人的实际消耗工作量增付费用。

3）发包方未能按期接收承包方的工作成果的，应偿付逾期违约金。

4）发包方如不履行合同，无权请求返还定金。

（2）承包方的违约责任

1）因勘察、设计质量低劣而引起的返工，勘察设计单位应当承担返工所支出的各种费用。

2）勘察设计单位未能如期提交勘察设计文件，致使工期拖延造成损失的，由勘察设计单位继续完善勘察设计，承担相应部分的勘察设计费，并赔偿拖延工期造成的损失。

3）由于勘察设计错误而造成工程重大质量事故的，承包方除免收损失部分的勘察设计费用外，还应承担一定数额的赔偿金。

4）承包方如不能履行合同，应双倍返还定金。

7.2.3　建设工程施工合同

1. 建设工程施工合同的主要内容

建设工程施工合同是发包方和承包方为完成特定的建筑安装工程任务，明确双方权利义务关系的协议，建设工程施工合同是建筑、安装合同的合称。建设工程施工合同应具备以下主要条款：

1）工程名称和地点。

2）建设工期，中间交工工程开、竣工时间。

3）工程质量。

4）工程造价。

5）承包工程的预付款、工程进度款及工程结算的支付时间与方式。

6）材料和设备的供应责任。

7）当一方提出延迟开工日期或中止工程的全部或一部分时，有关工期变更、承包金额变更或损失的承担及估算方法：由于价格变动而变更承包金额或工程内容的规定和估算方法。

8）竣工验收。

9）违约责任。

10）合同争议的解决方式；其他约定条款。

2. 建设工程施工合同当事人的权利和义务

（1）发包方的主要义务

1）办理土地征用，青苗树木赔偿，房屋拆迁，清除地面、架空和地下障碍等工作，使施工场地具备施工条件，并在开工后继续负责解决以上事项遗留问题。

2）将施工所需水、电、电信线路从施工场地外部接至协议条款约定地点，并保证施工期间需要。

3）开通施工场地与城乡公共道路的通道，以及协议条款约定的施工场地内的主要交通干道，保证其畅通，满足施工运输的需要。

4）向承包方提供施工场地的工程地质和地下管网线路资料，保证数据真实准确。

5）办理施工所需各种证件、批件、临时用地、占道及铁路专线的审批手续。

6）将水准点与坐标控制点以书面形式交给承包方，并进行现场交验。

7）组织承包方和设计单位进行图样会审，向承包商进行设计交底。

8）协调处理对施工现场周围地下管线和邻近建筑、构筑物的保护，并承担有关费用。

（2）承包方的主要义务

1）在设计资格证书允许的范围内，按发包方的要求完成施工组织设计或与工程配套的设计，经发包商批准后使用。

2）向发包方提供年、季、月工程进度计划及相应进度统计报表和工程事故报告。

3）按工程需要提供和维修非夜间施工使用的照明、看守、围栏和警卫等。

4）按协议条款约定的数量和要求，向发包方提供在施工现场办公和生活的房屋及设施，发生的费用由发包方承担。

5）遵守地方政府和有关部门对施工场地交通和施工环保、噪声等管理规定，经发包方同意后办理有关手续，发包方承担由此发生的费用，因承包方责任造成的罚款除外。

6）已竣工工程未交付发包方之前，承包方按协议条款约定负责已完工程或成品的保护工作，保护期间发生损坏，承包方自费予以修复。要求承包方采取特殊保护措施的单位工程部位和相应经济支出，在协议条款内约定。发包方提前使用后发生损坏的修理费用，由发包方负担。

7）按合同的要求做好施工现场地下管线和邻近建筑物、构筑物的保护工作。

8）保证施工现场清洁符合有关规定，交工前清理现场达到合同文件的要求，承担因违反有关规定造成的损失和罚款。

3. 建设工程施工合同当事人的违约责任

（1）发包方的违约责任

1）未能按照合同的规定履行应负的责任，除竣工日期得以顺延外，还应赔偿承包方因此发生的实际损失。

2）工程中途停建、缓建或由于设计变更以及设计错误造成的返工，应采取措施弥补或减少损失，同时，赔偿承包方由此而造成的停工、窝工、返工、倒运、人员和机械设备调迁、材料和构件积压等的实际损失。

3）工程未经验收，发包方提前使用或擅自动用，由此而发生的质量或其他问题由发包方承担责任。

4）超过合同规定日期验收，按合同违约责任条款的规定偿付逾期违约金。

5）不按合同规定拨付工程款，按银行有关延期付款办法或工程价款结算办法的有关规定处理。

（2）承包方的违约责任

1）工程质量不符合合同规定的，负责无偿修理或返工。由于修理或返工造成逾期交付的，偿付逾期违约金。

2）工程交付时间不符合合同规定，按合同中违约责任条款的规定偿付逾期违约金。

3）由于承包方的责任，造成发包方提供的材料、设备等丢失或损坏，应负赔偿责任。

7.2.4　建设工程监理合同

1. 建设工程委托监理合同的概念和特征

建设工程委托监理合同简称监理合同，是指委托人与监理人就委托的工程项目管理内容签订的明确双方权利和义务的协议。

监理合同是委托合同的一种，除具有委托合同的共同特点外，还具有以下特点：

1）监理合同的当事人双方应当具有民事权利能力和民事行为能力、取得法人资格的企事业单位、其他社会组织以及个人在法律允许的范围内，可以成为合同当事人。

2）监理合同委托的工作内容必须符合工程项目建设程序，遵守有关法律、行政法规。

3）委托监理合同的标的是服务，建设工程实施阶段所签订的其他合同，如勘察设计合同、施工承包合同、物资采购合同、加工承揽合同的标的物时产生新的物质成果或信息成果，而监理合同的标的是服务，即监理工程师凭据自己的知识、经验、技能受业主委托为其所签订其他合同的履行实施监督和管理。

2. 建设工程委托监理合同简介

《合同法》第276条规定，“建设工程实行监理的，发包人应当与监理人采用书面形式订立委托监理合同。”这个委托监理合同又是监理单位开展监理工作的最主要的直接依据之一。原建设部和原国家工商行政管理局于2000年2月联合发布了GF 2000-0202《建设工程委托监理合同》（示范文本），合同由三部分组成：

第一部分：建设工程委托监理合同，包括工程概况、监理业务执行的起止时间、双方法人代表签字盖章和签约时间等基本条款。

第二部分：标准条件，合同专用名词定义、监理人义务、委托人义务、监理人权利、委托人权利、监理人责任、委托人责任、监理酬金、合同生效、变更与终止。

第三部分：专用条件，根据工程项目特点，由业主与监理单位协商一致后填写，也可以增加补充条款和修正条款。

3. 建设工程委托监理合同的履行

（1）监理人应完成的监理工作　虽然监理合同的专用条款内注明了委托监理工作的范围和内容，但从工作性质而言属于正常的监理工作，作为监理人必须履行的合同义务，除了正常监理工作外，还应包括附加监理工作和额外监理工作。这两类工作属于订立合同时未能或不能合理预见，而合同履行过程中发生需要监理人完成的工作。

附加工作是指与完成正常工作相关，在委托正常监理工作范围以外监理人应完成的工作。可能包括：

1）由于委托人、第三方原因，使监理工作受到阻碍或延误，以致增加了工作量或延续时间。

2）增加监理工作的范围和内容等，如委托人就施工中采用新工艺施工部分编制质量检测合格标准等。

额外工作是指正常工作和附加工作以外的工作，或非监理人自己的原因而暂停或终止监理业务，其善后工作及恢复监理业务不超过42天的准备工作。

在完成上述两项工作后，监理人可要求另行支付附加监理工作酬金和额外监理工作酬金。

（2）监理合同有效期　监理合同的有效期是指监理人的责任期，不是用约定的日历天数为准，而是以监理是否完成了包括附加和额外工作的义务来判定。因此通用条款规定，监理合同的有效期为双方签订合同后，工程准备工作开始，到监理人向委托人办理完竣工验收或工程移交手续，承包人和委托人已签订工程保修责任书，监理受到监理报酬尾款，监理合同才终止。

4. 建设工程委托监理合同当事人的权利和义务

委托人主要义务：

1）委托人应负责建设工程的所有外部关系的协调工作，满足开展监理工作所需提供的外部条件。

2）与监理人做好协调工作。

3）为了不耽误服务，委托人应在合理时间就监理人以书面形式提交并要求做出决定的一切事宜做出书面决定。

4）为监理人顺利履行合同义务，做好协调工作，协调工作包括：

a. 将授予监理人的监理权利，以及监理人监理机构主要成员的职能分工、监理权限及时书面通知已定的第三方，并在第三方签订的合同中予以明确。

b. 在双方协定的时间内，免费向监理人提供与工程有关的监理服务所需的工程资料。

c. 为监理人驻工地，监理机构开展正常工作提供协助服务，服务包括信息服务、物资服务和人员服务。

监理人主要义务：

1）监理人在履行合同的义务期间，应运用合理的技能认真勤奋地工作，公正地维护有关方面的合法权益。

2）合同履行期间应按合同约定派驻足够的人员从事监理工作。开始执行监理业务前向委托人报送派往该工程项目的总监理工程师及该项目监理机构的人员情况。合同履行过程中如果需要换总监理工程师，必须首先经过委托人同意，并派出具有相应资质和能力的人员。

3）在合同期内或合同终止后，未征得有关方同意，不得泄漏与本工程合同业务有关的保密资料。

4）任何由委托人提供的供监理人使用的设施和物品都属于委托的财产，监理工作完成或中止时，应将设施和剩余物归还委托人。

5）未经委托人书面同意，监理人及其职员不应接受委托人在监理合同约定以外的与监理工程有关的报酬，以保证监理行为的公正性。

6）监理人不得参与可能与合同规定的与委托人利益冲突的任何活动。

7）在监理过程中，不得泄漏委托人申明的秘密，也不得泄漏设计、承包等单位申明的秘密。

8）负责合同的协调管理工作，在委托工程范围内，委托人或承包人对对方的任何意见和要求（包括索赔要求），均必须首先向监理机构提出，由监理机构研究处置意见，再同双方协商确定。当委托人和承包人发生争议时，监理机构应根据自已的职能，以独立的身份判断，公正地进行调解。当双方的争议由政府行政部门调解或仲裁机构仲裁时，应当提供作证的事实材料。

5. 建设工程委托监理合同当事人的违约责任

合同履行过程中，由于当事人一方的过错，造成合同不能履行或者不能完全履行，由有过错的一方承担违约责任，如属双方的过错，根据实际情况，由双方分别承担各自的违约责任。

在合同责任期内，如果监理人未按合同中要求的职责勤恳认真地服务，或委托人违背了他对监理的责任时，均应向对方承担赔偿责任。

任何一方对另一方负有赔偿责任的原则是：

a. 委托人违约应承担违约责任，赔偿监理人的经济损失。

b. 因监理人过失造成经济损失，应向委托人进行赔偿，累计赔偿额不超出监理酬金总额（除去税金）。

c. 当一方向另一方的索赔要求不成立时，提出索赔的一方应补偿由此所导致的对方各种费用支出。

监理人在责任期内，如果因过失而造成经济损失，要负监理失职的责任；监理人不对责任期外发生的任何事情所引起的损失或损害负责，也不对第三方违反合同规定的质量要求和完工（交图、交货）时限承担责任。

7.3 建筑工程合同法律制度案例

案例分析1

基本案情：

原告：某建筑工程承包公司（简称承包公司）

被告：某房地产开发有限公司（简称房地产公司）

2000年7月原告与被告就某项目签订了一份前期工程协议书，双方约定：承包公司负责该项目的前期工程，包括动迁和七通一平，房地产公司按完成面积分四期支付工程款。在合同履行过程中，承包公司由于疏忽，对在项目基地红线边缘的两所约定应拆除的民房未予以拆除。房地产公司虽然知道这种情况，但一直不予提醒，而且不加以说明地拒付大部分工程款，为此工程延误一段工期，这种状况一直延续到工程完工。

结算过程中，承包公司根据协议要求房地产公司支付尚未支付的2000万元的工程款，但遭到房地产公司的拒绝。理由是，承包公司没有按协议完成任务，两所民房仍未拆除且拖延工期。2001年4月，承包公司以欠款为由将房地产公司告上法庭。

承包公司承认由于疏忽两所约定应拆除的民房未予以拆除，但是这两所民房未拆除并未影响项目的施工，现在工程已全部完工，房地产公司可以扣除这两所房子的拆迁费用，但不应拒付大部分工程款；对此房地产公司不予认可而且提出反诉，要求承包公司支付延误工期的违约金1000万元。

2001年5月法院经审理做出判决：承包公司应拆除剩余两所民房，房地产公司应按协议约定支付全部工程款，至于延误工期的违约金是由于房地产公司拒付工程款而造成的，是房地产公司的人为原因而使损失扩大，依法予以驳回。

案例评析：

“全面履行”是合同当事人依法应当履行的基本义务，《合同法》第60条规定：“当事人应当按照约定全面履行自己的义务。”承包公司没有按约定将应拆除的房屋拆除，即没有“全面履行”，应当判令其全部完成。

同时，法律又为当事人设定了“减损义务”，这是诚实信用原则的体现。《中华人民共和国民法通则》规定，当事人一方因另一方违反合同受到损失的，应及时采取措施防止损失的扩大；没有及时采取措施致使损失扩大的，无权就扩大的损失要求赔偿。防止损失扩大是在合同履行过程中因某种原因致使当事人遭受损失，双方在有条件的情况下都有采取积极措施防止损失扩大的义务，而不管这种损失的造成与自己是否有关。房地产公司显然是属于在“另一方违反合同受到损失”时，没有及时采取措施防止损失的扩大。因此，对于扩大的损失当然不能要求赔偿。

案例分析2

基本案情：

某城市拟新建一大型火车站，各有关部门组织成立建设项目法人，在项目建议书、可行性研究报告、设计任务书等经市计划主管部门审核后，报国家发改委、国务院审批并向国务院计划主管部门申请国家重大建设工程立项。审批过程中，项目法人以公开招标方式与三家中标的一级建筑单位签订《建设工程总承包合同》，约定由该三家建筑单位共同为车站主体工程承包商，承包形式为一次包干，估算工程总造价18亿元。但合同签订后，国务院计划主管部门公布该工程为国家重大建设工程项目，批准的投资计划中主体工程部分仅为15亿元。因此，该计划下达后，委托方（项目法人）要求建筑单位修改合同，降低包干造价，建筑单位不同意，委托方诉至法院，要求解除合同。法院认为，双方所签合同标的系重大建设工程项目，合同签订前未经国务院有关部门审批，未取得必要批准文件，并违背国家批准的投资计划，故认定合同无效，委托人（项目法人）负主要责任，赔偿建筑单位损失若干。

案例评析：

本案车站建设项目属2亿元以上大型建设项目，并被列入国家重大建设工程，应经国务院有关部门审批并按国家批准的投资计划订立合同，不得任意扩大投资规模。本案合同双方在审批过程中签订建筑合同，签订时并未取得有审批权限主管部门的批准文件，缺乏合同成立的前提条件，合同金额也超出国家批准的投资的有关规定，扩大了固定资产投资规模，违反了国家计划，故法院认定合同无效，过错方承担赔偿责任，其认定是正确的。完全符合《合同法》第273条：“国家重大建设工程合同，应当按照国家规定的程序和国家批准的投资计划、可行性研究报告等文件订立”的规定。

案例分析3

基本案情：

2002年3月，某市豪景花园有限公司（业主）与A地某建筑公司（承包方）签订了一份建筑工程承包合同，规定由承包方在某市承建一座豪景花园，合同主要条款约定：①承包方负责设计、施工等工程的所有事宜，承包方应保证工程的质量；②业主负责费用的支付，并有权验收工程；③工程总价款为4000万元人民币，分四期支付，每期1000万元人民币；④为保证承包方按时到达某市，按时开工并能按时完工，双方协商后同意，由承包人先行支付业主50万元人民币，作为质量信誉金，待依合同履行义务后，随最后一批价款一并返还给承包方；⑤工程时间是：从2002年5月1日到2004年1月31日，延期1日，收取10万元的罚金。

合同经双方签字，按合同规定于2002年3月20日生效。2002年3月3日，承包方即开出50万元人民币的支票，并通过中国银行A地分行与中国银行某市支行的业务往来，打入业主的账户。2002 年 4 月 20 日，承包方来到某市，准备如期开工，查找业主支付第一期工程款时，却发现业主失踪了。其在中国银行某支行的账户已经取消，资金已提走；在某市工商管理局的公司登记也已注销。经调查，某市豪景花园的业主是另一家公司，某市豪景花园有限公司是假业主。他在注册登记“经营范围”一栏上填写的是“提供餐饮服务”。至此，承包方才发觉上当受骗，当事人为了获得该工程项目的建设，不惜同意先交信誉金的不公平条件，被假业主借机敲竹杠。

案例评析：

在这个建筑工程合同陷阱中，某市豪景花园有限公司利用 A 地某建筑公司急于获得工程项目的心理，用虚假的身份和不公平的条款对其进行欺诈。承包方固然是受害者，但是承包方的许多行为，在一定程度上将自己一步步推入陷阱。因此，建筑公司在承包工程项目时，应当先确定对方的身份和实力，再签订承包合同。

案例分析 4

基本案情：

某房产开发公司与某建筑公司签订一施工合同，修建某一住宅小区。小区建成后，经验收质量合格。验收后 1 个月，房产开发公司发现楼房屋顶漏水，遂要求建筑公司负责无偿修理，并赔偿损失，建筑公司则以施工合同中并未规定质量保证期限，且以工程已经验收合格为由，拒绝无偿修理要求。房产开发公司遂诉至法院。法院判决施工合同有效，认为合同中虽然并没有约定工程质量保证期限，但依据原建设部 2000 年 1 月 30 日发布的《建设工程质量管理条例》的规定，屋面防水工程保修期限为 5 年，因此本案工程交工后两个月内出现的质量问题，应由施工单位承担无偿修理并赔偿损失的责任。故判令建筑公司应当承担无偿修理的责任。

案例评析：

《合同法》第 275 条规定：“施工合同的内容包括工程范围、建设工期、中间交工工程的开工和竣工时间、工程质量、工程造价、技术资料交付时间、材料和设备供应责任、拨款和结算、竣工验收、质量保修范围和质量保证期、双方相互协作等条款。”本案争议的施工合同虽欠缺质量保证期条款，但并不影响双方当事人对施工合同主要义务的履行，故该合同有效。由于合同中没有质量保证期的约定，故应当依照法律、法规的规定或者其他规章确定工程质量保证期。法院依照《建设工程质量管理条例》的有关规定对欠缺条款进行补充，无疑是正确的。依据该条例规定；出现的质量问题属保证期内，故认定建筑公司承担无偿修理和赔偿损失责任是正确的。

案例分析 5

基本案情：

2002 年 3 月，甲方即某实业有限公司与乙方即某建筑工程公司双方签订施工总承包合同，由乙方负责甲方的宿舍楼施工。双方在合同中约定：隐蔽工程由双方共同检查，相应检查费由甲方支付。施工过程中，乙方在地下室防水工程完成后通知甲方进行检查验收，甲方答复：因公司事务繁忙，由乙方自己检查并出具检查记录即可。一周后甲方聘请专业人员对地下室防水工程质量进行检查，发现未达到合同约定标准，遂要求乙方返工并承担此次检查的费用。乙方认为，返工可以，但按合同约定检查费用应当由甲方承担。甲方多次要求乙方付款未果，诉至法院。法院对地下室防水工程质量进行重新鉴定，结论是防水工程不符合合同中约定的标准，据此法院判决由乙方承担复检的费用。

案例评析：

《合同法》第278条规定："隐蔽工程在隐蔽以前，承包人应当通知发包人检查。发包人没有及时检查的，承包人可以顺延工程日期，并有权要求赔偿停工、窝工等损失。"本案中，乙方履行了通知义务，对于甲方不履行检查义务的行为，乙方有权停工待查，停工造成的损失应由甲方承担。对此双方均有过错。至于甲方事后检查费用，则应视检查结果而定，若检查结果是地下室防水质量未达标，则由此而产生的一切后果由乙方承担（包括检查费用）；若检查结果是质量达标，则此次检查费用应当由甲方承担。因此法院的判决是正确的。但是我们认为，由于甲方也有过错，根据《合同法》第120条规定："当事人双方都违反合同的，应各自承担相应的责任。"因此，甲方也应根据过错程度承担部分责任。

案例分析6

基本案情：

某建筑公司超越资质承揽了某施工任务，2006年10月8日该项目竣工。但是建设单位却以该建筑公司不具备资质，所签订的施工合同无效为由拒绝支付工程款。2006年10月20日，建筑公司将建设单位告上了法庭，要求支付工程款。法院支持了建筑公司的诉讼请求。有人认为：这是对超越资质承揽工程的纵容。你认为这种说法正确吗?

案例评析：

不正确。建筑公司超越资质承揽工程的确属于违法行为。不仅违反了《建筑法》，也违反了《招标投标法》。根据《最高人民法院关于审理建设工程施工合同纠纷案件适用法律问题的解释》第1条，该合同属于无效合同。但是《最高人民法院关于审理建设工程施工合同纠纷案件适用法律问题的解释》同时规定，此类建设工程施工合同无效，但建筑工程经竣工验收合格，承包人请求参照合同约定支付工程价款的，应予以支持。表面上看，似乎是纵容了超越资质承包的违法行为，但是，《最高人民法院关于审理建设工程施工合同纠纷案件适用法律问题的解释》第4条同时规定："承包人非法转包、违法分包建设工程或者没有资质的实际施工人借有资质的建筑施工企业名义与他人签订建设工程施工合同的行为无效。人民法院可以根据民法通则第134条规定，收缴当事人已经取得的非法所得。"收缴非法所得后，承包人就不能通过非法承包工程而牟利了，也就是说承包人是义务为国家修建了工程。这就会使之失去超越资质承揽的工程的动力。既体现了公平的原则，也体现了对违法的惩罚。

案例分析 7

基本案情：

某开发公司计划开发建设一个居民小区，由于该小区在设计上采用了特殊工艺，经有关主管部门批准。某开发公司于 2010 年 6 月 1 日将小区的设计任务直接发包给了某设计院，但是，双方并没有签订书面合同。2010 年 12 月 8 日，某设计院完成了工程设计。某开发公司以没有书面合同，不符合《合同法》中“建设工程合同应当采用书面形式”为由，拒绝支付设计费。某开发公司的做法是否正确？

案例评析：

某开发公司的做法是不正确的。尽管《合同法》第 270 条对建设工程合同的形式作出了规定，使得签订建设工程合同成为了要式民事行为，但是，《合同法》第 36 条同时规定：“法律、行政法规规定或者当事人约定采用书面形式订立合同，当事人未采用书面形式但一方已经履行主要义务，对方接受的，该合同成立。”

思考题

1. 订立和履行合同应遵循的原则有哪些？
2. 合同的一般条款有哪些？
3. 有效要约有哪些条件？
4. 承诺的构成要件有哪些？
5. 无效合同与合同撤销有何区别？
6. 什么是抗辩权、代位权和撤销权？
7. 合同的解除分哪两种方式？如何认定？
8. 建设工程勘察设计合同如何约定合同双方的权利和义务？
9. 建设工程施工合同如何约定合同双方的权利和义务？
10. 什么是建设工程合同？与一般合同相比，它有哪些特征？

第8章

公路工程建设法律制度

公路工程建设活动与国家经济发展、人民的生命财产安全、社会的文明进步息息相关，国家及其行政主管部门必须对公路建设活动进行全面、严格的管理。本章主要介绍公路建设法规关于工程建设的勘察设计、招标投标、工程监督管理等相关规定与前述章节的不同之处。

8.1 概述

8.1.1 公路建设法规的基本概念

所谓公路工程，包括公路、公路桥梁、公路隧道及与之相关的安全设施、防护设施、监控设施、通信设施、收费设施、绿化设施、服务设施、管理设施等公路附属设施的新建、改建与安装工程。

公路建设法规的定义有广义和狭义之分。狭义的公路建设法规是特指国家立法机关、行政机关制定的旨在调整公路建设法律关系的行政法规和地方法规。广义的公路建设法规是泛指国家立法机关制定的调整各种公路建设法律关系的法律规范的总称。

公路建设活动中涉及许许多多的事物和相关的社会关系，如工程建设与环境保护、文物保护的关系，工程建设与土地、水源等自然资源的关系等。在我国已颁布了大量有关环境、自然资源保护、自然灾害防御等方面的法律、法规，它们所调整的范围很广，虽然不属于公路法规，但又都与公路建设有关，人们在从事公路建设活动时都必须严格遵守其相关规定。

8.1.2 我国公路建设法规体系介绍

我国公路建设法规体系由法律、行政法规、部门规章、地方性法规、自治条例和单行条例、国际条约和国际惯例组成。与公路建设相关的国家有关法律、法规和部门规章（部分）主要有：

1）《中华人民共和国公路法》（施行时间：2004年8月28日）。

2）《中华人民共和国公路管理条例》（施行时间：2009年1月1日）。

3）《公路建设市场管理办法》（施行时间：2005年3月1日）。

4）《公路工程施工招标投标管理办法》（施行时间：2006年8月1日）。

5)《公路工程勘察设计招标投标管理办法》(施行时间: 2013 年 2 月 17 日)。

6)《公路工程设计变更管理办法》(施行时间: 2005 年 7 月 1 日)。

7)《公路工程质量管理办法》(施行时间: 1999 年 2 月 24 日)。

8)《公路建设监督管理办法》(施行时间: 2006 年 8 月 1 日)。

9)《公路工程施工监理招标投标管理办法》(施行时间: 2006 年 7 月 1 日)。

10)《公路建设项目法人资格标准》(试行)(施行时间: 2002 年 1 月 1 日)。

11)《公路工程竣(交)工验收办法》(施行时间: 2004 年 10 月 1 日)。

12)《公路工程质量监督规定》(施行时间: 2005 年 5 月 8 日)。

13)《公路工程施工招标资格预审办法》(施行时间: 2006 年 2 月 26 日)。

14)《交通基本建设资金监督管理办法》(施行时间: 2000 年 4 月 13 日)。

8.1.3　公路建设的基本程序

公路建设的基本程序是在认识公路建设客观规律的基础上总结提出的，在公路建设全过程中各项工作都必须遵守的先后次序。公路建设程序大体分为拟建阶段、准备阶段、施工阶段和工程验收阶段。

根据交通部令 2006 年第 6 号《公路建设监督管理办法》(简称《监督管理办法》) 第 8 条规定，公路建设应当按照国家规定的建设程序和有关规定进行。政府投资公路建设项目实行审批制，企业投资公路建设项目实行核准制。县级以上人民政府交通主管部门应当按职责权限审批或核准公路建设项目，不得越权审批、核准项目或擅自简化建设程序。县级以上人民政府交通主管部门根据国家有关规定，按照职责权限负责组织公路建设项目的项目建议书、工程可行性研究、编制设计文件、经营性项目的投资人招标、竣工验收和项目后评价工作。

《监督管理办法》第 9 条规定，政府投资公路建设项目的实施，应当按照下列程序进行:

1) 根据规划，编制项目建议书。

2) 根据批准的项目建议书，进行工程可行性研究，编制可行性研究报告。

3) 根据批准的可行性研究报告，编制初步设计文件。

4) 根据批准的初步设计文件，编制施工图设计文件。

5) 根据批准的施工图设计文件，组织项目招标。

6) 根据国家有关规定，进行征地拆迁等施工前准备工作，并向交通主管部门申报施工许可。

7) 根据批准的项目施工许可，组织项目实施。

8) 项目完工后，编制竣工图表、工程决算和竣工财务决算，办理项目交、竣工验收和财产移交手续。

9) 竣工验收合格后，组织项目后评价。

国务院对政府投资公路建设项目建设程序另有简化规定的，依照其规定执行。

《监督管理办法》第 10 条规定，企业投资的公路建设项目的实施应当按照下列程序进行：

1）根据规划，编制工程可行性研究报告。

2）组织投资人招标工作，依法确定投资人。

3）投资人编制项目申请报告，按规定报项目审批部门核准。

4）根据核准的项目申请报告，编制初步设计文件，其中涉及公共利益、公众安全、工程建设强制性标准的内容应当按项目的隶属关系报交通主管部门审查。

5）根据初步设计文件编制施工图设计文件。

6）根据批准的施工图设计文件组织项目招标。

7）根据国家有关规定，进行征地拆迁等施工前准备工作，并向交通主管部门申报施工许可。

8）根据批准的项目施工许可，组织项目实施。

9）项目完工后，编制竣工图表、工程决算和竣工财务决算，办理项目交、竣工验收。

10）竣工验收合格后，组织项目后评价。

1. 拟建阶段

根据批准的项目建议书进行工程可行性研究，编制可行性研究报告。可行性研究是建设前期工作的重要内容之一，它为建设项目的决策和计划任务书的编制提供重要依据。所有的大中型项目，都应进行可行性研究。可行性研究，应通过现场调查和必要的勘探，对拟建项目所涉及的政治、经济、军事、社会、环境、技术等方面的重大原则问题进行全面研究论证。通过多方案的比选，得出技术、经济可行，效益高，投资少，工期短的方案。交通部［82］交字2377号文件规定了可行性研究报告的内容。可行性研究报告由批准计划任务书的主管单位审查批准。

根据批准的可行性研究报告编制计划任务书。计划任务书是工程建设的大纲，是确定建设项目和建设方案的基本文件，也是进行现场勘测和编制文件的主要依据。计划任务书的主要内容有：

1）建设依据和重要意义。

2）线路或独立大桥的建设规模及修建性质。

3）线路的走向和主要控制点，独立大桥的主要控制点。

4）工程技术标准和主要技术指标。

5）按几个阶段设计，各阶段完成时间。

6）建设期限和投资估算及资金来源的建议。

7）设计、施工、科研力量的原则安排。

8）线路示意图及工程量、主要建材用量估算。

计划任务书由工程所在的省、市、自治区发改委或交通厅（局）编制上报。交通部[⊖]投资的跨越省、市、自治区的干线公路或特殊性项目，由交通部编制上报，或由交通部会

⊖ 中华人民共和国交通部于2010年更名为中华人民共和国交通运输部，本书统称为交通部。

同有关省、市、自治区共同上报。计划任务书的审批权按下列规定执行：

1）大型项目：按投资隶属关系，由交通部或省、市、自治区发改委提出审查意见，报国家发改委审批；具有特殊性或特别重大项目，由国家发改委提出审查意见后报国务院审批。

2）中型项目：按投资隶属关系，由交通部或省、市、自治区发改委提出审查意见后，报国家发改委审批，或由国家发改委委托交通部或省、市、自治区发改委审批。

3）小型项目：交通部投资的项目，由交通部审批。地方投资的项目，由省、市、自治区发改委审批。交通部和地方联合投资的项目，由交通部或省、市、自治区发改委审批。

4）地方投资的各类项目：在报国家发改委的同时，抄送交通部备查。计划任务书经批准后，如建设规模、技术标准、路线走向等主要内容有原则变更时，应报经原批准机关同意。

2. 准备阶段

从设计任务书批准之日起到施工开始前的时间为准备阶段。准备阶段的工作包括：进行现场勘测，编制初步设计文件和概算，按照项目分类和投资隶属关系报请主管机关审批；编制施工图和施工预算；列入年度基本建设计划；进行施工前的人力和物资准备；编制实施性施工组织设计及开工报告，报上级主管部门核准备案。其中关键性环节是编制公路工程设计文件。

设计单位根据批准的设计任务书进行现场勘测并进行初步设计，制定出设计文件并作出概算后，按投资隶属关系分别报批。为确保跨省大骨架高等级公路的顺利建设，协调好路线走向、控制点、技术标准、建设周期等，凡国家主干道内的汽车专用公路，其初步设计文件及概算，均应报交通部审批。以地方为主投资的非主干道一般公路，其初步设计文件及概算由所在地的省、自治区交通厅审批。由地方投资的非主干道一般公路，其初步设计文件及概算，由所在省、自治区、直辖市交通厅审批。经批准的初步设计文件及概算，应列入国家基本建设年度计划，视规模不同分别报批。经批准的项目应尽快落实施工单位、劳动力、材料和设备等，积极组织施工，务求保证质量按期完工。未经批准的初步设计文件及概算不得列入国家基本建设年度计算，未列入年度计划的项目，一律不准施工。

根据《公路建设市场管理办法》第 17 条的规定，公路建设项目法人负责组织有关专家或者委托有相应工程咨询或者设计资质的单位，对施工图设计文件进行审查。施工图设计文件审查的主要内容包括：

1）是否采纳工程可行性研究报告、初步设计批复意见。

2）是否符合公路工程强制性标准、有关技术规范和规程要求。

3）施工图设计文件是否齐全，是否达到规定的技术深度要求。

4）工程结构设计是否符合安全和稳定性要求。

公路建设项目法人应当按照项目管理隶属关系将施工图设计文件报交通主管部门审批。施工图设计文件未经审批的，不得使用。

申请施工图设计文件审批应当向相关的交通主管部门提交以下材料：

1）施工图设计的全套文件。

2）专家或者委托的审查单位对施工图设计文件的审查意见。

3）项目法人认为需要提交的其他说明材料。

交通主管部门应当自收到完整齐备的申请材料之日起20日内审查完毕。经审查合格的，批准使用，并将许可决定及时通知申请人。审查不合格的，不予批准使用，应当书面通知申请人并说明理由。

3. 施工阶段

公路工程施工阶段的工作与房屋建筑工程相同。

根据《公路建设市场管理办法》的规定，公路建设项目依法实行施工许可制度。国家和国务院交通主管部门确定的重点公路建设项目的施工许可由国务院交通主管部门实施，其他公路建设项目的施工许可按照项目管理权限由县级以上地方人民政府交通主管部门实施。

《公路建设市场管理办法》第25条规定，项目施工应当具备以下条件：

1）项目已列入公路建设年度计划。

2）施工图设计文件已经完成并经审批同意。

3）建设资金已经落实，并经交通主管部门审计。

4）征地手续已办理，拆迁基本完成。

5）施工、监理单位已依法确定。

6）已办理质量监督手续，已落实保证质量和安全的措施。

项目法人在申请施工许可时应当向相关的交通主管部门提交以下材料：

1）施工图设计文件批复。

2）交通主管部门对建设资金落实情况的审计意见。

3）国土资源部门关于征地的批复或者控制性用地的批复。

4）建设项目各合同段的施工单位和监理单位名单、合同价情况。

5）应当报备的资格预审报告、招标文件和评标报告。

6）已办理的质量监督手续材料。

7）保证工程质量和安全措施的材料。

交通主管部门应当自收到完整齐备的申请材料之日起20日内作出行政许可决定。予以许可的，应当将许可决定及时通知申请人；不予许可的，应当书面通知申请人并说明理由。

4. 工程竣工验收阶段

公路建设项目验收工作应当符合交通部制定的《公路工程竣（交）工验收办法》（交通部令2004年第3号）的规定。凡新建和改建的公路工程，均应进行竣工验收，养护、大修和改造工程可参照执行。

公路工程竣（交）工验收的依据：

1）批准的工程可行性研究报告。

2）批准的工程初步设计、施工图设计及变更设计文件。

3）批准的招标文件及合同文本。

4）行政主管部门的有关批复、批示文件。

5）交通部颁发的公路工程技术标准、规范、规程及国家有关部门的相关规定。

公路建设项目验收分为交工验收和竣工验收两个阶段。交工验收是检查施工合同的执行情况，评价工程质量是否符合技术标准及设计要求，是否可以移交下一阶段施工或是否满足通车要求，对各参建单位工作进行初步评价。项目法人负责组织对各合同段进行交工验收，并完成项目交工验收报告，最后报交通主管部门备案。交通主管部门在 15 天内没有对备案项目的交工验收报告提出异议，项目法人可开放交通进入试运营期。试运营期不得超过 3 年。通车试运营 2 年后，交通主管部门按项目管理权限应组织竣工验收。交通部负责国家、部重点公路工程项目中 100 千米以上的高速公路、独立特大型桥梁和特长隧道工程的竣工验收工作；其他公路工程建设项目，由省级人民政府交通主管部门确定的相应交通主管部门负责竣工验收工作。经竣工验收合格的项目可转为正式运营。对未进行交工验收、交工验收不合格或没有备案的工程开放交通进行试运营的，由交通主管部门责令停止试运营。

8.2 公路建设法律关系主体

公路工程建设过程中，参与建设的各方主体很多。交通主管部门对公路建设进行监督；公路建设法人对项目建设进行管理和承担相应的义务；包括公路勘察设计单位、工程咨询单位、施工单位、监理单位和试验监测单位在内的公路建设从业单位，按照自己的从业资质等级承揽相应业务，服务于公路建设。专业技术人员和从业者在进行岗前考试、考核后，取得相应资格证书后方可参与公路工程的建设。本节主要介绍公路工程交通主管部门的职责、公路建设法人制度以及对公路建设从业单位资质等级的管理。

8.2.1 我国交通建设主管部门的职责

公路建设监督管理实行统一领导、分级管理的原则。

国家交通部对全国公路建设项目进行监督管理，依据职责负责国家高速公路网建设项目和国家交通部确定的其他重点公路项目前期工作、施工许可、工程质量、工程进度、资金、安全管理的监督和竣工验收工作。

省级人民政府交通主管部门依据职责负责本行政区域内公路建设项目的监督管理，负责本行政区内的国家高速公路网建设项目、交通部和省级人民政府确定的其他重点公路项目的监督管理。

设区的市和县级人民政府交通主管部门按照有关规定负责本行政区域内公路建设项目的监督管理。

公路建设监督管理的职责包括：

1）监督国家有关公路建设工作方针、政策和法律、法规、规章、强制性技术标准的执行。

2）监督公路建设项目建设程序的履行。

3）监督公路建设市场秩序。

4）监督公路工程质量和工程安全。

5）监督公路建设资金的使用。

6）指导、检查下级人民政府交通主管部门的监督管理工作。

7）依法查处公路建设违法行为。

县级以上人民政府交通主管部门在履行公路建设监督管理职责时，有权要求：

1）被检查单位提供有关公路建设的文件和资料。

2）进入被检查单位的工作现场进行检查。

3）对发现的工程质量和安全问题以及其他违法行为依法处理。

8.2.2　公路建设项目法人制度

《中华人民共和国公路法》（简称《公路法》）第23条规定，公路建设项目应当按照国家有关规定实行法人负责制度、招标投标制度和工程监理制度。即凡列入国家和地方基本建设计划的公路建设项目必须实行项目法人责任制度，由项目法人对建设项目负总责。所谓项目法人制度是指，公路建设项目必须由依法组建的法人享有项目建设管理权力，承担相应义务和责任的制度。项目法人责任制度是强制性实施的制度。

公路建设项目法人分为经营性公路建设项目法人和公益性公路建设项目法人。依法投资建设经营性公路项目的国内外经济组织为经营性公路建设项目法人。非经营性公路建设项目法人为公益性公路建设项目法人。经营性公路建设项目应依法成立有限责任公司或股份有限公司，办理公司登记，对建设项目筹划、资金筹措、建设实施、运营管理、债务偿还和资产管理全过程负责。公益性公路建设项目应明确或组建项目法人，办理事业法人登记，根据交通主管部门授权，对建设项目筹划、资金筹措、建设实施全过程负责。公益性项目法人如委托中介机构对项目进行建设管理，必须按项目管理权限报交通主管部门核备。地方人民政府或政府交通主管部门可以成立项目建设协调机构（指挥部），负责协调征地拆迁、建设环境等方面的工作，履行政府监督管理职能。

可行性研究报告批准后，应正式成立或明确项目法人，在初步设计批准前，按项目管理权限报交通主管部门审批。新组建的项目法人应依法办理公司注册或事业法人登记手续。项目法人机构设置和技术、管理人员素质，必须满足工程建设管理的需要，符合公路建设市场准入条件。

公路建设项目法人分为甲级和乙级项目法人，甲级项目法人能承担各级公路（含各类桥梁和隧道）工程的项目管理；乙级项目法人能承担二级及以下公路（含各类大梁和长隧道）工程的项目管理。

经营性公路建设项目法人应按照基建程序，履行以下职责：

1）筹措建设资金。

2）编制项目实施计划和年度计划。

3）依法选择勘察设计、施工、监理单位和设备、材料供应单位。

4）向交通主管部门办理开工报告。

5）按照合同约定，对工程质量、进度、投资、安全生产和环境保护进行监督管理，审查施工组织设计、重要施工工艺和标准试验以及工程分包等事项，保证工程处于受控状态。

6）接受交通主管部门和公路工程质量监督机构的监督检查，按时报送项目建设的有关信息资料。

7）执行国家档案管理规定，建立健全建设项目的所有档案。

8）及时组织交工验收，做好竣工验收的准备工作。

9）组织项目后评价，提出项目后评价报告。

10）按照有关技术标准和规范的要求，做好公路养护管理工作。负责收费管理，按期偿还贷款。

公益性公路建设项目法人，根据交通主管部门授权，履行以上相应职责。

8.2.3　公路建设从业单位资质

公路建设从业单位依法实行准入管理。公路工程勘察、设计、施工、监理、试验检测等从业单位应当依法取得公路工程资质证书并按照资质管理有关规定，在其核定的业务范围内承揽工程。

根据我国现行法规，依据公路建设从业单位拥有的注册资本、专业技术人员数量和等级、技术装备和已完成的公路工程的业绩等方面，对公路建设从业单位进行资质等级的划分。

1）公路勘察设计单位分为甲、乙、丙、丁级。

2）工程咨询单位分为甲、乙、丙级。

3）施工单位分为特、一、二、三级。

4）招标代理机构、监理咨询单位分为甲、乙、丙级。

5）试验检测单位分为甲、乙、丙级。

对于不同资质等级的企业，规定其承揽工程的范围、规模有所不同。公路工程施工单位承包工程范围的规定：

特级企业：可承担各等级公路及其桥梁、隧道工程的施工。

一级企业：可承担单项合同额不超过本企业注册资本金 5 倍的各等级公路及其桥梁、长度 3000m 以下的隧道工程的施工。

二级企业：可承担单项合同额不超过本企业注册资本金 5 倍的一级标准及以下公路、单跨跨度小于 100m 的桥梁、长度 1000m 以下的隧道工程的施工。

三级企业：可承担单项合同额不超过本企业注册资本金 5 倍的二级标准及以下公路、单座桥长度小于 500m、单跨跨度小于 40m 的的桥梁工程的施工。

以上提及的公路工程包括公路（含厂矿和林业专用公路）及其桥梁、隧道和沿线设施工程。

8.3　公路工程规划的管理

8.3.1　公路规划基本原则

《公路法》第12条规定："公路规划应当根据国民经济和社会发展以及国防建设的需要编制，与城市建设发展规划和其他方式的交通运输发展规划相协调。"第13条规定："公路建设用地规划应当符合土地利用总体规划，当年建设用地应当纳入年度建设用地计划。"由此，《公路法》明确的编制公路规划应遵循的基本原则可以概括为："三个需要，两个协调，一个应当符合。"它也为制定其他关于公路规划的法规提供立法依据。

8.3.2　公路规划的编制权与审批权

1. 国道

国道规划由国务院交通主管部门会同国务院有关部门并商国道沿线省、自治区、直辖市人民政府编制，报国务院批准。国道规划的局部调整由原编制机关决定。当国道规划需要作重大修改时，由原编制机关提出修改方案，报国务院批准。

2. 省道

省道规划由省、自治区、直辖市人民政府交通主管部门会同同级有关部门并商省道沿线下一级人民政府编制，报省、自治区、直辖市人民政府批准，并报国务院交通主管部门备案。省道规划应当与国道规划相协调。

3. 县道

县道规划由县级人民政府交通主管部门会同同级有关部门编制，经本级人民政府审定后，报上一级人民政府批准，并应当报批准机关的上一级人民政府交通主管部门备案。县道规划应当与省道规划相协调。

4. 乡道

乡道规划由县级人民政府交通主管部门协助乡、民族乡、镇人民政府编制，报县级人民政府批准，应当报批准机关的上一级人民政府交通主管部门备案。乡道规划应当与县道规划相协调。

5. 专用公路

专用公路规划由专用公路的主管单位编制，经其上级主管部门审定后，报县级以上人民政府交通主管部门审核。专用公路规划应当与公路规划相协调。县级以上人民政府交通主管部门发现专用公路规划与国道、省道、县道、乡道规划有不协调的地方，应当提出修改意见，专用公路主管部门和单位应当作出相应的修改。

经批准的省道、县道、乡道公路规划需要修改的，由原编制机关提出修改方案，报原批准机关批准。

8.3.3　公路的命名与编号

国家高速公路是国道网的重要组成部分，路线字母标识符采用汉语拼音“G”表示；中国国家高速公路网主线的编号，由中国国家高速公路标识符“G”加 1 位或 2 位数字顺序号组成，编号结构为“G#”或“G##”。如首都放射线的编号为 1 位数，以北京市为起点，放射线的止点为终点，以 1 号高速公路为起始，按路线的顺时针方向排列编号，编号区间为 G1 ~ G9。纵向路线以北端为起点，南端为终点，按路线的纵向由东向西顺序编排，路线编号取奇数，编号区间为 G11 ~ G89。横向路线以东端为起点，西段为终点，按路线的横向由北向南顺序编排，路线编号取偶数，编号区间为 G10 ~ G90。

国道的命名和编号，由国务院交通主管部门确定；省道、县道、乡道的命名和编号，由省、自治区、直辖市人民政府交通主管部门按照国务院交通主管部门的有关规定确定。国务院交通主管部门在 1989 年提出中华人民共和国国家标准《公路路线命名编号和编码规则——命名和编号规则》，明确了公路的命名和编号方法，经修订后的新标准为 GB 917.1—2000《公路路线标识规则　命名、编号和编码》。

公路路线命名由路线起讫点地名中间加连接符“—”组成。路线简称采用起讫点地名的首位汉字或简称。干线公路名称及简称不可重复，个别出现重复时，采用其他能表示该路线起讫点地名特征的简称加以区别。如：北京—塘沽公路，简称“京塘线”。

公路路线编号由一位公路管理等级代码和三位数字构成。公路线路的编号等级代码为汉语拼音字母：国道 G、省道 S、县道 X、乡道 Y、专用公路 Z、其他公路 Q。

国道按首都放射线、北南纵线、东西横线分别顺序编号。以首都为中心的放射线由一位标识码“1”和两位路线顺序号构成，如 G101；由北向南的纵线由一位标识码“2”和两位路线顺序号构成，如 G206；由东向西的横线由一位标识码“3”和两位路线顺序号构成。

省道在各省、自治区、直辖市界内按省会（首府）放射线、北南纵线、东西横线分别顺序编号，如 S101。

县、乡、专用公路及其他公路以各省、自治区、直辖市公路管理区域为基础分别顺序编制，均由三位路线顺序号构成；顺序号不足三位数字时，在前补充“0”。

8.4　公路工程招标与投标的管理

公路工程的勘察设计、施工和监理单位应通过招标投标的方式确定。依据《中华人民共和国招标投标法》，交通部制定并颁布了规范公路工程的勘察设计、施工和监理工作的发包规定。公路工程招标投标的过程和规定与建筑工程招标投标基本一致，符合《中华人民共和国招标投标法》的规定。本节主要介绍《公路工程施工招标投标管理办法》中与房屋建筑工程有关规定不同部分的内容。

8.4.1 公路建设工程招标的范围

公路工程施工项目除涉及国家安全、国家秘密、抢险救灾或者利用扶贫资金实行以工代赈等不适宜进行招标的项目外，必须进行招标：

1）投资总额在3000万元人民币以上的公路工程施工项目。

2）施工单项合同估算价在200万元人民币以上的公路工程施工项目。

3）法律、行政法规规定应当招标的其他公路工程施工项目。

公路工程施工招标，可以对整个建设项目一次招标，也可以根据不同专业、不同实施阶段，分标段、分阶段进行招标，但不得将招标工程化整为零或者以其他任何方式规避招标。公路工程施工招标标段，应当按照有利于项目实施管理和规模化施工的原则，合理划分。施工工期应当按照批复的初步设计建设工期，结合项目实际情况，合理确定。

交通部依法负责全国公路工程施工招标投标活动的监督管理。县级人民政府交通主管部门按照各自职责依法负责本行政区域内公路工程施工招标投标活动的监督管理。

8.4.2 工程的招标、投标

公路工程施工招标可以招标人自行招标，也可以委托招标代理机构进行招标。

《公路施工招标投标管理办法》第7条规定，公路工程施工招标的项目应当具备下列条件：

1）初步设计文件已被批准。

2）建设资金已经落实。

3）项目法人已经成立，并符合项目法人资格标准要求。

公路工程施工招标分为公开招标和邀请招标。采用公开招标的，招标人应当通过国家指定的报刊、信息网络或者其他媒体发布招标公告，邀请具备相应资格的不特定的法人投标。采用邀请招标的，招标人应当以发送投标邀请书的方式，邀请三家以上具备相应资格的法人投标。

公路工程施工招标应当实行公开招标，法律、行政法规规定，符合下列条件之一，不适宜公开招标的，依法履行审批手续后，可以进行邀请招标：

1）项目技术复杂或有特殊技术要求，且符合条件的潜在投标人数量有限的。

2）受自然地域环境限制的。

3）公开招标的费用与工程费用相比，所占比例过大的。

公路工程施工招标，应当按下列程序进行：

1）确定招标方式。采用邀请招标的，应当按照国家规定报有关主管部门审批。

2）编制投标资格预审文件和招标文件。招标文件按照本办法规定备案。

3）发布招标公告，发售投标资格预审文件；采用邀请招标的，可直接发出投标邀请书，发售招标文件。

4）对潜在投标人进行资格审查。

5）向资格预审合格的潜在投标人发出投标邀请书和发售招标文件。

6）组织潜在投标人考察招标项目工程现场，召开标前会。

7）接受投标人的投标文件，公开开标。

8）组建评标委员会评标，推荐中标候选人。

9）确定中标人。评标报告和评标结果按照本办法规定备案并公示。

10）发出中标通知书。

11）与中标人订立公路工程施工合同。

招标人应当根据招标项目的特点和需要，编制招标文件。二级以上公路和大型桥梁、隧道建设项目的主体工程施工招标文件，应当使用交通部颁发的《公路工程国内招标文件范本》。其他公路工程和公路附属设施工程的施工招标文件，可以参照交通部颁发的《公路工程国内招标文件范本》的格式和内容进行编制，并可以适当简化。

编制资格预审申请文件的时间，自开始发售投标资格预审文件之日起至潜在投标人提交资格预审申请文件截止时间止，不得少于 14 个工作日。编制投标文件的时间，自招标文件开始发出之日起至投标人提交投标文件截止时间止，高速公路、一级公路、技术复杂的特大桥梁、特长隧道不得少于 28 日，其他公路工程不得少于 20 日。

国道主干线、国家重点公路建设项目的工程施工的招标人应当将资格预审结果、招标文件报省级交通主管部门审批，报交通部核备；其他公路建设项目的工程施工的招标人应当将资格预审结果、招标文件报省级交通主管部门规定的部门审批。使用国际金融组织或者外国政府贷款、援助资金的公路建设项目，其工程施工招标文件经省级交通主管部门初审后，报交通部审批。

公路工程的投标应遵循《中华人民共和国招标投标法》的相关规定。

8.4.3　工程的开标、评标和定标

公路工程开标、评标和定标与房屋建筑工程一样遵循《中华人民共和国招标投标法》的相关规定。但由于公路工程有别于房屋建筑工程，开标、评标和定标过程也存在一些有别处。

国道主干线项目和国家、交通部确定的重点公路建设项目的评标委员会专家，从交通部设立的评标专家库中确定，或根据交通部授权从省级交通主管部门设立的评标专家库中确定。其他公路建设项目的评标委员会专家，从省级交通主管部门设立的评标专家库中确定。对于特殊招标项目，因有特殊要求或技术特别复杂，只有少数专家能胜任的，可以由招标人直接确定。

公路工程施工招标的评标办法分综合评分法和最低评标价法。综合评分法适用于高速公路、一级公路、技术复杂的特大桥梁、特长隧道工程，其他工程可采用最低评标价法。采用综合评分法评标的，应当在招标文件中载明复合标底计算公式和各项评价内容取分权重；采用最低评标价法评标的，应当在招标文件中明确投标人不得以低于成本价的价格投标。

强制性招标的项目，招标人应自确定中标人之日起15天内，将评标报告向有关机关进行备案。国道主干线和国家高速公路网建设项目的工程施工招标文件应当报交通部备案，其他公路建设项目的工程施工招标文件应当按照项目管理权限报县级以上地方人民政府交通主管部门备案。交通主管部门发现招标文件存在不符合法律、法规及规章规定内容的，应当在收到备案文件后的7天内，提出处理意见，及时行使监督检查职责。

8.5 公路工程建设的监督管理

我国于1983年开始实施政府对工程质量监督的制度。为促进公路事业持续、快速、健康发展，加强公路建设监督管理，维护公路建设市场秩序，2006年5月8日经第6次交通部部务会议通过修订了《公路建设监督管理办法》，自2006年8月1日起施行，该管理办法共9章51条。

我国公路建设监督管理实行统一领导、分级管理的原则，各级交通主管部门按照权限负责公路建设项目的监督管理。政府监督具有强制性、执法性、全面性和宏观性。

8.5.1 建设市场的监督管理

县级以上人民政府交通主管部门依据职责，负责对公路建设市场的监督管理，查处建设市场中的违法行为。对经营性公路建设项目投资人、公路建设从业单位和主要从业人员的信用情况应进行记录并及时向社会公布。

公路建设市场依法实行准入管理。公路建设项目法人或其委托的项目建设管理单位的项目建设管理机构、主要负责人的技术和管理能力应当满足拟建项目的管理需要，符合交通部有关规定的要求。公路工程勘察、设计、施工、监理、试验检测等从业单位应当依法取得有关部门许可的相应资质后，方可进入公路建设市场。公路建设市场必须开放，任何单位和个人不得对公路建设市场实行地方保护，不得限制符合市场准入条件的从业单位和从业人员依法进入公路建设市场。

公路建设项目法人应当承担公路建设相关责任和义务，对建设项目质量、投资和工期负责。公路建设项目法人必须依法开展招标活动，不得接受投标人低于成本价的投标，不得随意压缩建设工期，禁止指定分包和指定采购。

公路建设从业单位应当依法取得公路工程资质证书并按照资质管理有关规定，在其核定的业务范围内承揽工程，禁止无证或越级承揽工程。公路建设从业单位必须按合同规定履行其义务，禁止转包或违法分包。

8.5.2 质量与安全的监督管理

县级以上人民政府交通主管部门应当加强对公路建设从业单位的质量与安全生产管理机构的建立、规章制度落实情况的监督检查。

公路建设实行工程质量监督管理制度。各级公路工程质量监督机构作为政府职能部门，根据交通主管部门的委托对公路工程建设依法实施强制性的有力的政府监督，并对监督工作质量负责。政府的质量监督管理主要是对建设单位、勘察设计单位、监理单位和承建单位的质量行为进行管理，此外也要对监理单位进行有关资格认证和实施的管理。

公路工程质量监督机构应当具备与质量监督工作相适应的试验检测条件，根据国家有关工程质量的法律、法规、规章和交通部制定的技术标准、规范、规程及质量检验评定标准等，对工程质量进行监督、检查和鉴定。任何单位和个人不得干预或阻挠质量监督机构的质量鉴定工作。

监督站的权限主要有：

1）按技术标准和有关文件要求监督设计和施工的单位，可给予警告或通报批评。

2）对发生严重工程质量问题的单位可令其及时妥善处理，对情节严重的，可按有关规定进行罚款，如仍在施工，则应令其停工整顿。

3）对于核验不合格的工程，可作出返修加固的决定，直至达到合格方准交付使用。

4）对造成重大质量事故的单位，可参加有关部门组成的调查组，提出调查处理意见。

5）对工程质量优良的单位，可提请当地建设主管部门给予奖励。

公路建设项目发生工程质量事故，项目法人应在 24 小时内按项目管理隶属关系向交通主管部门报告，工程质量事故同时报公路工程质量监督机构。

省级人民政府交通主管部门或受委托的公路工程质量监督机构负责调查处理一般工程质量事故；交通部会同省级人民政府交通主管部门负责调查处理重大工程质量事故；特别重大工程质量事故和安全事故的调查处理按照国家有关规定办理。

公路建设从业单位应当对工程质量和安全负责。工程实施中应当加强对职工的质量和安全教育与培训，按照国家有关规定建立健全质量和安全保证体系，落实质量和安全生产责任制，保证工程质量和工程安全。

8.5.3　建设资金的监督管理

《公路建设监督管理办法》第六章规定了政府对公路工程建设资金的监督管理。第 27 条规定，对于使用财政性资金安排的公路建设项目，县级以上人民政府交通主管部门必须对公路建设资金的筹集、使用和管理实行全过程监督检查，确保建设资金的安全。公路建设项目法人必须按照国家有关法律、法规、规章的规定，合理安排和使用公路建设资金。第 28 条规定：“对于企业投资公路建设项目，县级以上人民政府交通主管部门要依法对资金到位情况、使用情况进行监督检查。”

政府对公路建设资金监督管理的主要内容：

1）是否严格执行建设资金专款专用、专户存储、不准侵占、挪用等有关管理规定。

2）是否严格执行概预算管理规定，有无将建设资金用于计划外工程。

3）资金来源是否符合国家有关规定，配套资金是否落实、及时到位。

4）是否按合同规定拨付工程进度款，有无高估冒算，虚报冒领情况，工程预备费使用是否符合有关规定。

5）是否在控制额度内按规定使用建设管理费，按规定的比例预留工程质量保证金，有无非法扩大建设成本的问题。

6）是否按规定编制项目竣工财务决算，办理财产移交手续，形成的资产是否及时登记入账管理。

7）财会机构是否建立健全，并配备相适应的财会人员。各项原始记录、统计台账、凭证账册、会计核算、财务报告、内部控制制度等基础性工作是否健全、规范。

县级以上人民政府交通主管部门对公路建设资金监督管理的主要职责：

1）制定公路建设资金管理制度。

2）按规定审核、汇总、编报、批复年度公路建设支出预算、财务决算和竣工财务决算。

3）合理安排资金，及时调度、拨付和使用公路建设资金。

4）监督管理建设项目工程概预算、年度投资计划安排与调整、财务决算。

5）监督检查公路建设项目资金筹集、使用和管理，及时纠正违法问题，对重大问题提出意见报上级交通主管部门。

6）收集、汇总、报送公路建设资金管理信息，审查、编报公路建设项目投资效益分析报告。

7）督促项目法人及时编报工程财务决算，做好竣工验收准备工作。

8）督促项目法人及时按规定办理财产移交手续，规范资产管理。

8.6 公路工程建设法律制度案例

案例分析

基本案情：

某市为缓解城市交通压力，进行大规模的公路修建。除各大设计院参与设计外，还聘请了某高校精通公路设计的教授、讲师等同时进行公路设计，并对其设计效果非常满意，选用了其设计。这种做法可以吗？为什么？

案例评析：

公路建设市场依法实行准入管理。公路建设项目法人或其委托的项目建设管理单位的项目建设管理机构、主要负责人的技术和管理能力应当满足拟建项目的管理需要，符合交通部有关规定的要求。公路工程勘察、设计、施工、监理、试验检测等从业单位应当依法取得有关部门许可的相应资质后，方可进入公路建设市场。公路建设市场必须开放，任何单位和个人不得对公路建设市场实行地方保护，不得限制符合市场准入条件的从业单位和从业人员依法进入公路建设市场。

公路建设从业单位应当依法取得公路工程资质证书并按照资质管理有关规定，在其核定的业务范围内承揽工程，禁止无证或越级承揽工程。

这种做法欠妥。某高校教授、讲师虽精通公路设计，但我国建筑业实行的是市场准入制，任何单位和个人应当依法取得公路工程资质证书，并按照资质管理有关规定，在其核定的业务范围内承揽工程。

思考题

1. 公路建设的基本程序是什么？
2. 公路建设项目施工图设计审查主要内容有哪些？
3. 申请公路建设施工图设计文件审批应当提交哪些材料？
4. 公路建设项目施工应当具备哪些条件？申请施工许可时应当向相关的交通主管部门提交哪些材料？
5. 公路建设项目验收分哪几个阶段？公路工程竣（交）工验收的依据是什么？
6. 什么是建设项目法人制度？
7. 公路建设项目法人分为哪两类？法规对其有哪些规定？
8. 公路等级如何划分？如何命名与编号？
9. 国家高速公路如何编号？
10. 公路工程施工招标发包如何划分标段？招标文件如何审批？
11. 我国交通建设主管部门的职责是什么？
12. 公路质量安全监督站有哪些权限？
13. 《公路建设监督管理办法》规定对哪些方面进行监督？

第9章

铁路工程建设法律制度

铁路建设项目是关系社会公共利益、公众安全的基础设施建设，项目建设的过程、参与项目建设各方主体的行为同样受到《中华人民共和国建筑法》《中华人民共和国招标投标法》《建设工程质量管理条例》《建设工程勘察设计管理条例》等有关建设法律和法规的约束，同时鉴于铁路行业建设本身的特点，行业归口管理单位原铁道部针对本行业的具体情况制定并颁布了一系列的行业法规和规章。本章以《铁路建设管理办法》为主干介绍我国铁路项目的基本建设程序、项目的管理机构及其职责、项目招标与投标、项目的勘察设计管理、项目的施工管理、项目的质量管理以及项目的验收。

9.1 铁路建设法律概述

9.1.1 《铁路建设管理办法》简介

1. 铁路建设法律规范

铁路建设是指新建、改建铁路建设项目的立项决策、勘察设计、工程实施、竣工验收等全部建设活动。

为加强铁路建设管理，规范铁路建设行为，提高铁路建设水平，根据《中华人民共和国铁路法》《中华人民共和国招标投标法》《建设工程质量管理条例》《建设工程勘察设计管理条例》等有关法律、法规，2003年7月11日第七次铁道部部长办公会议讨论通过《铁路建设管理办法》，自2003年10月1日施行。该办法共十三章82条，包括总则、建设程序、项目管理机构及职责、招标投标与合同管理、勘察设计管理、施工管理、监理管理、质量管理、安全管理等。

与建筑工程项目相同，铁路项目的建设也应实行招标投标制、工程监理制、合同管理制、质量监督制。对于从事铁路建设的项目管理、勘察设计、工程施工和监理、咨询等活动的企业和主要从业人员，同样必须按规定取得相应专业资质和个人执业资格，并在批准的资质和资格范围内从业。

此外，为了确保《铁路建设管理办法》得以有效地贯彻实施，保证项目按照预期的质量、工期、投资有序进行，使铁路建设项目实施与管理具有可操作性，原铁道部还制定并颁布了一系列相关规定，如《铁路建设工程勘察设计管理办法》《铁路建设工程质量管理规定》《铁路建设工程招标投标实施办法》《铁路建设项目竣工验收交接办法》和《铁路建设单位管理暂行办法》等三十余部。

2. 铁路建设的基本原则

1）铁路建设必须贯彻执行国家有关方针政策，严格执行国家法律、法规和国务院铁路主管部门的规章及工程建设强制性标准，严格执行国家规定的建设程序。

铁路项目建设是一项技术性和政策性很强的专业活动，建设项目质量的好坏直接关系到广大人民的安全，关系到国家经济大动脉的畅通，关系到国际民生，因此铁路项目的建设必须符合国家、行业的各项规章、法规。

2）铁路建设应坚持科技创新，积极采用现代管理方法，推广使用先进技术、先进设备、先进工艺、新型建筑材料，不断提高建设水平。

3）铁路建设应高度重视环境保护、水土保持和防灾减灾工作，应节约能源和土地，做好文物保护工作。

9.1.2　铁路建设的基本建设程序

铁路建设必须遵循的法定程序包括立项决策、设计、工程实施和竣工验收。

1）立项决策阶段。依据铁路建设规划，对拟建项目进行预可行性研究，编制项目建议书；根据批准的铁路中长期规划或项目建议书，在初步勘测基础上进行可行性研究，经投资方审查后，编制可行性研究报告。项目建议书和可行性研究报告按国家规定报批，经铁道主管部门审核后，再报国家发改委审批实施。工程简易的建设项目，可直接进行可行性研究，并编制可行性研究报告。

2）设计阶段。根据批准的可行性研究报告，开展定测和现场调查，并在此基础上开展初步设计。初步设计经审查批准后，开展施工图设计。工程简易的建设项目，可根据批准的可行性研究报告，直接进行施工图设计。

3）工程实施阶段。在初步设计文件审查批准后，组织工程招标投标、编制开工报告。开工报告批准后，依据批准的建设规模、技术标准、建设工期和投资，按照施工图和施工组织设计文件组织建设。

4）竣工验收阶段。铁路建设项目按批准的设计文件全部竣工或分期、分段完成后，按规定组织竣工验收，办理资产移交。

9.2　铁路建设单位的管理

为规范铁路建设单位（项目指挥部）行为，加强铁路建设项目管理，推进铁路建设管理体制改革，搞好投资、质量、工期管理与控制，提高建设管理水平，原铁道部建设司颁布《铁路建设单位管理暂行办法》，并于 1998 年 4 月 5 日开始实施。该办法共五章 39 条，适用于铁路固定资产投资（包括国家投资、合资、其他款源投资）的基本建设、更新改造及大修工程建设项目（以下简称铁路建设项目）。

9.2.1　建设单位的成立

铁路建设单位是铁路建设项目的组织、实施和管理单位，是实现建设目标的直接责任者，全权负责项目建设管理工作。

通常在可行性研究报告批准后，建设管理单位由建设项目投资人选择或组建。建设项目投资人按权力和责任统一的原则，明确建设管理单位的职责和权限，并监督其完成建设工作。中央政府直接投资的铁路建设项目，由国务院铁路主管部门根据建设项目的特点，选择建设管理单位；实行项目法人责任制的铁路建设项目，可由项目法人自行组建有相应资质的项目管理机构实施建设管理，也可委托有相应资质的铁路建设单位实施建设管理，按委托合同或协议的约定对建设项目的建设实施负责。实行项目法人责任制的铁路建设项目和实行投资包干责任制的铁路建设项目，投资方与建设单位必须明确包、保责任。

铁路建设单位应根据建设项目的规模、技术复杂程度、工期要求等，本着统一、精干、高效的原则，设置相应的项目管理机构，制定有关的规章、制度、办法和工作标准。

铁路建设主管部门对铁路建设实行行业归口管理，并对铁路建设单位实行资质分级管理。铁路建设单位的资质，系指为实施铁路工程项目建设管理而设置的项目管理机构的资质。铁路建设单位必须具备与建设项目规模相匹配的资质条件，其资质等级由铁道部建设司审查、批准。未取得资质等级证书者，不能作为铁路建设单位。遇有特殊情况，需由铁道部组建一次性铁路建设项目管理机构时，可根据项目的建设规模及资金来源等情况，按照资质条件及等级标准，核发临时资质等级证书，限定证书有效期限及承担任务范围。

铁路建设单位的基本资质条件：铁路建设管理单位必须是依法设立、从事铁路建设业务的企业或具有独立法人资格的事业单位；有与建设项目规模相适应的专业齐全的技术、经济管理人员；设有财务机构，能按有关法规进行财务管理和独立的会计核算。铁路建设单位资质分为四个等级（一至四级），从工作业绩、各类技术人员的数量、资金和具有审查设计、审核概（预）算及工程质量检查、监督能力方面进行核定等级。根据单位所属情况不同，证书的核发单位有所不同。如部直属单位、大专院校的各级铁路建设单位的资质等级，由局级主管部门审查，报铁路建设主管部门审批，核发证书；各铁路局（集团公司）、部属总公司的四级铁路建设单位的资质等级，由各铁路局（集团公司）、部属总公司审批，核发证书，并报铁道部建设主管部门备案。

不同等级铁路建设单位承担任务的范围有所不同：一级铁路建设单位可承担各种规模、类型的建设项目的建设管理；二级铁路建设单位可承担投资10亿元（不含）以下的建设项目的建设管理；三级铁路建设单位可承担投资5000万元（不含）以下的建设项目的建设管理；四级铁路建设单位可承担投资1000万元（不含）以下的建设项目的建设管理。任何单位不得无证或越级管理建设项目。

对于在项目建设管理实施中不能履行职责的，或因管理不善造成在投资、工程质量、工期方面存在严重问题的铁路建设单位，铁路建设主管部门将根据情节轻重，给予降低资质等级，直至吊销资质等级证书的处罚。

9.2.2　建设管理单位的职责与权益

1. 铁路建设单位的主要职责

铁路建设单位在工程的建设过程中应负责以下工作：

1）贯彻国家和铁道部的有关工程建设的方针、政策、法规和规定，按照批准的建设规模、技术标准、建设工期和投资，组织铁路工程项目建设，就工程质量、安全、工期、投资等全过程对委托方负责。利用国外贷款的铁路建设项目，还必须执行国家使用国外贷款的规定，遵守国家有关部门与国外贷款人签订的贷款协议和国外贷款人指定的采购指南的规定。

2）负责组织实施建设项目的施工招标工作。按招标投标法规和资质条件，择优选定施工单位，与中标的施工单位签订承发包合同。在招标活动中，必须遵循公开、公平、公正、择优和诚实守信的原则。

3）严格控制分包，一般情况下不许分包。对施工单位提出的确需分包的工程，严格审查承担分包工程单位的资质。严禁工程转包。

4）向铁路工程质量监督站办理建设项目工程质量监督手续。

5）负责工程监理的招标。

6）负责办理开工前审计工作。

7）建设项目按国家有关规定批准开工后，负责项目的征地、拆迁工作，并负责审批建设项目中单项工程开工（复工）报告。

8）负责组织编制建设项目的实施性施工组织设计。

9）负责设计文件供应，组织设计单位向施工单位及有关单位技术交底。

10）负责统计、汇总、报告工程进度，组织、协调解决建设实施过程中的问题。国外贷款项目应按贷款协议等规定，按时编写、报送工程进度报告及其他报表。

11）负责编报建设项目年度建设计划。

12）负责组织设备招标、订货工作。

13）按铁路建设主管部门规定权限办理变更设计和费用的申报或处理。

14）实施工程质量控制，督促施工单位做好安全生产工作。按铁路建设主管部门规定，组织或参与对重大工程质量及工伤、行车等事故的调查、报告和处理。

15）负责建设项目的财务会计管理工作，执行财政部制定的《国有建设单位会计制度》及铁路建设主管部门有关基建财务管理的各项规定，办理与建设项目有关的各种结算业务，按规定使用建设资金。

16）负责工程验工计价和投资控制，及时办理工程价款、国外贷款附加支出、进口环节关税和增值税的拨付与结算。

17）负责组织工程临管运输工作。

18）负责主持现场初验工作，组织编制工程竣工文件；组织或参加建设项目竣工验收工作。

19）统一组织并负责编制竣工决算。对编制的竣工决算，应组织自审自纠或委托会计师事务所审计，并接受国家审计部门的审计监督。组织办理资产交接手续。通过国家正式验收或自行验收后半年以内，向铁路建设主管部门报送竣工决算。

20）组织工程总结和工程项目后评价工作。国外贷款项目应按贷款协议的有关规定，协同有关部门组织编写项目后评价报告和竣工报告。

2. 铁路建设单位的权利

铁路建设单位在工程的建设过程具有以下权利：

1）参加设计文件鉴定权。

2）通过招（议）标选定设计、施工、监理单位。

3）参加外资设备评标及合同谈判权。

4）有年度投资计划范围内的单项工程进度调整和资金使用权。

5）对违反设计文件、超出概算、质量不合格的工程和未经建设单位审查认可的分包工程，有拒绝验工计价权。对未经认可的分包工程，有制止施工权。

6）在项目实施中，对不合理设计有修改建议权和权限内变更设计审批权。

7）按合同约定对质量的奖惩权。

8）基本预备费的掌握和使用权。

9）对任何部门和单位乱收费、乱摊派的拒绝权。

10）按照国家和铁路建设主管部门的规定，对实行投资包干的建设项目，享有包干节余分成的使用权。

9.3 铁路工程招标与投标的管理

铁路建设工程是关系社会公共利益、公众安全的基础设施建设，项目的勘察设计、施工、监理以及工程建设有关的重要物资、设备等采购，应当依法进行招标投标。为规范铁路建设工程招标投标活动，保护国家利益、社会公共利益和招标投标当事人的合法权益，保证项目质量和公众安全，提高投资效益，原铁道部结合铁路工程建设的实际情况，依据《中华人民共和国招标投标法》和国家有关法律、法规，制定了《铁路建设工程招标投标实施办法》（简称《实施办法》），并于2002年10月1日起施行。《实施办法》9章共84条，对铁路建设项目的招标、投标、开标、评标、中标等作出相应的规定。铁路建设项目招标投标活动的管理规定与房屋建筑工程招标投标活动的管理规定基本相同。铁路建设工程招标投标活动同样应当遵循公开、公平、公正和诚实信用的原则。

9.3.1 铁路建设项目的招标

1. 招标的基本规定

铁路建设主管部门及受其委托的部门负责管理全国铁路建设工程招标投标工作，对于具体项目的招标投标实施管理，通常是委托铁路建设主管部门工程招标投标管理办公室具体负责，工程招投标管理办公室按委托规定权限负责监督、检查铁路建设项目招标投标活动。其主要职责是：

1）宣传、贯彻有关建设工程招标投标法律、法规和规章制度。

2）审查招标人、招标代理机构和标底编制单位资格。

3）监督、检查招标投标当事人的招标投标行为是否符合法律、法规规定的权限和程序。

4）对新建与改建国家铁路、国家与地方或企业合资铁路的招标计划、标底、评标办法、招标结果进行审查、核准。

5）协调与省、市地方招标投标管理部门的工作关系。

6）组建并管理招标评标委员会评委专家库。

铁路建设工程施工、监理及与建设工程有关的重要设备和主要材料采购等招标投标活动，除特殊情况经工程招投标管理办公室批准外，一律在铁路有形建设市场的交易中心进行。

《实施办法》第 3 条规定，铁路建设项目达到以下规模和标准之一的必须进行招标：

1）工程总投资 200 万元（含）以上或施工单项合同估算价在 100 万元人民币以上的。

2）监理单项合同估算价在 10 万元人民币以上的。

3）重要设备、主要材料采购单项合同估算价在 50 万元人民币以上的。

任何单位和个人不得将必须招标的铁路建设项目化整为零或者以其他任何方式规避招标。

2. 工程的招标

（1）招标方式　铁路建设项目招标分为公开招标和邀请招标。必须招标的铁路建设工程项目均应公开招标。对于不适宜公开招标的项目，经项目审批部门批准，可以采用邀请招标，招标人以投标邀请书的形式邀请三个以上具备承担招标项目的能力、资信良好的特定投标人投标。

招标人可采用自行招标或委托招标的方法。当招标人具有项目法人资格同时具备组织招标活动的能力，经铁路主管部门及受其委托的部门审批核准后，可以自行组织招标。采用自行招标的，招标人应在上报可行性研究报告时向项目审批部门报送规定的书面材料，经核准后方能自行招标。不符合自行招标条件的，由招标人委托具有相应资质的招标代理机构办理招标事宜，招标人与招标代理机构应当签订委托代理合同。任何单位和个人不得限制招标人自行办理招标事宜，不得强制其委托招标代理机构办理招标事宜。不得为招标人指定招标代理机构，也不得拒绝办理工程建设的有关手续。

《实施办法》第 11 条规定，铁路建设项目招标应具备下列条件方可开展招标工作：

1）大中型建设项目可行性研究报告已经国家批准，其他建设项目按规定已履行相应审批手续。

2）有批准的设计文件（两阶段设计有初步设计文件，一阶段设计有施工图）。

3）建设资金已落实。

4）建设项目管理机构已建立。

（2）投标标段的划分与投标人的确定　铁路建设项目由于线路长、投资额大，招标时往往将招标项目划分为若干个标段进行招标。投标标段的划分应本着有利于工程建设与管理，有利于工程衔接和相关工程的配合，有利于分段施工、分期投产、分期受益的原则进行。标段划分宜大不宜小，对工程技术上紧密相连、不可分割的工程不得分割。

铁路建设项目工程施工招标在标段划分后，招标人应根据标段的技术、专业特点，结合投标人的企业资质、能力、业绩、人员设备、年生产能力等进行严格的资格审查，科学、合理地确定每个标段的投标人数量和投标人，保证招投标质量，减少招投标成本。招标人可按下列原则和方式确定潜在投标人投标标段：

1）若潜在投标人自报投标标段，资格审查通过后即为潜在投标人投标标段。

2）考虑资格审查通过的潜在投标人的专业特长确定投标标段。

3）结合资格审查通过的潜在投标人的企业规模，做到投标机会基本公平。

为防止串标等不正当行为，同时也为了不限制或不排斥潜在投标人，原则上同一企业集团母、子公司不得在同一标段投标；同一企业集团公司的子公司在同一标段投标不能超过两家。

（3）招标过程及招标文件　铁路建设项目招标过程、招标人的责任与权利与房屋建筑工程招标活动的管理规定基本相同。但关于招标公告、招标标段划分等的规定有所不同。铁路建设项目的招标公告应当在《中国日报》《中国经济导报》《中国建设报》《中国采购与招标网》等至少一家媒介上发布，其中，必须招标的国际招标项目的招标公告应在《中国日报》发布。同时应将招标公告抄送指定网络。公告发布手续由铁路有形建设市场的交易中心归口指定媒介办理，同时在交易中心网站发布。

发布招标公告前招标人应当编制招标计划，并向工程招投标管理办公室报批，招标计划经审批后方可进行后续工作。招标计划应包括以下内容：

1）工程项目概况，招标依据，招标方式、范围和内容。

2）标段划分依据及数量，每个标段的主要工程量及估价。

3）投标人选择标段的方式。

4）招标时间安排和地点。

5）评委会组成方案，从专家库中选择专家的专业分类和人数。

6）建议定标方式。

《实施办法》第32条还对招标过程中各项工作的时限作出规定：

1）向交易中心报送招标公告资料至发售招标资格审查文件一般不少于12日。

2）招标人发售资格审查文件至潜在投标人报送资格审查申请文件一般不少于7日。

3）潜在投标人向招标人提出的问题一般应在提交投标文件截止时间16日前，过时不予受理。

4）自招标文件开始发售之日起至提交投标文件截止之时止，不得少于20日。

5）评委专家的产生时间，开标前1~3个工作日。

6）评标时间，从开标至推荐中标候选人一般在15个工作日之内完成。

7）招标人应于确定中标人后5日内，向工程招投标管理办公室上报招标结果，工程招投标管理办公室核准时间不超过5日。

8）中标通知书发出时间应不超过招标文件载明的投标文件的有效期。

9）自中标通知书发出之日起，30 日内签订书面合同。

9.3.2 铁路建设项目的投标

1. 投标文件

投标人应当严格按招标文件的要求编制投标文件，投标文件应对招标文件提出的实质性要求作出响应，即对招标项目的价格和其他商务条件、项目的计划和组织实施安排、技术规范、合同主要条款等作出响应。投标人拟投标项目的预定项目经理（总监理工程师）必须参与投标文件的编制。投标文件一般应包括以下内容：

1）投标书。

2）法定代表人证书或授权书。

3）各种投标保证。

4）投标价格及有关分析资料。

5）投标项目的实施或重要设备和主要材料供应方案及说明。

6）投标项目达到的目标及措施。

7）投标保证金和其他担保。

8）项目管理或监理机构主要负责人和专业人员资格的简历、业绩。

9）完成项目的主要设备和检测仪器。

10）招标文件要求的其他内容。

投标人拟在中标后将中标项目的部分非主体、非关键工程进行分包的，应在投标文件中说明，并将分包人的资质证明文件载入投标文件。投标人组成联合体投标的，应在投标文件中说明，并将各方联合投标的协议载入投标文件。投标人在规定提交投标文件的截止时间前，以书面方式对已提交投标文件的补充、修改内容，为投标文件的组成内容。

投标人应当在招标文件要求提交投标文件的截止时间前，将投标文件密封送达招标地点。招标人在收到投标文件后，应当向投标人出具标明签收人和签收时间的凭证，对投标文件要妥善保存并不得开启。

2. 投标人的权利与义务

投标人有权决定是否参加投标，在提交投标文件截止前投标人有权补充、修改以至撤回投标文件；投标人有权要求招标人书面澄清招标文件中词义表达不清、遗漏的内容或对比较复杂的事项进行说明；当自己的权益受到损害或认为招投标活动不符合有关法规规定时，有权向招标人提出异议或依法向有关行政部门投诉。

投标人在参与投标时应接受行业主管部门或其委托的部门的监督，遵守招标投标法规和招标文件的规定，遵循诚实信用原则，公平竞争，并对投标文件的真实性负责；按评标委员会的要求，投标人有义务对投标文件中含义不明确的内容作必要的澄清或者说明，但不得超出投标文件范围或者改变投标文件实质内容；投标人按规定提供投标保证金、履约保证金或其他经济担保，投标保证金数额视工程项目的投资规模确定，一般不得超过投标总价的 2%，最高不得超过 80 万元；投标人收到中标通知书后，应当在规定期限内按招标文件和投标文件与招标人签订合同。

3. 联合投标体

联合投标体的有关规定与建设工程项目规定相同，详见《中华人民共和国招投标法》和《铁路建设工程招投标实施办法》。

9.3.3　铁路建设项目的开标、评标和中标

铁路建设项目的开标、评标和中标过程与房屋建筑工程基本相同，但由于铁路项目建设本身的特点，也存在一些差异：

1）开标会议除所有投标人、设计单位参加外，还要有工程项目的上级主管部门、投资部门、银行等单位参加。

2）评标委员会由招标人依法组建，负责人由招标人确定。评标委员会成员人数，铁路大中型建设项目为7人以上、其他建设项目为5人以上的单数。大中型重点铁路建设项目，必要时应有铁路建设主管部门有关部门人员参加。技术、经济专家于开标前1～3天在工程招投标管理办公室的监督下，按《铁路建设工程招标评标委员会评委专家库管理办法》的规定，由招标人从评委专家库相应专业中随机抽取。技术特别复杂、专业性要求特别高或者国家有特殊要求的招标项目，采取随机抽取方式确定的专家难以胜任的，可以由招标人直接确定。

3）评标办法应根据选定的评标方法（即最低评标价法、综合评分法、合理最低投标价法三种之一）制定。评标方法若采用综合评分法，报价评分比例不宜超过40%，报价较标底的增减幅度应拉开分差。招标项目需要编制标底的，标底经工程招投标管理办公室审核确定后应即时密封，待开标会上当场启封公布。目前行业主管部门对于大中型建设项目，推荐施工招标标底采用由招标人标底与投标人报价算术平均值加权组成的复合标底的方式，并在评标标准和办法中公布复合标底计算公式。

4）招标人在确定中标人5日内，将招标结果书面报工程招投标管理办公室，经工程招标投标管理办公室核准后，招标人应向中标人发出中标通知书，并同时将中标结果通知所有未中标的投标人。经国家发改委核准自行招标的铁路建设项目，招标人在最终确定中标人之日起15日内向国家发改委提交招标投标情况的书面报告，同时抄送国务院铁路主管部门。中标人在提交履约保证金的同时，应按中标的承诺，将中标项目的项目经理的资质证书原件交由招标人保存。该项目经理在合同履行期间不得在其他建设工程项目任职。

9.3.4　招标投标活动中的违法行为的处罚

招标投标有关当事人在招标投标活动中发生违法行为的，依据《中华人民共和国招标投标法》规定承担相应法律责任。同时国务院铁路主管部门对违法行为进行行政处罚。受国务院铁路主管部门委托的部门，认为需要行政处罚时，报国务院铁路主管部门批准后实施。

9.4　铁路工程勘察设计的管理

为规范铁路建设工程勘察设计活动，保证铁路建设工程勘察设计质量，提高铁路勘察设计水平，保护人民生命和财产安全，2005 年 12 月 29 日颁布了《铁路建设工程勘察设计管理办法》（铁道部命令第 26 号），并于 2006 年 3 月 1 日起实行。该办法共 10 章 65 条，包括总则、勘察设计程序、勘察设计发包与承包、工程勘察、设计文件编制、设计文件审查、设计文件实施、勘察设计收费、罚则、附则。

所谓铁路建设工程勘察设计，是指推荐建设方案，查明、分析、评价地质地理环境特征和工程地质条件，对技术、经济、环境、土地利用等方面进行综合分析、论证，编制设计文件，以及现场配合的活动。

9.4.1　铁路工程勘察设计的一般规定

铁路建设工程勘察设计必须坚持科学发展观和为经济社会全面协调可持续发展服务的指导思想，必须与社会、经济发展水平相适应，与铁路发展目标相适应，做到经济效益、社会效益和环境资源效益相统一。

铁路建设工程勘察设计必须贯彻执行国家有关法律法规、规章和工程建设强制性标准，严格执行国家有关保密规定。

铁路建设工程勘察设计必须贯彻以人为本、服务运输、强本简末、系统优化、着眼发展的建设理念，采用先进的运输管理模式，使用先进、成熟、经济、适用、可靠的技术、工艺、设备和材料，提高铁路建设水平，提高铁路运输能力和运输效率。

铁路建设工程勘察设计应高度重视环境保护和水土保持工作，节约能源和土地，重视防灾减灾和运输安全工作，保护文物。铁路建设工程勘察设计必须严格执行铁路主要技术政策和铁路建设程序，先勘察、后设计。

从事铁路建设工程勘察设计活动的企业和主要从业人员，必须按规定取得相应勘察设计资质和个人执业资格，在批准的资质和资格范围内从业。铁道部负责全国铁路建设工程勘察设计活动的监督管理，建立铁路项目勘察设计单位质量信誉评价制度。

9.4.2　铁路工程勘察设计程序

铁路工程的勘察设计基本程序分为：项目决策阶段、初步设计阶段和施工图设计阶段。铁路大中型建设工程应在项目决策阶段开展预可行性研究和可行性研究，在实施阶段应开展初步设计和施工图设计。小型项目或工程简易的项目，可适当简化。

预可行性研究报告是项目立项的依据。根据国家批准的铁路中长期规划，收集相关资料，进行社会、经济和运量调查，现场踏勘，系统研究项目在路网及综合交通运输体系中的作用和对社会经济发展的作用，初步提出建设方案、规模和主要技术标准，对主要工程、外部环境、土地利用、协作条件、项目投资、资金筹措、经济效益等初步研究后编制，论证项目建设的必要性和可能性。

可行性研究文件是项目决策的依据。根据国家批准的铁路中长期规划或项目建议书开展初测，进行社会、经济和运量调查，综合考虑运输能力和运输质量，从技术、经济、环保、节能、土地利用等方面进行全面深入的论证，对建设方案、建设规模、主要技术标准等进行比较分析后，提出推荐意见，进行基础性设计，提出主要工程数量、主要设备和材料概数、拆迁概数、用地概数和补偿方案、施工组织方案、建设工期和投资估算，进行经济评价后编制，论证建设项目的可行性。可行性研究的工程数量和投资估算要有较高的准确度，环境保护、水土保持和使用土地设计工作应达到规定的深度。

初步设计文件是确定建设规模和投资的主要依据。根据批准的可行性研究报告开展定测、现场调查，通过局部方案比选和比较详细的设计，提出工程数量、主要设备和材料数量、拆迁数量、用地总量与分类及补偿费用、施工组织设计及工程总投资。初步设计文件应满足主要设备采购、征地拆迁和施工图设计的需要。初步设计概算静态投资与批复可行性研究报告静态投资的差额一般不得大于批复可行性研究报告静态投资的10%。

施工图文件是工程实施和验收的依据。根据审批的初步设计文件进行编制，为工程建设提供施工图、表、设计说明和工程投资检算。

建设项目施工图投资检算不得大于批准初步设计概算，因特殊情况而超出者，须报初步设计批准单位批准。各阶段勘察设计工作必须达到规定的要求和深度，不得将本阶段工作推到下一阶段进行。

9.4.3　铁路工程勘察设计文件的编制及审查

铁路工程由于其专业的特殊性，其勘察设计活动和审查与一般建筑工程有所不同。

1. 工程的勘察

勘察工作是设计工作的依据，是保证建设质量的基础。铁路工程勘察主要包括初测、定测。工程地质条件复杂的地段和工点，应在相应阶段加深地质勘察工作。

初测主要查明线路通过地区的地形、地貌、地物、区域地质条件、推荐方案和主要比较方案的地质条件。初测资料是可行性研究的依据。定测主要核实方案通过地区的地形、地貌、地物，详细查明方案的地质条件，为各类建筑物提供地质资料。定测成果是初步设计的依据。铁路勘察实行勘察大纲审查制度。勘察单位应依据项目建议书或可行性研究报告批复意见、规程规范编制勘察大纲，业主或建设管理单位应对勘察大纲组织审查。审查后的勘察大纲为工程勘察合同的组成部分。

铁路勘察实行监理（或咨询）和勘察成果验收制度。业主或建设管理单位应委托具有相应资质的工程勘察单位依照批准的勘察大纲对勘察过程进行监理（或咨询），应组织对勘察资料和勘察报告进行验收，对实际完成的勘察工作量进行审核。勘察监理工作必须与勘察工作同时进行。

2. 设计文件编制

铁路建设工程设计文件编制的依据有：

1）铁路路网规划。

2）项目批准文件。

3）设计阶段对应的勘察成果。

4）铁路主要技术政策。

5）工程建设强制性标准。

6）铁路设计规程规范。

7）铁路工程建设设计文件编制规定。

8）设计合同。

铁路建设工程设计必须做好经济和社会调查，掌握区域运输需求、区域交通运输结构现状和规划、铁路运输需求，在征求铁路运输企业意见的基础上，提出建设项目的近、远期客货运量和运输组织方案的推荐建议。设计必须根据铁路路网规划和综合交通规划，采用先进的运输管理模式，综合考虑近期与远期、相关线路技术条件、路网运输能力、运输质量、运营成本和工程投资，在充分论证的基础上，推荐先进适用的主要技术标准。同时应运用系统工程理论，优化点与点、线与线、点与线、固定设备与移动设备以及装备能力的匹配，正确处理建设与运输、建设与维修、新建工程与既有设备的关系，通过经济技术比较，选择技术适用、经济合理的建设方案。

铁路建设工程设计应加强工程技术经济工作，保护环境和基本农田，节约土地，进行合理充分的方案比选，完善优化设计；采用科学先进的施工工艺和工程措施，提出实用经济的施工组织设计；准确计算工程、材料、设备和征地拆迁数量，采用合理的定额和单价，按照建设、运营费用最合理的原则确定工程建设投资。铁路建设工程设计应在经验收的勘察资料上进行，达到规定的深度，满足项目决策和工程实施的要求。

铁路建设工程勘察设计应在严格执行工程建设强制性标准的前提下，将正确执行铁路勘察设计规程规范和技术创新结合起来，提高铁路勘察设计水平。铁路建设工程勘察设计应积极推广使用信息技术，完善勘察设计一体化；设计文件格式应符合铁路建设信息化要求，设计单位应及时将设计文件输入信息系统。铁路建设工程勘察设计应研究铁路建设三维可视设计技术，为铁路建设提供数字化的设计文件，为运输生产和设备维修管理信息化提供基础资料。

3. 设计文件审查

铁路建设工程项目的设计文件实行审查制度。业主或建设管理单位应根据项目批准文件、设计文件编制规定，对勘察设计单位提交的勘察设计文件进行审查；项目建议书和可行性研究报告按规定程序审查，需要上报的，按国家规定程序上报。

铁路建设项目的初步设计文件实行审查制度，审查重点包括涉及公共利益、公众安全、工程建设强制性标准等内容。新建改建路网干线、时速 160 千米及以上铁路建设项目的初步设计文件，由铁路建设主管部门组织审查。其他铁路建设项目的初步设计文件由投资方组织审查，建设项目所在地铁路局参与审查。

铁路建设项目的施工图实行审核制度，由建设管理单位组织审核；特殊项目由铁道部指定单位审核。铁路建设主管部门对施工图审核工作实施监督。未经审核或审核不合格的施工图，不得交付施工。

批准的项目建议书、可行性研究报告和初步设计文件是开展下一步工作和审查的依据，除原批准单位或其上级单位外，其他单位不得修改或变更。施工图设计中，对初步设计批准的设计内容需要作较大修改的，经建设管理单位报原初步设计审批单位批准后方可修改。

9.4.4　铁路工程设计文件的实施

勘察设计单位应在建设项目开工前，按审核后的施工图，向施工、监理单位说明设计意图，提出建设、监理和施工注意事项。建设项目开工后，勘察设计单位应设立现场设计代表机构，选派主持或参与该项目施工图设计的主要技术人员常驻现场，完善和优化勘察设计，及时解决施工中出现的勘察设计问题，按变更设计管理规定修改设计。勘察设计单位应及时对建设管理、咨询、监理单位提出的勘察设计文件中存在的问题进行研究，提出处理意见和实施方案。勘察设计文件一般由原勘察设计单位修改。经原勘察设计单位书面同意，建设管理单位可以委托其他具有相应资质的勘察设计单位修改设计文件。修改勘察设计文件的单位对修改的勘察设计文件承担相应责任，原勘察设计单位仍对设计文件的总体性负责。

批准的初步设计概算为铁路建设工程项目总投资的控制数，一般不得调整。因政策和特殊原因需要调整的，应按规定程序报批。

勘察设计单位有权督促施工单位按审核后的施工图文件施工，对发现不按施工图文件施工的，应及时通知建设管理单位和监理单位。

9.4.5　铁路工程勘察设计违法行为的处罚

业主和建设管理单位不得明示或暗示勘察设计单位违反法律、法规、规章和工程建设强制性标准进行勘察设计。勘察设计单位应拒绝业主、建设管理单位和其他单位提出的违反法律、法规、规章，以及违反工程建设强制性标准的要求。

业主或建设管理单位有下列行为之一者，责令改正，对单位和直接责任人给以警告：

1）未按规范审查勘察大纲的。

2）未按规定委托工程勘察监理或咨询的。

3）未按规范验收勘察资料的。

4）由于管理不到位致使勘察设计工作达不到规定深度的。

5）上报审查的设计文件未按规定初审的。

6）未按规定审核施工图的。

7）未按规定处理变更设计的。

8）未履行监督责任，造成勘察设计质量重大事故以及以上事故的。

勘察设计单位有下列行为之一者，责令改正，对单位和直接责任人给以警告：

1）不按规范编制勘察大纲的。

2）不配合工程地质勘察监理（咨询）工作的。

3）不配合设计文件审查工作的。

4）不按时向施工、监理单位解释设计文件的。

5）未设置现场配合机构、配备相应人员的。

6）不及时处理建设过程中发现的勘察设计问题的。

7）项目验收后两年内未进行设计回访的。

8）不积极推广使用信息技术的。

勘察设计出现这些行为之一，情节严重的，按规定暂停参加铁路建设工程勘察设计投标；造成经济损失的，依法承担赔偿责任。

9.5 铁路工程质量安全的管理

9.5.1 工程质量的管理

铁路建设应严格遵守《建设工程质量管理条例》，建设管理单位和勘察设计、施工、监理企业依法承担相应的质量责任。此外，为加强铁路建设工程质量管理，原铁道部颁布了《铁路建设工程质量管理规定》，并于2006年3月1日起施行。该规定共8章64条，进一步明确了铁路建设单位质量责任和义务、勘察设计单位质量责任和义务、施工单位质量责任和义务、监理单位质量责任和义务等。

1. 铁路建设单位质量责任和义务

铁路建设单位必须严格执行有关法律、法规、规章和工程建设强制性标准，依据批准的设计文件组织工程建设，对工程质量负总责。应依法对工程建设项目的勘察设计、施工、监理进行招标，并应在所签订的合同中依法明确质量目标、责任。在开工前，应当按规定到铁路建设主管部门委托的铁路建设工程质量监督机构办理工程质量监督手续。在工程的具体实施过程中，铁路建设单位不得明示或者暗示设计单位或施工单位违反工程建设强制性标准使用不合格材料，降低工程质量；铁路建设单位及其工作人员不得指定、推荐、介绍建筑材料、构配件和设备的生产厂、供应商。依法进行施工图的审核；认真组织编制工程项目施工组织设计，加强施工过程质量检查，及时组织单位工程质量验收，未经验收或验收不合格，不得交付使用。加强基础技术资料管理，保证竣工文件符合要求。

2. 勘察设计单位质量责任和义务

勘察设计单位应按其资质等级及业务范围承揽铁路建设工程，不得转包或违法分包所承揽的工程，并严格执行有关法律、法规、规章和工程建设强制性标准，按照有关规程、规范和标准进行勘察设计，对其勘察设计的质量负责。勘察设计单位应做好后期现场服务工作，向施工单位进行施工图交底；设置现场机构及时解决施工过程中有关勘察设计问题；参加工程检查和检验及分项、分部、单位工程的验收。发现违反设计文件进行施工的，应及时通知建设、施工、监理单位；参加铁路建设工程质量事故分析，提出相应的技术处理方案。对因勘察设计原因造成的工程质量事故承担相应责任。

3. 施工单位质量责任和义务

施工单位应在其资质等级许可的范围内承揽铁路建设工程。施工单位不得转包、违法分包工程。同时必须严格执行有关法律、法规和规章，严格执行工程建设强制性标准，按照有关规程、规范、标准和审核合格后的施工图施工，对施工质量负责。施工单位应当按照投标承诺和合同约定，设置现场施工管理机构，确定项目经理、技术负责人和质量负责人，明确其质量责任，并按规定在工程档案中明确记载，且未经铁路建设单位同意，不得更换。

具体施工过程中，施工单位应按规定严把材料、构配件、设备质量关，建立健全质量检验制度，严格工序管理，按规定做好隐蔽工程的检查、记录和签认，做到工程质量全过程控制。同时做好质量技术资料的收集、整理和归档，保证竣工文件真实、完整。对于施工中发现有差错或与现场实际情况不符的，应及时书面通知监理、勘察设计和建设单位，不得修改设计和继续施工。

施工单位在竣工验收时应落实工程保修责任，并对铁路建设工程合理使用年限内的施工质量负责。

4. 监理单位质量责任和义务

监理单位必须按其资质等级及业务范围承担铁路建设工程监理业务，不得转让所承担的工程监理业务，并严格执行有关法律、法规和规章，依照有关规程、规范、标准、批准的设计文件和委托监理合同实施监理，并对施工质量承担监理责任。

监理单位必须按照投标承诺和委托监理合同约定进行现场监理，制定监理工作管理制度，建立健全质量保证体系，明确和落实质量责任，保证监理工作质量，对因监理原因造成的工程质量事故承担相应责任。监理不得与被监理工程的施工单位以及建筑材料、建筑构配件和设备供应单位有隶属关系或者其他利害关系。监理单位应按规定做好监理资料的整理、归档。

5. 质量监督管理

铁路建设实行工程质量监督制度。铁路工程质量监督机构及派出单位依法对铁路建设工程质量实施监督。建设管理单位必须在工程项目开工前，按规定办理质量监督手续。

从事铁路建设工程质量监督的机构，必须按国家有关规定经铁道部考核合格后，方可实施质量监督。铁路建设工程质量监督的主要内容是各责任主体的质量行为及工程实体质量，监督的主要方式是抽查和对竣工验收实施监督，并按规定出具工程质量监督报告。铁路建设工程质量监督机构应将各责任主体及检测机构等有关单位的不良质量行为进行核实、记录，并按规定进行通报、公布。

铁路建设工程质量监督机构履行监督检查职责时，有权采取下列措施：

1）要求被检查的单位提供有关工程质量的文件和资料。

2）进入被检查单位的施工现场进行检查。

3）发现工程质量问题时，责令改正或临时停工。

铁路建设工程质量监督机构进行监督检查时，有关单位和个人应予支持和配合，不得拒绝或阻碍质量监督检查人员依法执行职务。任何单位和个人对铁路建设工程质量事故、质量缺陷和影响工程质量的行为有权进行举报。对因举报而避免或消除重大质量问题、隐患的，由铁路建设工程质量监督机构或报请有关部门给予表彰和奖励。

铁路建设工程质量事故的报告、调查和处理，执行国家和国务院铁路主管部门的有关规定。发生工程质量事故，建设管理单位和施工、监理企业必须按规定及时报告，并组织或协助调查处理。严禁延误报告或隐瞒不报。工程质量事故处理资料应作为竣工资料移交接管单位。

9.5.2 工程竣工验收

竣工验收交接，是指铁路建设项目按批准的设计文件内容建成，由验收机构对其进行综合评价考核，移交接管使用单位的整个过程。

《铁路建设项目竣工验收交接办法》（2008 年 3 月 1 日施行）规定了验收的依据和条件、竣工验收任务和内容、竣工验收程序、验收权限、竣工决算及竣工文件的编制等，共 7 章 32 条。铁路大中型建设项目竣工验收分为静态验收、动态验收、初步验收、安全评估和正式验收等五个阶段。改建项目、简单建设项目和小型建设项目可适当合并简化验收阶段。

建设项目一般按整个项目进行验收。在确保运输安全的前提下，经批准后可分期、分段，并按批准的阶段组织验收，工程全部完工后，再办理整个项目的验收。

1. 验收的依据

铁路建设项目验收的依据如下：

1）国家有关法律、法规以及国家颁布的建设标准。

2）国家和铁道部颁布的设计规范、工程施工质量验收标准。

3）经批准的项目建议书、可行性研究报告。

4）经批准的初步设计文件（含批准的修改初步设计）。

5）审核合格的施工图（包括经批准的变更设计文件）。

6）设备技术说明书（从国外引进新技术或成套设备的，还应包括外方提供的设计文件和新技术或成套设备的国家标准等）。

7）经铁路建设主管部门批准的相关补充标准、技术条件、暂行规范等，以及建设单位补充且经铁路建设主管部门认可的相关技术标准等。

2. 验收的条件

（1）静态验收应具备的条件

1）主体工程及其配套工程（包括外部配套工程及设备安装）已按设计文件建成。

2）环境保护设施、水土保持设施与主体工程同步建成。

3）劳动、安全、卫生及消防设施与主体工程同步建成。

4）承包人按有关规范、标准对工程质量和系统功能自检合格。

5）监理单位及咨询单位（如果有）对工程质量评定合格。

6）除领取《国有土地使用证》外的其他征地工作基本完成。

7）竣工文件编制已按规定的内容和标准基本完成。

（2）动态验收应具备的条件

1）静态验收合格。

2）《动态验收实施方案》已经批准。

3）动态检测准备工作完成。

（3）初步验收应具备的条件

1）静态验收、动态验收合格，工程质量和系统功能满足有关标准要求。

2）静态验收及动态验收遗留问题整改完毕。

3）环境保护设施、水土保持设施、土地复垦工作经相关主管部门检查合格。

4）劳动、安全、卫生及消防设施经相关部门检查合格。

5）通过试运行，达到临管运营的条件。

6）申请领取《国有土地使用证》的准备工作基本完成。

7）竣工文件按规定编制完成，施工过程中的管理文件和招标投标文件等整理完毕，达到档案验收标准。

（4）安全评估应具备的条件

1）初步验收中存在的影响运营安全的问题全部得到解决。

2）监管运营的各项准备工作已经完成。

（5）正式验收应具备的条件

1）初步验收一年后。

2）监管运营情况良好，经检测各项指标已达到建设目标。

3）《国有土地使用证》《无线电台站执照》已经全部领取。

4）环境保护设施、水土保持设施、建设项目档案经相应行政主管部门验收合格。

5）竣工财务决算已经编制完成，并通过审查。

6）建设资金已按工程进度全部到位，收尾配套工程已全部完成，除质量保证金外与建设工程各方按合同完成资金结算，结余资金已全额上交。

3. 竣工验收任务和内容

铁路建设项目竣工验收的主要任务是：

1）对项目建设执行国家法律、法规和铁路建设主管部门规章情况进行检查。

2）对建设项目的建设规模、建设内容、建设质量、资金使用等情况进行全面审查。

3）对建设项目形成的资产进行审核。

4）对建设项目能否按规定交付临管运营或正式运营作出评价。

铁路建设项目竣工验收内容如下：

1）检查工程是否按铁路技术管理规程、设计规范、批准的设计文件（包括批准的修改初步设计、变更设计）建成，配套辅助项目是否与主体工程同步建成。

2）检查工程质量是否符合国家和铁路建设主管部门颁布的工程施工质量验收标准。

3）检查建设程序执行情况和变更设计管理情况。

4）检查工程设备配套及设备安装、调试情况，主要设备联调联试及试运转情况，以及国外引进设备合同完成情况。

5）检查概算执行情况，材料、设备购置是否合理，工程其他支出是否符合规定；审查财务竣工决算。

6）检查动态检测、试运行情况，是否具备临管运营或运营条件。

7）检查环保、水保、劳动、安全、卫生、消防等设施是否按批准的设计文件建成并合格，地质灾害整治及建筑抗震设防是否符合规定。

8）检查工程竣工文件编制完成情况，建设项目批准文件、设计文件、施工过程管理文件及招投标文件、监理文件、竣工文件等资料是否齐全、准确，并按规定归档。

9）检查建设用地权属来源是否合法，面积是否准确，界址是否清楚，手续是否齐全。

10）审计、检查、监察等发现问题的整改情况。

4. 验收组织机构

竣工验收采用建设单位组织专家检查、政府验收的方式。建设单位或由委托的单位组成验收工作组进行静态验收和动态验收，安全机构进行评估。政府验收包括初步验收和正式验收。

建设单位验收工作在铁路建设、运输主管部门指导下实施。建设单位在工程基本完工前，应向铁路建设主管部门提出申请验收报告，申请报告包括工程完成情况、验收建议计划、验收工作组组成建议等。验收工作组一般由建设单位、使用接管单位以及专家组成。

建设单位依据批准的申请验收报告成立验收工作组具体负责静态验收和动态验收工作，落实初步验收和正式验收条件，提出初步验收和正式验收的实施建议。验收工作组人员名单报铁路建设和运输主管部门核备。

初步验收由铁道部或铁道部委托的单位组织实施。验收单位在收到初验申请并确认项目达到初验条件一个月内，成立初步验收委员会进行初步验收。初步验收委员会由有关业务部门、接管使用单位、验收工作组正副组长及部分专家，以及勘察设计单位负责人组成。委托初步验收的，验收委员会名单、初步验收报告报铁路建设和运输主管部门核备。

正式验收一般由项目审批部门组织，国家审批项目由国家主管部门组织正式验收，铁路建设主管部门审批项目由铁路建设主管部门（或委托铁路管理机构）组织正式验收。铁路建设主管部门在收到正式验收申请并确定项目达到正式验收条件一个月内，提出验收方案报铁道部。负责验收的部门按相关规定成立正式验收委员会，具体负责正式验收工作。

9.5.3 工程安全的管理

为加强铁路建设工程安全生产管理，明确安全生产责任，有效预防安全事故，保障人民群众生命和财产安全，原铁道部以《中华人民共和国安全生产法》和《建设工程安全生产管理条例》等有关法律、法规为依据，制定了《铁路建设工程安全生产管理办法》，该办法共 8 章 63 条，于 2006 年 10 月 1 日开始实施。

铁路建设工程安全生产管理贯彻“安全第一、预防为主、综合治理”的方针。建设、勘察设计、施工、监理及其他参与铁路工程建设的单位，必须遵守安全生产的法律、法规、规章，建立安全生产保障体系，健全安全生产责任制，积极采用先进的安全生产技术和管理方法，加强和改进安全生产管理，保证铁路建设工程安全生产，依法承担铁路建设安全生产责任。铁路建设项目安全设施必须与主体工程同时设计、同时施工、同时竣工，经验收合格后方可投入正式运营。

严格安全事故报告、调查和处理制度。对于建设项目发生原建设部《工程建设重大事故报告和调查程序规定》（建设部令第3号）的重大安全事故，建设单位及其他有关单位应按国家有关规定向当地安全生产监督管理部门报告，并在规定时间内提交书面报告。对于既有线建设发生铁路行车事故的，建设单位及其他有关单位应按《铁路行车事故处理规定》等有关要求向主管部门和工程质量安全监督总站以及铁路监督机构报告，并在规定时间内提交书面报告。严禁延误报告和隐瞒不报。

9.6 铁路建设法律制度案例

案例分析

基本案情：

某段国内铁路项目需要建设，铁路部门在《中国铁路》网上发布了招标公告，同时在《人民日报》《光明日报》上发布。但招标效果甚微，为什么？

案例评析：

铁路建设项目的招标公告应当在《中国日报》《中国经济导报》《中国建设报》《中国采购与招标网》等至少一家媒介上发布，其中，必须招标的国际招标项目的招标公告应在《中国日报》发布。同时应将招标公告抄送指定网络。公告发布手续由铁路有形建设市场的交易中心归口指定媒介办理，同时在交易中心网站发布。

思考题

1. 简述铁路工程建设项目的基本建设程序。
2. 国家对铁路建设单位管理有哪些规定？
3. 简述铁路建设单位的主要职责。
4. 《铁路建设工程招标投标实施办法》规定哪些铁路建设项目必须进行招标？
5. 铁路建设项目投标标段如何划分？如何确定各标段的投标人？
6. 铁路建设项目勘察设计分为哪几个阶段？各阶段对设计文件有何要求？
7. 铁路建设项目勘察设计如何审批？
8. 铁路工程竣工验收的基本程序和验收依据是什么？
9. 铁路工程验收分哪几个阶段？验收条件分别是什么？
10. 铁路工程项目竣工验收的主要任务是什么？竣工验收内容是什么？

第 10 章

环境保护法律制度

10.1 环境保护法律制度概述

环境保护法是调整人们在开发、利用、保护、改善环境，防治环境污染和其他公害的活动中所产生的各种社会关系的法律规范的总称。环境保护法有狭义和广义之分。狭义的环境保护法是指 1989 年 12 月 26 日第七届全国人民代表大会常务委员会第十一次会议通过，2014 年 4 月 24 日第十二届全国人民代表大会常务委员会第八次会议修订的《中华人民共和国环境保护法》（简称《环境保护法》）。而广义的环境保护法还包括与《环境保护法》配套的所有关于环境保护的法律、法规、规章和规范性文件等。《中华人民共和国宪法》是我国的基本大法，它为制定环境保护基本法和专项法奠定了基础；新的《中华人民共和国刑法》增加了“破坏环境资源罪”的条款，使得违反国家环境保护规定的个人或集体不仅要负有行政责任，而且还要负刑事责任。5 个环境保护专项法为防治大气、水体、海洋、固体废物及噪声污染提供了法律依据。环境保护工作涉及方方面面，特别是资源和能源的利用，因此资源法和其他有关的法也是环境保护法规体系的重要组成部分。

此外，还有地方环境保护法、环境保护行政法规和规章以及环境保护标准等。

10.1.1 环境保护法的概念和基本内容

1. 环境、环境保护的概念

《环境保护法》第 2 条规定：“本法所称环境，是指影响人类社会生存和发展的各种天然的和经过人工改造的自然因素的总体，包括大气、水、海洋、土地、矿藏、森林、草原、湿地、野生生物、自然遗迹、人文遗迹、自然保护区、风景名胜区、城市和乡村等。”这一定义的前半部分是对环境的抽象概括，后半部分是对环境组成因素的列举，它们共同构成我国环境法关于环境的定义。人类是环境的产物，人类离不开环境，人类要依赖自然环境才能生存和发展。同时，人类又是环境的利用和改造者，通过社会性生产活动来利用和改造环境，使其更适合人类的生存和发展。

“环境保护”是指为保证自然资源的合理开发利用、防止环境污染和生态环境破坏，以协调人类与环境的关系、保障经济、社会的持续发展为目的而采取的行政管理、经济、法律、科学技术以及宣传教育等各种措施和行动的总称。

环境保护的内容概括起来可分为两个方面：第一，保护环境和自然资源；第二，防治环境污染和其他公害。此外，防治酸雨、臭氧层破坏、气候变暖、国土整治、城乡规划、植树造林、控制水土流失和土地沙化、控制人口的增长和分布、合理配置生产力等，也都属于环境保护的内容。环境保护已成为我国的一项基本国策。这是因为，一是环境保护是自然发展规律的客观要求；二是我国面临严峻的环境状况，如人口众多、人均自然资源贫乏、环境压力大、自然环境破坏严重、环境污染严重等；三是促进经济、社会持续发展的需要。

2. 环境保护法的特点

与其他法律制度相比，环境保护法具有以下特点：

1）综合性。环境保护法以环境科学和环境法学为基础，具有学科之间交叉渗透比较多的特点；综合利用了自然科学和社会科学的研究成果，它既要反映社会发展规律的要求，又要反映自然生态规律的要求，因而综合性强。

2）广泛性。环境保护法保护的范围和对象包括整个人类环境和各种环境要素；调整的社会关系复杂广泛，几乎涉及社会生活的各个方面。

3）科学技术性。由于环境保护法将自然界的客观规律，尤其是生态基本规律和环境要素的总体演化规律作为自己的立法基础之一，因而环境保护法中含有大量的反映这些规律要求的技术性规范，使其具有较强的科学技术性。

4）社会公益性。在体现社会公共利益方面，环境保护法比其他任何法律都更加明显和突出。环境被污染，生态平衡被破坏，影响所及不仅是整个环境受污染和破坏区域内所有的人，而且还会危害子孙后代。它必然要体现出为整个社会利益服务的公益性。

3.《环境保护法》的基本内容

《环境保护法》共有7章70条。

第一章“总则”，明确了制定环境保护法的目的、环境的定义、环境保护法的适用范围、环境保护的基本原则、环境保护的管理体制以及单位和公民对环境保护的义务等。

第二章“监督管理”，对环境质量标准、污染物排放标准、环境监测制度、环境影响评价制度等作了具体规定。

第三章“保护和改善环境”，规定了污染源限期治理制度，并对自然保护区、风景名胜区、文物古迹保护以及农业环境保护、海洋环境保护、城乡环境保护等作出了具体规定。

第四章“防治环境污染和其他公害”，明确了“三同时”制度、排污申报登记和环境保护许可证制度、征收排污费制度。

第五章“信息公开和公众参与”，规定了各级人民政府环境主管部门对环境信息公开，公众参与程序，公民、法人和其他组织依法享有获取环境信息、参与监督环境保护的权利。

第六章“法律责任”，规定了哪些行为属于违反环境保护管理的行为、行政处罚的种类、处罚的主体以及不服行政处罚的解决程序。

第七章“附则”，规定了本法与环境保护有关的国际条约的关系，以及本法的生效时间及有关法规的失效。

10.1.2 环境保护法的立法目的、适用范围及管理体制

1. 环境保护法的立法目的

环境保护法的立法目的是：为保护和改善环境，防治污染和其他公害，保障公众健康，推进生态文明建设，促进经济社会可持续发展。包括以下三个方面：一是合理地利用环境与资源，防止环境污染和生态破坏；二是维护清洁适宜的生活环境，保障人民身体健康；三是协调环境保护与发展经济的关系，促进经济社会可持续发展。

2. 环境保护法的适用范围

环境保护法适用于中华人民共和国领域和中华人民共和国管辖的其他海域。

3. 环境保护法的管理体制

在环境保护法中明确规定了国务院环境保护行政主管部门，国家海洋行政主管部门、港务监督、渔政、渔港监督、军队环境保护部门，土地、矿产、林业、农业、水利行政主管部门，各级公安、交通、铁道、民航管理部门，县以上人民政府以及环境保护行政主管部门，对保护和改善环境应负的责任和权利。

10.1.3 环境保护法的基本原则

环境保护法的基本原则，是环境保护方针、政策在法律上的体现；是调整环境保护方面社会关系的指导规范；也是环境保护立法、司法、执法、守法必须遵循的准则。它反映了环境保护法的本质，并贯穿环境保护法制建设的全过程，具有十分重要的意义。

1. 经济建设与环境保护协调发展的原则

根据经济规律和生态规律的要求，环境保护法必须认真贯彻“经济建设、城市建设、环境建设同步规划、同步实施、同步发展的三同步方针”和“经济效益、环境效益、社会效益的三统一方针”。

2. 预防为主，防治结合的原则

预防为主的原则，就是“防患于未然”的原则。环境保护中预防污染不仅可以尽可能地提高原材料、能源的利用率，而且可以大大地减少污染物的产生量和排放量，减少二次污染的风险，减少末端治理负荷，节省环保投资和运行费用。“预防”是环境保护第一位的工作。然而，根据目前的技术、经济条件、工业企业做到“零排放”也是很困难的，所以还必须与治理结合。

3. 污染者付费的原则

污染者付费的原则，通常也称为“谁污染，谁治理”、“谁开发，谁保护”原则，其基本思想是明确治理污染、保护环境的经济责任。

4. 政府对环境质量负责的原则

环境保护是一项涉及政治、经济、技术、社会各个方面的复杂而又艰巨的任务，是我国的基本国策，关系到国家和人民的长远利益。解决这种全局性、综合性很强的问题，是

政府的重要职责之一。

5. 依靠群众保护环境的原则

环境质量的好坏关系到广大群众的切身利益，因此保护环境，不仅是公民的义务，也是公民的权利。

10.2 我国环境保护专项法

《建筑法》规定，建筑施工企业应当遵守有关环境保护和安全生产的法律、法规的规定，采取控制和处理施工现场的各种粉尘、废气、废水、固体废物以及噪声、振动对环境的污染和危害的措施。

《建设工程安全生产管理条例》进一步规定，施工单位应当遵守有关环境保护法律、法规的规定，在施工现场采取措施，防止或者减少粉尘、废气、废水、固体废物、噪声、振动和施工照明对人和环境的危害和污染。

10.2.1 《中华人民共和国水污染防治法》

《中华人民共和国水污染防治法》（简称《水污染防治法》）由第十届全国人民代表大会常务委员会第三十二次会议于2008年2月28日修订通过，自2008年6月1日起施行，共8章92条。《水污染防治法》规定，水污染防治应当坚持预防为主、防治结合、综合治理的原则，优先保护饮用水水源，严格控制工业污染、城镇生活污染，防治农业面源污染，积极推进生态治理工程建设，预防、控制和减少水环境污染和生态破坏。

水污染，是指水体因某种物质的介入，而导致其化学、物理、生物或者放射性等方面特性的改变，从而影响水的有效利用，危害人体健康或者破坏生态环境，造成水质恶化的现象。水污染防治包括江河、湖泊、运河、渠道、水库等地表水体以及地下水体的污染防治。

1. 防治水污染的原则性规定

（1）水污染的环境影响评价　依据《水污染防治法》第17条的规定，新建、改建、扩建直接或者间接向水体排放污染物的建设项目和其他水上设施，应当依法进行环境影响评价。

建设单位在江河、湖泊新建、改建、扩建排污口的，应当取得水行政主管部门或者流域管理机构同意；涉及通航、渔业水域的，环境保护主管部门在审批环境影响评价文件时，应当征求交通、渔业主管部门的意见。

（2）水污染的防护设施　建设项目的水污染防治设施，应当与主体工程同时设计、同时施工、同时投入使用。水污染防治设施应当经过环境保护主管部门验收，验收不合格的，该建设项目不得投入生产或者使用。

2. 防治水污染的具体规定

（1）一般规定

1）禁止向水体排放油类、酸液、碱液或者剧毒废液。禁止在水体清洗装贮过油类或者有毒污染物的车辆和容器。

2）禁止向水体排放、倾倒放射性固体废物或者含有高放射性和中放射性物质的废水。向水体排放含低放射性物质的废水，应当符合国家有关放射性污染防治的规定和标准。

3）向水体排放含热废水，应当采取措施，保证水体的水温符合水环境质量标准。

4）含病原体的污水应当经过消毒处理；符合国家有关标准后，方可排放。禁止向水体排放、倾倒工业废渣、城镇垃圾和其他废弃物。禁止将含有汞、镉、砷、铬、铅、氰化物、黄磷等的可溶性剧毒废渣向水体排放、倾倒或者直接埋入地下。存放可溶性剧毒废渣的场所，应当采取防水、防渗漏、防流失的措施。

5）禁止在江河、湖泊、运河、渠道、水库最高水位线以下的滩地和岸坡堆放、存贮固体废弃物和其他污染物。

6）禁止利用渗井、渗坑、裂隙和溶洞排放、倾倒含有毒污染物的废水、含病原体的污水和其他废弃物。

7）禁止利用无防渗漏措施的沟渠、坑塘等输送或者存贮含有毒污染物的废水、含病原体的污水和其他废弃物。

8）多层地下水的含水层水质差异大的，应当分层开采；对已受污染的潜水和承压水，不得混合开采。

9）兴建地下工程设施或者进行地下勘探、采矿等活动，应当采取防护性措施，防止地下水污染。

10）人工回灌补给地下水，不得恶化地下水质。

（2）工业水污染防治

1）国务院有关部门和县级以上地方人民政府应当合理规划工业布局，要求造成水污染的企业进行技术改造，采取综合防治措施，提高水的重复利用率，减少废水和污染物排放量。

2）国家对严重污染水环境的落后工艺和设备实行淘汰制度。

3）国家禁止新建不符合国家产业政策的小型造纸、制革、印染、染料、炼焦、炼硫、炼砷、炼汞、炼油、电镀、农药、石棉、水泥、玻璃、钢铁、火电以及其他严重污染水环境的生产项目。

4）企业应当采用原材料利用效率高、污染物排放量少的清洁工艺，并加强管理，减少水污染物的产生。

（3）城镇水污染防治

1）城镇污水应当集中处理。

2）向城镇污水集中处理设施排放水污染物，应当符合国家或者地方规定的水污染物排放标准。

3）建设生活垃圾填埋场，应当采取防渗漏等措施，防止造成水污染。

（4）饮用水水源和其他特殊水体保护

1）国家建立饮用水水源保护区制度。

2）在饮用水水源保护区内，禁止设置排污口。

3）禁止在饮用水水源一级保护区内新建、改建、扩建与供水设施和保护水源无关的建设项目；已建成的与供水设施和保护水源无关的建设项目，由县级以上人民政府责令拆除或者关闭。

4）禁止在饮用水水源二级保护区内新建、改建、扩建排放污染物的建设项目；已建成的排放污染物的建设项目，由县级以上人民政府责令拆除或者关闭。

5）禁止在饮用水水源准保护区内新建、扩建对水体污染严重的建设项目；改建建设项目，不得增加排污量。

6）在风景名胜区水体、重要渔业水体和其他具有特殊经济和文化价值的水体的保护区内，不得新建排污口。在保护区附近新建排污口，应当保证保护区水体不受污染。

另外，水污染防治法还对农业和农村水污染防治、船舶水污染防治作了相应的规定。

10.2.2 《中华人民共和国大气污染防治法》

在建设工程建设领域，对于废气、废水污染的防治，也包括建设项目和施工项目两大方面。

《中华人民共和国大气污染防治法》（简称 《大气污染防治法》）由第九届全国人大常务委员会第十五次会议于2000年4月29日修订通过，自2000年9月1日起施行。所谓“大气污染”是指有害物质进入大气，对人类和生物造成危害的现象。如果对它不加以控制和防治，将严重地破坏生态系统和人类生存条件。

1. 防治大气污染的原则性规定

（1）大气污染的环境影响评价　依据《大气污染防治法》，新建、扩建、改建向大气排放污染物的项目，必须遵守国家有关建设项目环境保护管理的规定。

建设项目的环境影响报告书，必须对建设项目可能产生的大气污染和对生态环境的影响做出评价，规定防治措施，并按照规定的程序报环境保护行政主管部门审查批准。

（2）大气污染的防护设施　建设项目投入生产或者使用之前，其大气污染防治设施必须经过环境保护行政主管部门验收，达不到国家有关建设项目环境保护管理规定的要求的建设项目，不得投入生产或者使用。

向大气排放污染物的单位，必须按照国务院环境保护行政主管部门的规定向所在地的环境保护行政主管部门申报拥有的污染物排放设施、处理设施和在正常作业条件下排放污染物的种类、数量、浓度，并提供防治大气污染方面的有关技术资料。

规定的排污单位排放大气污染物的种类、数量、浓度有重大改变的，应当及时申报；其大气污染物处理设施必须保持正常使用，拆除或者闲置大气污染物处理设施的，必须事先报经所在地的县级以上地方人民政府环境保护行政主管部门批准。

（3）缴纳排污费用　国家实行按照向大气排放污染物的种类和数量征收排污费的制度，根据加强大气污染防治的要求和国家的经济、技术条件合理制定排污费的征收标准。

征收排污费必须遵守国家规定的标准，具体办法和实施步骤由国务院规定。

征收的排污费一律上缴财政，按照国务院的规定用于大气污染防治，不得挪作他用，并由审计机关依法实施审计监督。

2. 防治大气污染的具体规定

依据《大气污染防治法》，与工程建设有关的具体规定包括：

1）向大气排放粉尘的排污单位，必须采取除尘措施。

2）严格限制向大气排放含有毒物质的废气和粉尘；确需排放的，必须经过净化处理，不超过规定的排放标准。

3）在人口集中地区和其他依法需要特殊保护的区域内，禁止焚烧沥青、油毡、橡胶、塑料、皮革、垃圾以及其他产生有毒有害烟尘和恶臭气体的物质。

4）运输、装卸、贮存能够散发有毒有害气体或者粉尘物质的，必须采取密闭措施或者其他防护措施。

5）在城市市区进行建设施工或者从事其他产生扬尘污染活动的单位，必须按照当地环境保护的规定，采取防治扬尘污染的措施。

10.2.3 《中华人民共和国环境噪声污染防治法》

《中华人民共和国环境噪声污染防治法》（简称《环境噪声污染防治法》）已由中华人民共和国第八届全国人民代表大会常务委员会第二十二次会议于 1996 年 10 月 29 日通过，自 1997 年 3 月 1 日起施行。环境噪声，是指在工业生产、建筑施工、交通运输和社会生活中所产生的干扰周围生活环境的噪声。环境噪声污染，是指所产生的环境噪声超过国家规定的环境噪声排放标准，并干扰他人正常生活、工作和学习的现象。

在工程建设领域，环境噪声污染的防治主要包括两个方面：一是建设项目环境噪声污染的防治；二是施工现场环境噪声污染的防治。前者主要是解决建设项目建成后使用过程中可能产生的环境噪声污染问题，后者则是要解决建设工程施工过程中产生的施工噪声污染问题。

1. 防治环境噪声污染的原则性规定

（1）环境噪声污染的环境影响评价　依据《环境噪声污染防治法》，新建、改建、扩建的建设项目，必须遵守国家有关建设项目环境保护管理的规定。建设项目可能产生环境噪声污染的，建设单位必须提出环境影响报告书，规定环境噪声污染的防治措施，并按照国家规定的程序报环境保护行政主管部门批准。

环境影响报告书中，应当有该建设项目所在地单位和居民的意见。

（2）环境噪声污染的防护设施　建设项目的环境噪声污染防治设施必须与主体工程同时设计、同时施工、同时投产使用。

建设项目在投入生产或者使用之前，其环境噪声污染防治设施必须经原审批环境影响报告书的环境保护行政主管部门验收；达不到国家规定要求的，该建设项目不得投入生产或者使用。

产生环境噪声污染的企业、事业单位，必须保持防治环境噪声污染的设施的正常使用；拆除或者闲置环境噪声污染防治设施的，必须事先报经所在地的县级以上地方人民政府环境保护行政主管部门批准。

（3）缴纳排污费用　产生环境噪声污染的单位，应当采取措施进行治理，并按照国家规定缴纳超标准排污费。征收的超标准排污费必须用于污染的防治，不得挪作他用。

2. 防治噪声污染的具体规定

《环境噪声污染防治法》中与工程建设有关的噪声是建筑施工噪声和交通运输噪声。建筑施工噪声，是指在建筑施工过程中产生的干扰周围生活环境的声音。随着城市化进程的不断加快及工程建设的大规模开展，施工噪声污染问题日益突出，尤其是在城市人口稠密地区的建设工程施工中产生的噪声污染，不仅影响周围居民的政策生活，而且损害城市的环境形象。施工单位与周围居民因噪声而引发的纠纷也时有发生，群众投诉日渐增多。因此，应当依法加强施工现场噪声管理，采取有效措施防止施工噪声污染。交通运输噪声，是指机动车辆、铁路机车、机动船舶、航空器等交通运输工具在运行时所产生的干扰周围生活环境的声音。具体规定包括：

1）在城市市区范围内向周围生活环境排放建筑施工噪声的，应当符合国家规定的建筑施工场界环境噪声排放标准。所谓噪声排放，是指噪声向周围生活环境辐射噪声。GB 12523—2011《建筑施工场界环境噪声排放标准》对城市建筑施工期间施工场地不同施工阶段产生的作业噪声限值进行了规定。

2）在城市市区范围内，建筑施工过程中使用机械设备，可能产生环境噪声污染的，施工单位必须在工程开工十五日以前向工程所在地县级以上地方人民政府环境保护行政主管部门申报该工程的项目名称、施工场所和期限、可能产生的环境噪声值以及所采取的环境噪声污染防治措施的情况。

3）在城市市区噪声敏感建筑物集中区域内，禁止夜间进行产生环境噪声污染的建筑施工作业，但抢修、抢险作业和因生产工艺上要求或者特殊需要必须连续作业的除外。因特殊需要必须连续作业的，必须有县级以上人民政府或者持有关主管部门的证明。规定的夜间作业，必须公告附近居民。

4）建设经过已有的噪声敏感建筑物集中区域的高速公路和城市高架、轻轨道路，有可能造成环境噪声污染的，应当设置声屏障或者采取其他有效的控制环境噪声污染的措施。

5）在已有的城市交通干线的两侧建设噪声敏感建筑物的，建设单位应当按照国家规定间隔一定距离，并采取减轻、避免交通噪声影响的措施。

“噪声敏感建筑物”是指医院、学校、机关、科研单位、住宅等需要保持安静的建筑物。“噪声敏感建筑物集中区域”是指医疗区、文教科研区和以机关或者居民住宅为主的区域。

10.2.4 《中华人民共和国固体废物污染环境防治法》

《中华人民共和国固体废物污染环境防治法》（简称《固体废物污染环境防治法》）由第十届全国人民代表大会常务委员会第十三次会议于2004年12月29日修订通过，自2005年4月1日起施行。固体废物污染环境是指固体废物在产生、收集、贮存、运输、利用、处置的过程中产生的危害环境的现象。

1. 固体废物污染防治的原则性规定

（1）固体废物污染的环境影响评价　建设产生固体废物的项目以及建筑贮存、利用、处置固体废物的项目，必须依法进行环境影响评价，并遵守国家有关建设项目环境保护管理的规定。

建设项目的环境影响报告书，必须对建设项目产生的固体废物对环境的污染和影响做出评价，规定防治环境污染的措施，并按照国家规定的程序报环境保护行政主管部门批准。环境影响报告书经批准后，审批建设项目的主管部门方可批准该建设项目的可行性研究报告或者设计任务书。

（2）固体废物污染环境防治设施　建设项目的环境影响评价文件确定需要配套建设的固体废物污染环境防治设施，必须与主体工程同时设计、同时施工、同时投入使用。固体废物污染环境防治设施必须经原审批环境影响评价文件的环境保护行政主管部门验收合格后，该建设项目方可投入生产或者使用。对固体废物污染环境防治设施的验收应当与对主体工程的验收同时进行。

2. 固体废物污染防治的具体规定

固体废物，是指在生产建设、日常生活和其他活动中产生的污染环境的固态、半固态废弃物质。依据《固体废物污染环境防治法》，与工程建设有关的具体规定包括：

1）产生固体废物的单位和个人，应当采取措施，防止或者减少固体废物对环境的污染。

2）收集、贮存、运输、利用、处置固体废物的单位和个人，必须采取防扬散、防流失、防渗漏或者其他防止污染环境的措施；不得擅自倾倒、堆放、丢弃、遗撒固体废物。

3）在国务院和国务院有关主管部门及省、自治区、直辖市人民政府划定的自然保护区、风景名胜区、饮用水水源保护区、基本农田保护区和其他需要特别保护的区域内，禁止建设工业固体废物集中贮存、处置的设施、场所和生活垃圾填埋场。

4）转移固体废物出省、自治区、直辖市行政区域贮存、处置的，应当向固体废物移出地的省、自治区、直辖市人民政府环境保护行政主管部门提出申请，并经固体废物接受地的省级人民政府环境保护行政主管部门许可。

5）禁止中国境外的固体废物进境倾倒、堆放、处置。

6）国家禁止进口不能用作原料的固体废物；限制进口可以用作原料的固体废物。

7）露天贮存冶炼渣、化工渣、燃煤灰渣、废矿石、尾矿和其他工业固体废物的，应当设置专用的贮存设施、场所。

8）施工单位应当及时清运、处置建筑施工过程中产生的垃圾，并采取措施，防治污染环境。

3. 危险废物污染环境防治的特别规定

危险废物，是指列入国家危险废物名录或者根据国家规定的危险废物鉴别标准和鉴别方法认定的具有危险特性的固体废物。

1）对危险废物的容器和包装物以及收集、贮存、运输、处置危险废物的设施、场所，必须设置危险废物识别标志。

2）以填埋方式处置危险废物不符合国务院环境保护行政主管部门规定的，应当缴纳危险废物排污费。危险废物排污费征收的具体办法由国务院规定。危险废物排污费用于污染环境的防治，不得挪作他用。

3）从事收集、贮存、处置危险废物经营活动的单位，必须向县级以上人民政府环境保护行政主管部门申请领取经营许可证；从事利用危险废物经营活动的单位，必须向国务院环境保护行政主管部门或者省、自治区、直辖市人民政府环境保护行政主管部门申请领取经营许可证。具体管理办法由国务院规定。禁止无经营许可证或者不按照经营许可证规定从事危险废物收集、贮存、利用、处置的经营活动。

4）收集、贮存危险废物，必须按照危险废物特性分类进行。禁止混合收集、贮存、运输、处置性质不相容而未经安全性处置的危险废物。

5）转移危险废物的，必须按照国家有关规定填写危险废物转移联单，并向危险废物移出地和接受地的县级以上地方人民政府环境保护行政主管部门报告。

6）运输危险废物，必须采取防止污染环境的措施，并遵守国家有关危险货物运输管理的规定。禁止将危险废物与旅客在同一运输工具上载运。

7）收集、贮存、运输、处置危险废物的场所、设施、设备和容器、包装物及其他物品转作他用时，必须经过消除污染的处理，方可使用。

8）直接从事收集、贮存、运输、利用、处置危险废物的人员，应当接受专业培训，经考核合格，方可从事该项工作。

9）产生、收集、贮存、运输、利用、处置危险废物的单位，应当制定意外事故的防范措施和应急预案，并向所在地县级以上地方人民政府环境保护行政主管部门备案；环境保护行政主管部门应当进行检查。

10）禁止经中华人民共和国过境转移危险废物。

10.3　建设项目环境保护制度

10.3.1　环境影响评价制度

为了实施可持续发展战略，预防因规划和建设项目实施后对环境造成不良影响，促进经济、社会和环境的协调发展，在国务院《建设项目环境保护管理条例》（1998年11月29日国务院令第253号发布）已有规定的基础上，我国制定了《中华人民共和国环境影响评价法》（简称《环境影响评价法》），自2003年9月1日起施行。进一步以法律的形式确立了环境影响评价制度。

1. 建设项目环境评价的分类管理

根据《环境影响评价法》第16条的规定，我国根据建设项目对环境的影响程度，对建设项目的环境评价实行分类管理。建设单位应当依法组织编制相应的环境影响评价文件：

1）可能造成重大环境影响的，应当编制环境影响报告书，对产生的环境影响进行全面评价。其中，根据《环境影响评价法》第 17 条的规定，建设项目的环境影响报告书应当包括下列内容：

a. 建设项目概况。

b. 建设项目周围环境现状。

c. 建设项目对环境可能造成影响的分析、预测和评估。

d. 建设项目环境保护措施及其技术、经济论证。

e. 建设项目对环境影响的经济损益分析。

f. 对建设项目环境监测的建议。

g. 环境影响评价的结论。

涉及水土保持的建设项目，还必须有经水行政主管部门审查同意的水土保持方案。

2）可能造成轻度环境影响的，应当编制环境影响报告表，对产生的环境影响进行分析或者专项评价。

3）对环境影响很小、不需要进行环境影响评价的，应当填报环境影响登记表。

2. 建设项目环境影响评价文件的审批管理

根据《环境影响评价法》的规定，建设项目的环境影响评价文件，由建设单位按照国务院的规定报有审批权的环境保护行政主管部门审批；建设项目有行业主管部门的，其环境影响报告书或者环境影响报告表应当经行业主管部门预审后，报有审批权的环境保护行政主管部门审批。

建设项目的环境影响评价文件未经法律规定的审批部门审查或者审查后未予批准的，该项目审批部门不得批准其建设，建设部门不得开工建设。

建设项目的环境影响评价文件经批准后，建设项目的性质、规模、地点、采用的生产工艺或者防治污染、防止生态破坏的措施发生重大变动的，建设单位应当重新报批建设项目的环境影响评价文件。建设项目的环境影响评价文件自批准之日起超过 5 年，方决定该项目开工建设的，其环境影响评价文件应当报原审批部门重新审核。

3. 环境影响的后评价和跟踪管理

在项目建设、运行过程中产生不符合经审批的环境影响评价文件的情形的，建设单位应当组织环境影响的后评价，采取改进措施，并报原环境影响评价文件审批部门和建设项目审批部门备案；原环境影响评价文件审批部门也可以责成建设单位进行环境影响的后评价，采取改进措施。

环境保护行政主管部门应当对建设项目投入生产或者使用后所产生的环境影响进行跟踪检查，对造成严重环境污染或者生态破坏的，应当查清原因、查明责任。

10.3.2　环境保护“三同时”制度

所谓“三同时”制度，是指“建设项目需要配套建设的环境保护设施，必须与主体工程同时设计、同时施工、同时投产使用”。《环境影响评价法》第 26 条规定：“建设项目建设过程中，建设单位应当同时实施环境影响报告书、环境影响报告表以及环境影响评价文件审批部门审批意见中提出的环境保护对策措施。”环境保护“三同时”制度是建设项目环境保护法律制度的重要组成部分，《建设项目环境保护管理条例》对环境保护“三同时”制度进行了详细规定。

1. 设计阶段

根据《建设项目环境保护管理条例》第17条的规定，建设项目的初步设计，应当按照环境保护设计规范的要求，编制环境保护篇章，并依据经批准的建设项目环境影响报告书或者环境影响报告表，在环境保护篇章中落实防治环境污染和生态破坏的措施以及环境保护设施投资概算。

2. 试生产阶段

根据《建设项目环境保护管理条例》第18、19条的规定，建设项目的主体工程完工后，需要进行试生产的，其配套建设的环境保护设施必须与主体工程同时投入试运行。建设项目试生产期间，建设单位应当对环境保护设施运行情况和建设项目对环境的影响进行监测。

3. 竣工验收和投产使用阶段

根据《建设项目环境保护管理条例》第20条至第23条的规定，建设项目竣工后，建设单位应当向审批环境影响评价文件的环境保护行政主管部门申请该建设项目需要配套建设的环境保护设施竣工验收。环境保护设施竣工验收，应当与主体工程竣工验收同时进行。需要进行试生产的项目，建设单位应当自建设项目投入试生产之日起3个月内，向审批环境影响评价文件的环境保护行政主管部门申请该建设项目需要配套建设的环境保护设施竣工验收。分期建设、分期投入生产或者使用的建设项目，其相应的环境保护设施应当分期验收。建设项目需要配套建设的环境保护设施经验收合格，该建设项目方可正式投入生产或者使用。

10.3.3　项目设立阶段和项目建设阶段环境保护管理

一些省市对于建设项目环境保护在项目设立阶段和项目建设阶段作了详细规定，如《广东省建设项目环境保护管理条例》，关于这两方面的规定如下：

1. 项目设立阶段环境保护管理

1）在建设项目初步选址或项目建议书阶段，建设单位或有关主管部门应将项目初步选址等有关情况会知环保部门，环保部门对可能造成较大环境影响的项目，应参与初步选址。项目建议书应有环境保护内容和环保部门的意见。

2）建设单位必须在建设项目可行性研究阶段，完成环境影响报告的报审；不设立可行性研究阶段的，在项目定址或设计前完成环境影响报告的报审。环境影响报告的形式为环境影响报告书、环境影响报告表或环境影响登记表。

3）环境影响报告书或环境影响报告表由建设单位委托符合资质的环境影响评价单位编制。环境影响评价的现状监测由符合资质的环境监测站承担。

4）环保部门自接到环境影响报告书、环境影响报告表或环境影响登记表之日起，应分别在60日、30日、15日内予以批复。

5）对环境影响较大、公众较为关注的项目，环保部门应征询公众的意见，并对合理的意见予以采纳；对未采纳的主要意见，应向公众解释。

6）改变建设项目地点、使用功能、排污状况的，须提前向环保部门重新申报环境影响报告。

2. 项目建设阶段环境保护管理

1）建设项目的设计文件必须有环境保护专项内容。

2）建设单位和施工单位必须对在施工（包括施工运输）过程中产生的污水、废气、粉尘、废弃物、噪声、振动等污染及对自然、生态环境的破坏，制定相应的防治措施，在施工中保证实施，并及时修整和复原受到破坏的环境。

3）建设项目的环境保护设施经环保部门检查同意核发临时排污许可证后，主体工程方可投入实物试运行。环保部门应在建设单位提出主体工程实物试运行申请后十五日内对其环境保护设施进行检查。环境保护设施必须与主体工程同时运用使用，达不到环境保护要求的，须及时向环保部门报告并改进，对环境影响较大的，应立即停止主体工程运行使用。

4）建设项目投入运行使用后，建设单位或运行使用单位须在限期内向环保部门申报环境保护设施竣工报告，经环保部门审核批准，申领排污许可证。

例如，最近几年，石家庄市频频出现大风和扬沙天气，大气环境质量不容乐观。石家庄市建设局出台四招，治理建筑施工扬尘污染取得成效。

第一招，褒优罚劣。对在建的施工工地和施工单位实行了达标管理并对优秀项目进行褒奖。第二招，“关口”前移。改变以往做法，将扬尘治理的“关口”前移到工程招标阶段和合同签订阶段。第三招，“官”“民”结合。积极发动“民间”力量，在接受新闻媒体监督的同时，向社会公布了建筑施工扬尘污染举报电话，实行有奖举报。第四招，“软”“硬”结合。在强化监督检查、行政处罚等建筑施工扬尘治理“硬”手段的同时，又十分注重“软”手段的建设，为管理部门配备了专用车辆，在管理部门实行了扬尘治理责任制。

10.4　环境保护法律制度案例

案例分析 1

基本案情：

位于江苏省南京市中央路的××商城工程紧靠居民区，自工程开工建设以来，投诉不断，也多次引发矛盾和纠纷。仅 2004 年初至 2004 年 6 月，南京市环保部门夜间受理举报、查处其违法施工行为就达 9 次之多。

案例评析：

2004 年 6 月 1 日，在江苏省南京市××商城建设工地现场，环保部门、施工单位和附近居民代表就该工地的施工噪声问题进行了沟通与对话。该商城业主与施工单位表示，对居民与环保部门提出的建议和要求，将逐一落实，并当场承诺成立协调小组，专门解决噪声问题。据悉，今后南京市将在噪声敏感区工地召开施工单位与居民的协调会，作为一项制度进行落实。

最后要求建设、施工单位，在工程施工中要依法、文明、规范施工，合理调整工期，尽可能减少扰民行为，成立一个群众接待小组，建立一个群众接待室，经环保部门核准的夜间施工作业要在施工前48小时在居民区张贴告示等。

案例分析2

基本案情：

2003年2月，某项目部开工承建孝襄高速公路枣阳连接线南自吴店镇姚岗村四组、北至吴店镇二郎村六组路段的路基工程。在施工过程中，由于项目部采取的防尘措施不力，以至灰尘四处溅落在路基两边栽种的桃树上。果子成熟时，由于桃子在生长期间受到不同程度灰尘污染，导致品质不好，影响了销售，给果农造成一定的经济损失。然而果农们在找项目部协商解决时，却遭到拒绝。为此，果农们一怒之下，将项目部告上法庭。

案例评析：

法院受理该案后，某司法鉴定中心对果农损失进行了准确鉴定。该中心鉴定认为："尘埃所影响桃树果实外观商品品质的范围约15m（即靠近公路沿线的4棵桃树商品质量受影响），每棵树每年约产桃25kg，每千克当地当时批发价为0.90元左右，即每棵桃树因尘埃影响外观品质，估计有8元左右的经济损失，据此计算，许某等31户果农受尘埃影响的桃树棵数为1312棵，损失为10496元。"在被告传票传唤不到庭的情况下，法院依法缺席作出赔偿判决。

案例分析3

基本案情：

某学校附近有一大型房地产开发项目。开发商为赶工期，24小时不间断工作，常常是各种机械声不绝于耳。据环保局监测，其噪声已达80分贝和95分贝。该项目自规划以来，未履行"三同时"手续，也未考虑任何消声防震措施。环保局在调解的同时，对该开发商罚款3万元，并要求补办"三同时"审批手续，审批通过前不得施工。

[问题]　环保局的处罚有无法律依据？

案例评析：

建设项目的环境噪声污染防治设施必须与主体工程同时设计、同时施工、同时投产使用。建设项目在投入生产或者使用之前，其环境噪声污染防治设施必须经原审批环境影响报告书的环境保护行政主管部门验收；达不到国家规定要求的，该建设项目不得投入生产或者使用。

在城市市区范围内向周围生活环境排放建筑施工噪声的，应当符合国家规定的建筑施工场界环境噪声排放标准。

在城市市区范围内，建筑施工过程中使用机械设备，可能产生环境噪声污染的，施工单位必须在工程开工15日以前向工程所在地县级以上地方人民政府环境保护行政主管部门申报该工程的项目名称、施工场所和期限、可能产生的环境噪声值以及所采取的环境噪声污染防治措施的情况。

在已有的城市交通干线的两侧建设，有噪声敏感建筑物的，建设单位应当按照国家规定间隔一定距离，并采取减轻、避免交通噪声影响的措施。

由此，环保局处罚具有法律依据。

思考题

1. 什么是环境保护法?
2. 环境保护法律体系是如何构成的?
3. 环境保护包括哪两方面的内容?《环境保护法》的主要内容是什么?
4. 环境保护法的特点是什么?
5. 环境保护法的基本原则有哪些?
6. 我国主要的环境保护专项法律有哪些?
7. 环境影响评价制度包括哪几个方面?
8. 什么是“三同时”制度?

参考文献

[1] 中华人民共和国建设部人事教育司，政策法规司. 建设法规教程 [M]. 北京：中国建筑工业出版社，2002.

[2] 何佰洲. 工程建设法规与案例 [M]. 2 版. 北京：中国建筑工业出版社，2004.

[3] 生青杰. 建设工程法 [M]. 武汉：武汉理工大学出版社，2007.

[4] 刘勇. 建筑法规概论 [M]. 北京：中国水利水电出版社，2008.

[5] 建设部政策法规司，国务院法制办农业资源环保法制司. 工程建设与建筑业法规知识读本 [M]. 北京：中国水利水电出版社，2007.

[6] 建设部政策法规司. 建设法规教程 [M]. 2 版. 北京：中国建筑工业出版社，2003.

[7] 黄建初. 中华人民共和国城乡规划法解说 [M]. 北京：知识产权出版社，2008.

[8] 国务院法制办农业资源环保法制司，建设部政策法规司. 城乡规划与建设法规知识读本 [M]. 北京：中国水利水电出版社，2007.

[9] 田平. 公路建设法律规范 [M]. 北京：人民交通出版社，2007.

[10] 交通运输部公路局. 公路建设管理法规文件汇编 [M]. 北京：人民交通出版社，2009.

[11] 中华人民共和国建筑法释义，http：//www. npc. gov. cn/npc/flsyywd/xingzheng/node_ 2173. htm.

[12] 中华人民共和国合同法释义 . http：//www. npc. gov. cn/npc/flsyyywd/minshang/node_ 2196. htm.

[13] 胡向真，肖铭. 建设法规 [M] . 北京：北京大学出版社，2006.

[14] 林善谋 . 招标投标法适用与案例评析 [M]. 北京：机械工业出版社，2004.

[15] 铁道部建设管理司. 铁路建设文件管理汇编（2007 ~ 2008）[M]. 北京：中国铁道出版社，2009.

[16] 刘亚臣，朱昊. 新编建设法规 [M]. 2 版. 北京：机械工业出版社，2009.

[17] 全国一级建造师执业资格考试用书编写委员会. 建设工程法规及相关知识 [M]. 2 版. 北京：中国建筑工业出版社，2007.

[18] 陈宪，解素慧. 建设工程法规及相关知识 [M]. 北京：化学工业出版社，2005.